臺灣歷史與文化 研究輯刊

二 編

第 13 冊

臺灣士紳的三京書寫：
以1930～1940年代《風月報》、《南方》、《詩報》爲中心

徐 淑 賢 著

花木蘭文化出版社

國家圖書館出版品預行編目資料

臺灣士紳的三京書寫：以 1930～1940 年代《風月報》、《南
方》、《詩報》為中心／徐淑賢 著 — 初版 — 新北市：花木蘭
文化出版社，2013〔民 102〕
目 4+214 面：19×26 公分
（臺灣歷史與文化研究輯刊 二編：第 13 冊）
ISBN：978-986-322-237-8（精裝）
1. 臺灣文學 2. 文學評論
733.08   102002850

ISBN-978-986-322-237-8

9 789863 222378

臺灣歷史與文化研究輯刊
二 編 第十三冊   ISBN：978-986-322-237-8

臺灣士紳的三京書寫：
以 1930～1940 年代《風月報》、《南方》、《詩報》為中心

作　　者 徐淑賢
總 編 輯 杜潔祥
出　　版 花木蘭文化出版社
發 行 所 花木蘭文化出版社
發 行 人 高小娟
聯絡地址 235 新北市中和區中安街七二號十三樓
　　　　 電話：02-2923-1455／傳真：02-2923-1452
網　　址 http://www.huamulan.tw 信箱 sut81518@gmail.com
印　　刷 普羅文化出版廣告事業
初　　版 2013 年 3 月
定　　價 二編 28 冊（精裝）新臺幣 56,000 元

臺灣士紳的三京書寫：
以1930～1940年代《風月報》、《南方》、《詩報》為中心

徐淑賢　著

作者簡介

徐淑賢，臺灣花蓮人，1986 年生。國立中央大學中國文學系，國立清華大學臺灣文學研究所畢業。研究興趣為臺灣古典文學、日治時期東亞漢文化流動現象。現任國立臺灣大學中國文學系計畫專任助理。

提　　要

　　本論文以 1930 ～ 1940 年代之臺灣士紳創作，並刊登於《風月報》、《南方》與《詩報》等雜誌，書寫關於行旅日本東京、滿洲與中國南京三地前，由其本人撰寫的贈別詩，及其友人書寫的餞別詩所透露的行前想像；以及實際踏足此三地後創作的旅行詩所營造的行中意象。兼而運用《臺灣日日新報》中對此三地之報導所傳遞出的官方形象，和臺灣商紳與文人書寫的日記、遊記與小說中形塑出的民間形象，對日本東京、滿洲、中國南京三地進行都市形象、想像與意象的參照比較。

　　全文除第一章序論、第五章結論之外，分為第二章「櫻花眼界拓蓬萊：東渡『東京』」、第三章「新京塞外冰霜冷：見聞『滿洲』」、第四章「舊國方開新國運：前進『南京』」共三個章節。每個章節，均會在第一節進行各都市發展相關史料整理；以及各都市與臺灣間的交通往來情況，並參照曾書寫相關交通航線的小說、漢詩作品等，將航線與交通形式立體化；此外以《臺灣日日新報》為分析對象，討論親官方媒體對於各都市的形象建立模式與內容。第二節處，以士紳敘述為中心，運用林獻堂《灌園先生日記》、陳逢源《新支那素描》、謝雪漁〈日華英雌傳〉，以及刊登於《風月報》、《南方》、《詩報》之臺灣商紳與文人前往日本東京、滿洲與中國南京三地之前所書寫的餞別詩與贈別詩；實際踏足三地後撰寫的旅行詩，分析、整理 1930 ～ 1940 年代臺灣商紳與文人對此三地的想像與意象表現。第三節為綜合比較，透過各文獻、史料、文學作品的對照與比較，以及都市形象、想像與意象間的交叉討論，了解處於東亞戰爭期的 1930 ～ 1940 年代，臺灣商紳與文人在戰爭期間的活躍度，和積極展現自我的能動力。雖然從他們的作品中，除了東渡東京者表現較為愉悅外，前往滿洲與南京者都隱隱傳遞出自己的失望與落寞。但是，在此政局動盪、資訊來源受到檢閱的時代下，他們能夠勇敢邁出臺灣，行旅他地以尋求更多學習空間與發展機會的初心，卻更加展現這批商紳與文人身處此時局，仍努力走出自己空間的生機勃勃。

目次

第一章　序　論

第一節　研究動機與目的

　　還記得小學三年級的冬天，那一趟東北旅行。哈爾濱的冰雕、乘驢遊結冰的松花江、寒冷的天氣，還有及膝的積雪，都是最深刻的記憶。而後，從父親那聽來日本籍曾祖母的故事，原本在日本籍曾祖母的經營下，家中各項生意都做的有聲有色，最盛的時期，一整條街上的店面，從米到廚具到農具，什麼都賣；但卻在曾祖父過世後分家的爭執中，曾祖母什麼也沒多說，遂了大家的心願，帶著自己的財產，離開臺灣，前往遙遠的滿洲，從此與臺灣的家人斷了音訊。「滿洲國」與「東北」從此在我的腦海中，有著既遙遠而切身的距離。而後在歷史課本中讀到：1931 年日本發動 918 事變，中國東北，包括黑龍江、吉林、遼寧三省淪陷，隔年（1932 年），「滿洲國」成立，將長春改名新京，為滿洲首邑。複雜的歷史感又重新浮現，植下筆者追問臺灣和東北地域交流現象的種子。

　　後來，筆者又注目到中國淪陷後的「汪精衛南京國民政府」之行政中心——南京。古來南京由於地理環境易守難攻，而有「鍾山龍盤，石頭虎踞」之美名，更因此成為東吳、東晉、宋、齊、梁、陳的首都，而有六朝古都之稱，往後歷朝歷代即使建都北方，南京依然是南方的重要都市，直到民國時期亦為現代中國的首都所在。然而，1937 年 7 月蘆溝橋事變發生，同年 12 月南京於殘虐戰火下淪陷，日本先於南京成立「中華民國維新政府」；繼而在汪精衛與日本政府的協調、折衝下，整合華北之「華北臨時政府」，於 1940 年

建立與蔣中正「重慶國民政府」同名之「中華民國國民政府」，時稱「南京國民政府」。〔註1〕

在日本方面，自 1603 年第一任幕府將軍德川家康即位以來，即在江戶樹立中央集權的朝廷，將天皇軟禁於京都。1630 年代，德川幕府實行鎖國政策，導致日本經濟問題日趨嚴重。1842 年，在英美施壓下開放少數港口，與外國進行交易與補給，後來更與美國、英國、法國、俄羅斯等國家簽訂不平等的通商條約，也因此引發天皇與幕府間的衝突。1867 年第 15 任幕府將軍德川慶喜將政權交還天皇，史稱「大政奉還」。大政奉還後日本進入明治維新，天皇遷回江戶執政，並改名東京，定爲日本的首都。〔註2〕

在日本對臺灣的殖民統治進入後期的同一歷史時期，由於 1937 年盧溝橋事變的爆發，東亞歷史隨著日本發動的侵略戰爭，產生了激烈的變局。透過軍事侵略，日本在中國地區先後樹立了數種不同類型的傀儡政權。不論是滿洲事變後扶植的「滿洲國」，抑或是中日戰爭後建立的「汪精衛南京國民政府」，對於臺灣人來說，都因著受到日本和臺灣官方媒體的大規模宣傳報導，進入臺灣人的認知視野和社會生活之中。此後，或出自商務往來、或前往當地覓職、或爲追尋華夏古都，一部分臺灣商紳、文化人或民眾，前往該地經商發展和旅行。當時臺灣人在實地履足華夏故都，位於南北不同地理位置的華夏故都或新建首邑，真實面對現實而殘酷的國際政治下，翻雲覆雨的傀儡政權的崛起，同時在當地必須以日本人身分進行羈旅之際，他們如何以臺灣人的角度觀看南京、新京這些初初覆蓋在淪陷區新政權下的古都或新都呢？

除了前往文化與血緣關係深刻的中國都邑之外，當時臺灣人也大量前往帝都東京進行商貿、留學與覓職。有關日治時期臺灣領導階層或青年作家在東京留學及創作的經驗，早在諸如吳文星《日治時期臺灣的社會領導階層》〔註3〕、柳書琴《荊棘之道：旅日青年的文學活動與文化抗爭》〔註4〕等書中，都已勾勒出領導階層養成中的留學背景、新知識份子或文學者的旅日活動。這些研究，提供我們繼續去關注新知識份子、新文化人之外的漢詩寫作

〔註1〕 相關背景可參見，蕭李居，〈變調的國民政府：汪、日對新政權正統性的折衝〉（《國立政治大學歷史學報》32 期，2009 年 11 月），頁 125～168。
〔註2〕 李恭蔚，《東亞近代史》（高雄：春暉出版社，1990 年 3 月），頁 65～86。
〔註3〕 吳文星，《日治時期臺灣的社會領導階層》（臺北：五南，2008 年 5 月）。
〔註4〕 柳書琴，《荊棘之道：臺灣旅日青年的文學活動與文化抗爭》（臺北：聯經出版，2009 年 5 月）。

者的東京經驗之基礎。

在筆者翻閱整理《風月報》、《南方》與《詩報》的過程中，發現除了《詩報》之外，《風月報》與《南方》「詩壇」欄中存有大量旅行詩、送別詩，其中對於帝都東京以及政治狀況複雜的新京、南京等行政首邑的相關描寫特別多。這些對於首邑城市漢詩書寫及意象描繪十分令人注目，可以反映當時臺灣人對這些都邑的民族文化情感狀態與國際政治變化認識。把臺灣人觀看「滿洲國」及中國淪陷區都市之視線，和前往東京的臺灣人觀察帝都之視野加以參照，將有助於我們認識在此日本帝國主義向外侵略擴張的特殊歷史時期，這三個首邑都市作為日本帝國或傀儡政權總體政經文化中心，臺灣人如何運用漢詩書寫描繪商業上充滿變動投機、政治上亦野心勃勃、隱隱流動著「無法言喻的不安」〔註5〕的這些社會與都市。進而觀察和比較，在帝國占領地不斷膨脹，殖民地和淪陷區間彼此被割裂，卻又被迫在「大東亞」政治理念及軍事經濟調度動員下產生連帶，而形成「大流動時代」的背景裡，擁有漢詩能力的臺灣商紳和文人，透過《臺灣日日新報》取得那些關於此三都市的資訊與認知？實地前往經商、旅行、交流或生活後，對這些都市產生何種感受？在不同政權系統下扮演著政治、經濟、文化節點位置的這些都市，又給予有流動經驗和漢詩創作嗜好的這些臺灣人，留下什麼印象或帶來什麼啟示？

基於上述關懷，本論文將聚焦日本統治臺灣後期（1931～1945）幾位具有代表性的、具有漢詩撰寫能力的臺灣商紳與文人，收集和分析他們於上述三大東亞重要都邑旅行時的漢詩創作，並旁及其它一些人的類似書寫。藉由調查、分類和分析這些漢詩，嘗試理解臺灣人於重要都邑羈旅中的具體生活經驗、社會觀察、名勝舊跡參訪及異文化接觸狀況，以及臺灣人對自我社會處境的理解和對東亞國際社會變局的感知。

第二節　研究概念與方法

本論文將透過漢詩、旅行與心境的交叉參照，整理旅跡、意象和時代認識。為具體而微地瞭解上述問題，筆者選擇以具有戰爭期臺灣最大的漢文通

〔註5〕芥川龍之介，〈或旧友へ送る手記〉，《現代日本文学大系 43 芥川龍之介集》（東京：筑摩書房，1968 年 8 月）。（原稿為昭和 2 年 7 月，遺稿）

俗雜誌之稱的《風月報》、《南方》，以及發刊時間最長的《詩報》作爲分析範疇。以下依序將就研究材料探討、研究方法介紹、研究步驟簡介、主要關鍵詞定義等四方面進行介紹：

一、研究材料探討

首先，簡介《風月報》系列雜誌的發行背景、雜誌概況、內容特色，以及漢詩刊載情況。《風月報》系列雜誌爲戰爭期唯一並且是最大的漢文通俗文藝雜誌，其發刊經過四次變革，由《風月》（1935.5.9～1936.2.8）、《風月報》（1937.7.20～1941.6.15）、《南方》（1941.7.1～1944.1.1），以迄最後僅存漢詩版面的《南方詩集》（1944.2.25～1944.3.25），總計發行近十年。根據楊永彬的研究〔註6〕，以雜誌發行狀況、收錄內容、成立宗旨等作爲劃分標準，可將之區分爲「《風月》」、「《風月報》、《南方》、《南方詩集》」兩大討論範疇，其最大的差別，在於《風月》的性質雜揉，內容雜錄，主旨「維持風雅，鼓吹藝術」，爲舊文化人的風雅消閒刊物，《風月報》、《南方》以研究文藝、提倡國民精神、進出大陸（即中國）與南方爲主張，《南方詩集》爲《南方》中「南方詩壇」欄的延續，可將之與《風月報》、《南方》合併討論〔註7〕。誠如楊永彬所言，綜觀雜誌發行期數、時間與刊物規格等條件，可知此系列雜誌之重心爲《風月報》及《南方》。本文所著重之詩壇部分，穩定分布於《風月報》及《南方》時期。此外，在製表整理東京、新京、南京相關漢詩作品之際，筆者發現，《風月》中鮮有前往三京的漢詩創作；《南方詩集》則亡佚甚多，現存只有 2 期。因此，本論文將以《風月報》、《南方》之「詩壇」欄做爲主

〔註 6〕 楊永彬，〈從「風月」到「南方」：論析一份戰爭期的中文文藝雜誌〉，《風月、風月報、南方、南方詩集總目錄專論著者索引》（臺北：南天，2001 年），頁 68～73。

〔註 7〕 下表引用自：楊永彬，〈從「風月」到「南方」：論析一份戰爭期的中文文藝雜誌〉，《風月、風月報、南方、南方詩集總目錄專論著者索引》（臺北：南天，2001 年），頁 69。

雜誌名稱	發行期別	發　行　時　間	規格與頁數
《風月》	1～44	1935.05.09～1936.02.08	B4，4 頁
《風月報》	45～132	1937.07.20～1941.06.15	B5，30～50 頁
《南方》	133～188	1941.07.01～1944.01.01	B5，30～50 頁
《南方詩集》	189～190	1944.02.25～1944.03.25	B6，約 20 頁

要探討資料來源，以其餘二誌爲輔，其它刊物上若有與本文研究內容相關之漢詩創作亦會旁及討論。

1937 年，是臺灣文化與出版的一個重要轉折點。臺灣報刊於該年經歷了漢文欄撤廢事件。中島利郎於〈日治時期臺灣研究的問題點——根據臺灣總督府的漢文禁止及日本統治末期的臺語禁止爲例〉一文〔註8〕，首先討論到此問題，該文主要推翻一般認知「漢文欄廢止」是由於臺灣總督府下令禁用漢文的看法。其次，河原功〈1937 年臺灣文化、臺灣新文學狀況——圍繞著廢止漢文欄與禁止中文創作的諸問題〉，繼而透過史料，指出 1937 年廢止漢文欄之行動，乃是由軍部帶動；而且，總督府並無法令明確規定禁止漢文創作，因此才有《風月報》一類中文雜誌繼續發行之現象，展現總督府有藉此發刊與否控管或拉攏漢文理解階層人士的意圖〔註9〕。以上關於「漢文欄廢止」現象的討論，在邱雅萍〈從日刊報紙「漢文欄廢止」探究「臺灣式白話文」的面貌〉一文，有更深入的探討，邱雅萍主張，「漢文欄廢止」一事，主要針對的對象是「臺灣式白話文」，針對此一發展中的在地語言施壓，其背後所隱含的威脅性進行有意識的廢止〔註10〕。綜合上述研究，便能理解爲何在《風月報》的發行主旨中有「研究文藝：詩、詞、歌、賦、新小說、舊小說」等傳統文藝的敘述，同時也可以理解此時期《詩報》等中文雜誌仍能持續發行的原因。雖然如此，做爲「禁用漢文」時期的漢文雜誌，《風月報》與《南方》的存在還是有某些特殊性。而且雜誌內容逐漸由單純集團性的文人吟風弄月，發展成漢詩、通俗小說、新文學體式作品，新舊並呈的局面。在各種類型作品發表欄位交替變動的狀況裡，最引起筆者注目的是，自《風月報》發行期間開始就有其特殊且固定的欄位的——「詩壇」欄。

漢詩的刊登在《風月報》系列雜誌中並非偶然，而有其淵源。自《風月》第 1 號至第 6 號，即有謝汝銓（即謝雪漁）撰寫、編輯之「詩海慈航」。此一專欄主要是整理漢詩各種體式的淵源與流變，介紹各詩體的代表人物、創作

〔註8〕 中島利郎（著）；彭萱（譯），〈日治時期臺灣研究的問題點——根據臺灣總督府的漢文禁止及日本統治末期的臺語禁止爲例〉（《文學臺灣》46，2003 年 4 月），頁 298～317。

〔註9〕 河原功（著）；松尾直太（譯），〈1937 年臺灣文化、臺灣新文學狀況——圍繞著廢止漢文欄與禁止中文創作的諸問題〉（臺灣文學史書寫國際研討會，行政院文建會主辦，成功大學臺灣文學系承辦，2002 年 11 月 22～24 日）。

〔註10〕 邱雅萍，〈從日刊報紙「漢文欄廢止」探究「臺灣式白話文」的面貌〉（國立成功大學臺灣文學系碩士論文，2007 年），頁 109～111。

特色、流行朝代，所有朝代的編年，一律使用中國傳統年號，像是一部精簡版的中國古典詩歌史，後因《詩海慈航》出版之緣故暫時休載後，未再重載。第 15 號至第 19 號有「漢字源流」，介紹文字學與書法體式等知識。第 18 號至第 39 號則斷斷續續有雪（謝雪漁）所撰寫之「蓬萊角樓詩話」，收錄包括鄭孝胥、陳寶琛、江朝宗、林朝梧、郭希隗、林鶴年、玉木懿夫、小室翠雲、石川戈定、鷹取克明等 10 名漢詩人的生平介紹、詩作特色賞析，並舉其代表詩作，儼然呈現一幅臺日漢詩人圈的圖像。第 20 號至第 44 號則有小泉盜泉所著之「漢詩之沿革」。每一號亦有各類型或主題的漢詩發表於「詞林」欄，或是各種「詩抄」欄，另外亦有不定期的「詩話」欄，作爲評論漢詩創作的發表空間，相當活絡。

「詩壇」欄至《風月報》發行期間，則開始佔有固定版面。每期約有 5 至 15 頁不等的發表空間，一頁約可發表 10 至 20 首漢詩，與一期《風月報》總頁數約爲 30 至 50 頁的篇幅相較，漢詩所佔有之版面約爲六分之一到三分之一之間，足見漢詩發表量占有雜誌內容相當份量。「漢詩」欄之主編，略有更迭，但皆由當時於北臺灣活躍一時的漢詩人擔當。第 45 期至 107 期爲謝雪漁；108 期至 114 期後因謝雪漁離開，以編輯部名義刊出；115 期至 130 期爲蔣培中；131 期至 132 期改題《南方》前，又回復編輯部名義。133 期始，《風月報》改名《南方》，此時的漢詩發表欄位改爲「南方詩壇」欄，主編由 133 期至 188 期均爲署名流石山人或流石的吳醉蓮擔任。

在詩壇所收錄的漢詩內容方面：《風月報》與《南方》皆有不少詩人們各自對生活風雅營造的創作，如謝雪漁於《風月報》第 50 期發表之〈花詞百絕〉；張逢烱於《南方》147 期之〈四十初度感懷〉。其次，是詩人們對東亞歷史動盪的洞見和感懷，譬如莊玉坡於《風月報》第 48 期發表〈歐亞兩有戰事感賦時旅海防〉；林菊塘於《南方》155 期發表〈祝顏艮昌軍從軍〉。第三，對朋友的祝賀，譬如謝尊五於《風月報》第 1 期發表〈賀子惠社友新居〉；簡荷生於《南方》155 期之〈祝楊接枝君商工議員中選〉。或者，對朋友的哀悼，如黃輝煌於《風月報》第 102 期發表〈悼亡〉；王養源於《南方》151 期之〈哭了庵先生〉等多元題材。此外，還有各詩社自發性發起的擊缽吟；或者歌詠中國或日本歷史人物之詠史詩……等等。在諸類型詩作之中，筆者整理後發現，與旅行、送別相關的漢詩，幾乎在每一期「詩壇」及「南方詩壇」欄皆會出現，少至 1～2 首，多至 10～15 首，可謂大宗；創作者囊括臺灣商紳與

文人、日籍漢詩人等皆有此類議題之發表，反映著大時代商旅、文化人海內外往來的時代片斷，也因此啓發筆者對於此類型漢詩的觀察與討論。

《南方》188 期後，因經費周轉困難，縮減版面，以《南方詩集》的面貌保留漢詩的出刊，成爲單純的漢詩雜誌，頁面份量轉趨輕薄，編輯轉換亦多。目前可見的 189 期由謝尊五等人擔任主編，190 期改由黃景南擔任，每期約 20 頁，每頁約 4～8 首漢詩。現在兩期中，仍然可以看見與行旅相關的漢詩，諸如：《南方詩集》189 期之〈祝蘇君振基將之大陸任軍通譯〉、〈陳君萬營蘇君振基將之大陸任軍通譯賦此壯行〉，與 190 期廣田竹堂之〈送吳君鐵欽崔君承喜回粵城〉等，隨著戰爭的日趨深廣，在這些漢詩中更加可以看見被捲入戰爭的臺灣人身影。

其次，在《詩報》方面，1930 年 12 月 15 日，桃園街吟稿合刊詩報社創刊《詩報》，發行人爲周石輝，編輯者爲葉文樞，其後，發行人、編輯者略有更動，1932 年 10 月 1 日，編輯者爲蔡清揚，1933 年 12 月 1 日至 1942 年 12 月 1 日，發行人及印刷人變爲張曹朝瑞。該刊每半月發刊一次，訂費 1 期 8 錢，1 年分 1 圓 80 錢，停刊時間未詳，主要以訂報金、贊助金與廣告爲其主要收益來源。刊物內容以刊登全臺各地詩社社員的漢詩作品爲主，其中又以擊缽作品爲大宗，此外亦刊載臺灣各地詩社之活動、騷壇消息，與徵詩活動等。從其發刊緣由「一以通文人聲氣，一以合刊吟稿互相研究，引起後起學詩讀漢文之興爲主旨，爲海國風騷之共同機關」的角度觀之，《詩報》可以說是一部懷有建立刊載漢詩、漢學的公共空間之企圖，以期維持臺灣漢學之存在，而免於衰微的刊物。雖然它也曾在戰爭體制時期呼應統治者之政策，但由其刊登之漢詩作品、載錄之「全臺詩社並代表人名錄」，以及在每期刊頭登陸之贊助人名單等，都有助於我們理解日治時期古典文壇的脈動與變化。

二、研究方法介紹

本文將以《風月報》、《南方》、《詩報》爲主，透過臺灣人寫作的漢詩，首先對其有關於東京、新京與南京三個行政首邑的都市意象書寫進行分析，瞭解這些臺灣漢詩人是如何看待與感知此時期具有強烈地域政經文化中樞，同時兼具政權首府性格的都市。其次，在探討寫作者之都市感知的同時，嘗試梳理如此一個戰時統制強化的時代，進行海外商旅、旅行或求學，同時亦具有漢詩書寫能力的商紳與文人，他們在海外的活動樣態，以期點描出 1931

年後的東亞知識階層或文人之流動軌跡與社會文化觀察，以及東亞大變局中的此三都市之於臺灣人的世界圖景與文化意義。

筆者之所以選擇東京、新京與南京作爲觀察中心，緣於此三地在 1937 年中日全面戰爭爆發後的特殊屬性。東京爲殖民帝國的首都，對受殖者而言，具有「帝都」的特質。新京爲 1932 年滿洲事變後，由日本帝國扶植成立之「滿洲國」之首都。南京爲 1937 年淪陷後，由日本操縱建立之「中華民國臨時政府」，以及後來由汪精衛任國民政府主席兼行政院院長，但仍具日本勢力介入之「汪精衛南京國民政府」的首都。此三個都市表面上看來皆爲一國之首都，但其實分別爲日本帝國的中心之即「帝都」，以及兩個日本勢力介入程度不一的傀儡政權之假性「國都」，在帝都與「國都」的認知建構中，筆者認爲，作爲一個東亞範圍下，殖民歷史最久的臺灣，是用什麼樣的眼光與態度，面對這三個屬性特殊的城市，是一個值得觀察的議題。

接下來，在研究方法方面，筆者將從臺灣漢詩東亞地域的跨文化流動、漢詩人旅行、都市書寫與地誌書寫三個本論文關注核心，進行介紹：

（一）臺灣漢詩東亞地域的跨文化流動

近年來臺灣漢詩與東亞地區的銜接、交流與彼此之影響，有不少引人注目的成果。黃美娥《重層重層現代性鏡像：日治時期臺灣傳統文人的文化視域與文學想像》〔註 11〕，及其有關日臺漢詩人交流的論文，如〈日、臺間的漢文關係——殖民地時期臺灣古典詩歌知識論的重構與衍異〉〔註 12〕、〈久保天隨與臺灣漢詩壇〉〔註 13〕、〈「文體」與「國體」——日本文學在日治時期臺灣漢語文言小說中的跨界行旅、文化翻譯與書寫錯置〉〔註 14〕等文，以及日本研究者森岡ゆかり《近代漢詩のアジアとの邂逅》〔註 15〕一書，以鈴木

〔註11〕黃美娥，《重層現代性鏡像：日治時期臺灣傳統文人的文化視域與文學想像》（臺北：麥田，2004 年 12 月）。

〔註12〕黃美娥，〈日、臺間的漢文關係——殖民地時期臺灣古典詩歌知識論的重構與衍異〉（《臺灣文學研究集刊》2，2006 年 11 月），頁 1～32。

〔註13〕黃美娥，〈久保天隨與臺灣漢詩壇〉（《臺灣學研究》7，2009 年 6 月），頁 1～27。

〔註14〕黃美娥，〈「文體」與「國體」——日本文學在日治時期臺灣漢語文言小說中的跨界行旅、文化翻譯與書寫錯置〉（《漢學研究》28：2，2010 年 6 月），頁363～396。

〔註15〕森岡ゆかり，《近代漢詩のアジアとの邂逅》（東京：勉誠出版，2008 年 2月）。

虎雄與久保天隨爲探討中心，透過近代日本漢詩人的漢詩創作，瞭解日本與亞洲現代化過程間的互動情況，都勾勒出了十九世紀後期到二十世紀前期，東亞社會充滿流動性的文化環境。

黃美娥曾在其〈日、臺間的漢文關係——殖民地時期臺灣古典詩歌知識論的重構與衍異〉〔註 16〕一文，從熟稔漢詩文寫作之日人來臺後，如何經由詩社、吟社的組成而與臺灣文人互動頻繁，勾勒出一幅臺灣與日本間漢詩文交流的圖景；她並援引《臺灣新報》、《臺灣日日新報》、《漢文臺灣日日新報》之「文苑」欄刊登之日人漢詩創作，以及「拾碎錦囊」欄中對於日人漢詩作品的評價，說明當「寫者、評者的表達皆屬古典文學中的慣用模式時，臺人對於日詩便極易將之脈絡化於本地漢詩書寫系統中」〔註 17〕的現象。這些現象的揭示，有助於我們瞭解到具有「同文主義」特性的日本漢詩，如何透過報刊上的創作刊登與漢詩評論中，慢慢融入臺灣漢詩寫作者的認知與美感當中。除了此種隱性的、藉由評點比較的方式，緩慢將日本漢詩引入臺灣社會之途徑外，她指出臺灣與日本漢詩人彼此最大的顯性交鋒點在於，「雙方對於漢文交流的精神感受與互動過程的理解狀態」〔註 18〕。因此，黃美娥透過日、臺漢詩人對於儒家傳統文學觀——「詩大序」〔註 19〕理解與溝通談起，觀察雙方對於「風雅」議題，與其它漢詩知識論間的思維演繹與交換的過程。〔註 20〕而筆者所關心的，亦是覆蓋於這樣一個漢詩圈的共同文化背景之下，以旅行移動相互連帶而產生的臺灣、日本、甚至中國之間，漢詩交流軌跡與氣氛的具象化，對於筆者思考臺、日漢詩圈的交流與互動有十分深刻的啓發。

（二）漢詩人旅行

洪致文與鄭涵娟〈二十世紀初臺灣漢詩人洪以南之現代文明旅遊足跡〉

〔註 16〕黃美娥，〈日、臺間的漢文關係——殖民地時期臺灣古典詩歌知識論的重構與衍異〉，頁 1～32。

〔註 17〕黃美娥，〈日、臺間的漢文關係——殖民地時期臺灣古典詩歌知識論的重構與衍異〉，頁 10。

〔註 18〕黃美娥，〈日、臺間的漢文關係——殖民地時期臺灣古典詩歌知識論的重構與衍異〉，頁 16。

〔註 19〕指《詩經》的〈毛詩大序〉，作者目前未有定論，內容爲全面的論述詩經的特徵、內容、分類、表現手法及社會作用，此文透露的文學思想與理論價值，普遍爲接受儒學思想者所提倡與學習。

〔註 20〕黃美娥，〈日、臺間的漢文關係——殖民地時期臺灣古典詩歌知識論的重構與衍異〉，頁 26。

〔註21〕一文，曾經運用地理學之研究方法以 GIS 地圖繪製詩人的旅行路線，並以日治時期臺灣漢詩人洪以南的地理地圖，闡述其詩歌所傳達之作者心理地圖。而張靜茹《上海現代性・臺灣傳統文人——文化夢的追尋與幻滅》〔註22〕則是以單一地點——上海爲中心，從文本分析詳細討論包括林癡仙、連橫、洪棄生、周定山等臺灣漢詩作家對於上海的文化想像與追尋，並且著重於他們與上海都市及文化的互動、上海經驗的記錄與感受等等。這些論文採取的方法，都相當富有啓示。

關於日治時期漢文學發展，累積的研究成果也相當豐碩，依出版時序可舉例如下：江寶釵《臺灣古典詩面面觀》〔註23〕，是一本對於臺灣古典詩提出新閱讀角度的著作，全書以作家、作品與宇宙三角度交互參照，提供讀者理解古典詩的另種方法；施懿琳的《從沈光文到賴和：臺灣古典文學的發展與特色》〔註24〕，該書以文學史的手法撰寫臺灣古典文學之發展，文中將臺灣古典文學畫分爲 1661～1683 年、1683～1895 年、1895～1945 年、1945 年～迄今，共計四期，並以 1945 年之前的古典詩歌爲中心，依序介紹各時期文學發展之概況；翁聖峰《日據時期臺灣新舊文學論爭新探》〔註25〕一書原爲論者於 2002 年完成之博士論文，後經增補修訂後出版，全書重心如書名所述，以新舊文學論戰爲中心，探討此論戰的文化意義；廖振富編著之《臺灣古典文學的時代刻痕：從晚清到二二八》〔註26〕爲一本論文集，著重討論古典文學的寫實性與歷史意義；許俊雅《瀛海探珠：走向臺灣古典文學》〔註27〕一書，不僅對臺灣的詩、賦兩文類進行發展衍變的考察，更有面對臺灣古典文學研究現象的評述；謝崇耀《百年風華新視野：日治時期臺灣漢文學及文化論集》〔註28〕，則是以臺灣漢文學爲中心，進行多元議題探討的論文集，不

〔註21〕洪致文、鄭涵娟，〈二十世紀初臺灣漢詩人洪以南之現代文明旅遊足跡〉（中華民國文化研究學會、成功大學外文系主辦，文化研究學會 2010 年會，「文化生意：重探符號／資本／權力的新關係」研討會，2010 年 1 月 9～10 日）。

〔註22〕張靜茹，《上海現代性・臺灣傳統文人——文化夢的追尋與幻滅》（板橋：稻鄉，2006 年 9 月）。

〔註23〕江寶釵，《臺灣古典詩面面觀》（臺北：巨流圖書公司，1999 年）。

〔註24〕施懿琳，《從沈光文到賴和》（高雄：春暉出版社，2000 年 6 月）。

〔註25〕翁聖峰，《日據時期臺灣新舊文學論爭新探》（臺北：五南，2001 年）。

〔註26〕廖振富，《臺灣古典文學中的時代刻痕：從晚清到二二八》（臺北：國立編譯館，2007 年 7 月）。

〔註27〕許俊雅，《瀛海探珠——走向臺灣古典文學》（臺北：國立編譯館，2007 年）。

〔註28〕謝崇耀，《百年風華新視野：日治時期臺灣漢文學及文化論集》（臺南：臺南

僅表現出臺灣漢文學的多樣性，對於日本漢詩人小泉盜泉與森鷗外之研究，也彰顯臺日漢詩圈的往來情況。以上各書，皆有助筆者瞭解臺灣漢文學圈的多元性，對於漢詩人的背景之釐清，漢詩意象的表現方式，更有密不可分的關係。

在漢詩人旅行此一議題下，筆者除了繼續關注漢詩人旅行的原因、經過、路徑與記錄爲何，更將聚焦於三京旅行對詩人的意義與影響到底是什麼？透過《風月報》、《南方》、《詩報》中所刊登與旅行相關的漢詩作品的整理，筆者發現旅行前中後的人際互動及具體經驗被漢詩人們創作爲漢詩的過程，饒富趣味。值得討論的面向有：對旅行目標的建構從何而來？刺激創作者動身的內、外在原因有哪些？與目的地的互動與經驗有哪些模式？帶來哪些意義？漢詩作品中如何展現這些目的都市的樣態？這些都將有助於解釋具有「漢詩創作能力」下的首邑都市旅行書寫，帶有哪些商務社交、時局觀察、文化觀感或美學上的特殊意義？

（三）都市書寫與地誌書寫

本文以三京書寫做爲研究主題，故對於都市的建構，理當有所描述。誠如 Tim, Cresswell《地方：記憶、認同與想像》中提及「地方」是人文地理學的一個基本概念，但也可以是一個與生活息息相關，隱藏在常識或知識中的字眼，並且追溯 1950 年代以來「地方」概念的發展，思考人與地方如何產生情感聯繫〔註 29〕，以此概念延伸思考，回顧 1931～1945 年間，東京、新京與南京的文化、政治、經濟訊息如何在臺灣傳播，進而瞭解此三地進入臺灣人認知的模式與樣貌，即可以瞭解在前往旅行、求學，或進行商貿活動之前，是用何種角度認識這些都市。此外，運用地誌性書籍，如眞鍋五郎《滿洲都市案內》〔註 30〕、臺灣施行案內社《現地踏查中支案內》〔註 31〕、櫻井正信編《歷史細見東京江戶案內》〔註 32〕之類社會史、都市史等文獻，對於重要或特殊城市的介紹與探討，亦可以略窺這些都市的發展情況。此外，柳書琴曾於〈殖民都市、文藝生產與地方反應：1930 年代臺北與哈爾濱都市書寫的比

市立圖書館，2009 年 12 月）。

〔註 29〕 Tim, Cresswell（著）：徐苔玲、王志弘（譯），《地方：記憶、認同與想像》（臺北：群學，2006 年）。

〔註 30〕 眞鍋五郎，《滿洲都市案內》（大連：亞細亞出版協會，1941 年 2 月）。

〔註 31〕 臺灣施行案內社，《現地踏查中支案內》（臺北：臺灣施行案內社，1939 年）。

〔註 32〕 櫻井正信（編），《歷史細見東京江戶案內》（東京：八坂，1979 年）。

較〉一文提出「節點都市」的概念，柳書琴認爲當殖民都市遭遇跨國資本、技術、人員注入，成爲各種權力、資本、種族、宗教、生活型態擴散的場域，原本封閉的殖民都市開始節點化，將原本各自封閉的殖民地都會，納入一個範疇更廣大，由帝國日本所建立的全球化配置中〔註 33〕。本文欲藉以此「節點都市」的概念，思考東京、新京與南京做爲「東亞」框架下的節點都市，其所在位置的重要性，地勢氣候的特殊性，國家事業之建設與發展，觀光景點的文化背景或自然要件，交通運輸、都市計畫方針等組成城市條件的要素，進而討論這些要素與漢詩作品中展現的都市想像、都市意象間的關係。

三、研究步驟簡介

首先，筆者將主要以《風月報》、《南方》、《詩報》爲具體範疇，逐一調查並分類，整體呈現書寫東京、新京與南京的漢詩文本，其次旁及當時其他報章雜誌中書寫這三個都市的漢詩作品，以便穿插討論。其次，將針對《風月報》、《南方》、《詩報》等雜誌中，包含送別、記遊、抒懷、回憶等類型的相關詩作，進行文本分析、意象梳理、類型統整的探討。第三，統整出一群在此三個都市旅行、經商、謀職、求學的具漢詩能力之臺灣商紳與文人，並將其中作品量較多，或是作品內容頗具代表性者進行人物考察，試圖將他們的交往與流寓過程予以描述，不僅重建當時臺灣漢詩寫作者對東京、新京與南京的都市感受，也嘗試勾勒這些具漢詩能力之商紳與文人間，以海外遊歷及旅行送別之漢詩唱酬之行爲爲中心，所顯現出的旅行概要、地理書寫特色，及某些共同時代觀點。最後，透過這些步驟，期望認識這三個都市在 1931～1945 年「十五年戰爭」當中，在具有地理移動與都市遊歷經驗的漢詩創作中反映出了哪些歷史文化訊息，並企圖從這些訊息中探討此時期東京、滿洲與南京之於臺灣人的認知、想像與意義。

四、主要關鍵詞定義

（一）漢詩人、漢詩寫作者

本文中多採用「漢詩人」、「漢詩寫作者」、「具有漢文能力之商紳與文人」等詞彙，其意義在於指稱筆者所言於《風月報》、《南方》「詩壇」、「南方

〔註33〕 柳書琴，〈殖民都市、文藝生產與地方反應：1930 年代臺北與哈爾濱都市書寫的比較〉（《中國現代文學研究叢刊》2011 年第 3 期，北京：中國現代文學研究叢刊雜誌社，頁 49～66）。

詩壇」欄發表漢詩作品的創作者。本文中之所以不將之定義爲「傳統文人」，
乃是考慮到他們雖然多數爲傳統文人，但其中亦有割臺後出生、具有漢詩創
作能力，但不宜稱作傳統文人者。根據柳書琴於〈傳統文人及其衍生世代：
臺灣漢文通俗文藝的發展與延異（1930～1941）〉一文可知，傳統文人的意義
在於首批與日本殖民政權直接接觸的前清知識階層，這批人後來多半經過
1920 年代新舊文學論戰受到「舊文人」的指稱。據此她更提出「文化世代」
之觀念，說明一群教育系統、社會文化教養、道德價值氛圍、媒體／出版／
閱讀形態、政治經濟環境的文化人之階段分界。〔註 34〕以此概念觀察本文討
論之 1931～1945 年間的漢詩創作者，多爲第二代衍生世代。對此世代的漢詩
人來說，他們生活在一個進行現代史時期中，在社會上往往具有多重身份如
商紳、新文學家等；漢詩之於這些人，是一種彰顯個人知識階層、文人風
雅，並且以此摘記抒發旅行見聞，或於社交中唱酬答應的文化工具。因此，
在本文將他們以「漢詩人」、「漢詩寫作者」、「具有漢文能力之商紳與文人」
等詞彙代稱。

（二）三京

本文所討論的「三京」主要是以日本東京、滿洲國新京，與汪精衛南京
國民政府所在之南京爲主。然而，在滿洲國部分，由於筆者閱讀漢詩文本的
過程中發現，這批書寫與前往滿洲國相關主題之漢詩的臺灣商紳與文人，對
於滿洲地區的地理感是屬於整體理解，不同於第二章討論之東京，或第三章
欲討論之南京般顯現對單一都市之理解，所以在討論新京的同時，將會同步
將整個滿洲，包括屬於日本租借地之關東州所管轄的旅順、大連，以及介於
準殖民地與半國家之間，而顯現微妙政治角力的滿洲國之下的奉天、哈爾濱，
共五個都市，統攝於「滿洲」此一地區概念之下進行討論。

（三）旅行

「旅行」一詞在本文泛指，因經商、訪友、觀光、考察、留學、參加軍
務各種目的，主動或受邀前往外地，或尚未前往外地，但已表達留別諸友之

〔註34〕柳書琴認爲，「傳統文人」是割臺下的產物，也是殖民統治肇始時首批與殖民
政權短兵交接的本土知識階層。傳統文人透過儒學文史教育的長期浸染，培
養出一定的文化認同與國族意識。」參見，柳書琴，〈傳統文人及其衍生世代：
臺灣漢文通俗文藝的發展與延異（1930～1941）〉（中央研究院臺灣史研究所
《臺灣史研究》14：2，2007 年 6 月），頁 41～88。

意趣者。凡是出於上述情況，並以漢詩作品之創作爲此行留下記錄的，筆者都將之視爲旅行行爲的開始。因爲從旅行出發前的送行詩、旅行中的異地作品或歸臺後的回顧之作，都是漢詩人透過具體內容、視線特點、觀察所見、情感表現的結晶，也都是促使筆者足以觀察日治後期臺灣人漢詩寫作者對於跨國移動、旅行中的具體生活經驗、異文化接觸狀況、舊有民族文化情感與政治變化之認識媒介。故在此將《風月報》、《南方》、《詩報》及同時代旁及之報章雜誌中，存有臺灣漢詩人創作之關於東京、新京與南京三地的出發前之心情期待、遊歷中的感知衝擊、返臺後的唱酬分享，都歸入「旅行書寫」的範疇之列。

在此範疇之下，又可區分爲：由旅人自身於行前撰寫，以描述自身旅行目的、想像旅行目的地景貌、謝別詩友等爲主旨的贈別詩。由旅人之親友於其出發前書寫，表示祝福，或想像其旅行地或旅行過程的餞別詩。以及當旅人抵達旅行地，在遊歷過程中，描寫當地景物，與所思所感的旅行詩。

另外，需特別提出說明的是，在中國古典詩系統之下，以離別爲創作因由的作品，因著旅人在詩題中書寫對象的直接指涉程度，旅行者與送別者的唱和互動，以及送別者在題目中說明留別主題等情況，可以區分爲贈別詩、留別詩、送別詩、餞別詩等種類。在本論文中，爲使論述簡潔清晰，統一將由旅人自己撰寫，謝別詩友或朋友的作品稱爲贈別詩；並將由送別者書寫，表示對旅行者之祝福或對旅行地之想像者，稱爲餞別詩。

第三節 先行研究與問題意識

承續研究方法的說明，以下分成四點針對與本論文研究範疇切近的先行研究，加以介紹和檢討。

一、《風月報》、《南方》系列雜誌相關研究

關於與《風月報》、《南方》系列雜誌相關的先行研究，大致可分爲三類，第一類主要討論《風月報》、《南方》系列雜誌中傳達的女性意象、婚戀議題、風月特質等，譬如：歐陽瑜卿於 2006 年發表之碩士論文〈準／決戰體制下的女性發聲──《風月報》女性書寫與主體性建立的關係探討〉〔註35〕；

〔註35〕歐陽瑜卿，〈準／決戰體制下的女性發聲──《風月報》女性書寫與主體性建立的關係探討〉（南華大學文學研究所碩士論文，2006 年）。

陳莉雯於 2008 年發表之碩士論文〈「島都」與「戀愛」:《風月報》相關書寫的再現與想像〉〔註36〕;黃耀賢於 2008 年發表之碩士論文〈青樓敘事與情色想像——以《三六九小報》和《風月》報系為分析場域（1931〜1944）〉〔註37〕;張美雲於 2010 年發表之碩士論文〈《風月報》中白話小說的女性意象研究〉〔註38〕。相關期刊論文則有:龔鵬程於 2002 年發表之〈文人風月傳統的最後一瞥〉〔註39〕;林淑慧於 2004 年之〈日治末期「風月報」、「南方」所載女性議題小說的文化意涵〉〔註40〕;陳志瑋於 2004 年之〈《風月報》「風流與下流」論爭再考察——兼論〈花情月意〉的社會性〉〔註41〕;蔡佩均於 2009 年之〈啓蒙「新女性」:《風月報》系列雜誌中的（反）摩登論述與婚戀書寫〉〔註42〕。

第二類是以《風月報》、《南方》中的小說,及其創作者進行專題討論,以林淑慧於 2007 年發表之〈女體與國體:論謝雪漁之〈日華‧英雌傳〉〉〔註43〕;阮淑雅同年 12 月發表之〈寫在大東亞聖戰之外——論吳漫沙連載於《風月報》之〈桃花江〉（1937〜1939）〉〔註44〕爲例。

第三類與本論文討論議題相關度較高,論述主軸爲《風月報》、《南方》系列雜誌之所以能在「漢文欄廢止」時期存留下來的原因,譬如:郭怡君於 2000 年發表之碩士論文〈「風月報」與「南方」通俗性之研究〉;蔡佩均於

〔註36〕陳莉雯,〈「島都」與「戀愛」:《風月報》相關書寫的再現與想像〉（國立清華大學中國文學系碩士論文,2008 年）。

〔註37〕黃耀賢,〈青樓敘事與情色想像——以《三六九小報》和《風月》報系爲分析場域（1931〜1944）〉（暨南國際大學中國語文學系碩士論文,2008 年）。

〔註38〕張美雲,〈《風月報》中白話小說的女性意象研究〉（國立中正大學臺灣文學研究所碩士論文,2010 年）。

〔註39〕龔鵬程,〈文人風月傳統的最後一瞥〉（《聯合文學》18:10,2002 年 8 月）,頁 129〜135。

〔註40〕林淑慧,〈日治末期「風月報」、「南方」所載女性議題小說的文化意涵〉（《臺灣文獻》55:1,2004 年 3 月）,頁 205〜237。

〔註41〕陳志瑋,〈《風月報》「風流與下流」論爭再考察——兼論〈花情月意〉的社會性〉（《臺北師院語文集刊》9,2004 年 11 月）,頁 55＋57〜79。

〔註42〕蔡佩均,〈啓蒙「新女性」:《風月報》系列雜誌中的（反）摩登論述與婚戀書寫〉（《臺北文獻直字》167,2009 年 3 月）,頁 55〜96。

〔註43〕林淑慧,〈女體與國體:論謝雪漁之〈日華‧英雌傳〉〉（《中國文學研究》24,2007 年 6 月）,頁 119〜152。

〔註44〕阮淑雅,〈寫在大東亞聖戰之外——論吳漫沙連載於《風月報》之〈桃花江〉（1937〜1939）〉（《中極學刊》6,2007 年 12 月）,頁 1〜22。

2006 年發表之碩士論文〈想像大眾讀者：「風月報」、「南方」中的白話小說與大眾文化建構〉。而關於「漢文欄廢止」時期，卻仍有古典詩歌創作的原因，可參考黃美娥於 2006 年發表之〈日、臺間的漢文關係——殖民地時期臺灣古典詩歌知識論的重構與衍異〉；邱雅萍於 2007 年發表之碩士論文〈從日刊報紙「漢文欄廢止」探究「臺灣式白話文」的面貌〉。與日本帝國對臺灣與中國淪陷區施行的同文主義內涵，主要有柳書琴於 2003 年發表之〈從官製到民製：自我同文主義與興亞文學（Taiwan, 1937～1945）〉〔註 45〕，以及張明權於 2008 年發表之碩士論文〈同文論述下的臺灣漢詩壇（1931～1945）〉〔註 46〕。

　　郭怡君的論文主要指出，《風月報》與《南方》之所以可以歷經「漢文欄廢止」時期，於 1937 年後仍留存下來，乃是由於此份刊物的內容通俗、不涉政治；蔡佩均的論文則針對此「通俗」所形成的大眾文化的意義進行文學史與文化史上的考察。但兩者的研究材料皆以刊物中的小說爲中心，對於「詩壇」欄與「南方詩壇」欄存在之現象的討論多未有著墨，因此提供筆者深入漢詩欄位與創作發表的意圖與空間。

　　至於黃美娥、邱雅萍的出發點，則是企圖在「無涉政治」此一理由外，再重新討論「漢文欄廢止」時期，古典詩歌得以續存的原因。她們導出的結果認爲，此時期廢止的「漢文」並非指所有古典創作，黃美娥論述中表示，在臺日文化交流中，臺灣漢詩有逐漸走向日本漢詩形構的傾向，因此，當這樣的漢詩「在與國家殖民主義有所稼接後」〔註 47〕，持續出現的漢詩則相對被突出，「暗含了權力的施加和承受的意義」〔註 48〕，由此凸顯漢文欄的廢止，是爲了廢止某些無法乘載政治工具的文體。此一討論在邱雅萍的研究中則有更進一步的說明，全文先以 1930 年代前後外部的社會語言環境，將日刊《臺灣新民報》漢文欄切割出來，確定其「臺灣式白話文」的存在位置。再

〔註 45〕柳書琴，〈從官製到民製：自我同文主義與興亞文學（Taiwan, 1937～1945）〉（《想像的本邦：現代文學十五論》，臺北：麥田出版社，2005 年 5 月，頁 63 ～90）。

〔註 46〕張明權，〈同文論述下的臺灣漢詩壇（1931～1945）〉（靜宜大學中國文學系碩士論文，2008 年）。

〔註 47〕黃美娥，〈日、臺間的漢文關係——殖民地時期臺灣古典詩歌知識論的重構與衍異〉，頁 27。

〔註 48〕黃美娥，〈日、臺間的漢文關係——殖民地時期臺灣古典詩歌知識論的重構與衍異〉，頁 27。

從漢文書寫內部的分化，探討「臺灣式白話文」的演變與面貌，這種「臺灣式白話文」在發展過程中，呈現出一種揉雜了臺、中、日等語法、詞彙的混雜文體。其混雜的程度超越了日本當局可以理解、掌控的層次，在加上《臺灣新民報》報刊系統一貫地以「去殖民」、啓蒙大眾爲本位，兩相加乘作用之下，使得「臺灣式白話文」這種在地發展的近代語言顯露出反帝國文化統合性質，帶給日本當局難以忽視的威脅，最終成爲被廢止的對象。〔註49〕然而，此二研究雖注意到漢文欄廢止與漢詩存續間的政治擾動因素，但是對於存在於《風月報》、《南方》系列雜誌中的「詩壇」欄與「南方詩壇」欄，尚缺乏對其內容的細膩爬梳，對漢詩於東亞文化圈的位置，也還停留在臺灣島內，尚未與其它殖民地與淪陷區開展對話，爲筆者可繼續探尋的途徑。

柳書琴之〈從官製到民製：自我同文主義與興亞文學（Taiwan, 1937～1945）〉，認爲日本殖民主義的語言控制有兩大策略，分別爲「漢文同文主義」與「日語同化主義」〔註50〕，認爲「漢文同文主義」是一個協助「日文同文主義」的調節政策。並透過對於《風月報》的分析，指出於官方領導的「官製同文主義」下，發展出一套「漢文文藝／國民精神灌注／東洋固有道德之發揚」的「民製同文主義」概念〔註51〕。相較於此思維方式，張明權的論文中則認爲，相較於希望將臺灣人完全同化爲日本民族的「國語本體主義」（即柳文中的「日文同文主義」），「漢文同文主義」由於仍保有漢文的原故，對臺灣漢詩人的影響與意義更爲強烈，因此將此政策的施行作爲思考概念的主軸，參照「國語本體主義」的發展〔註52〕，透過具體檢證作品、史料，考察臺灣漢詩壇中，具有親日立場的文人及作品，對於「漢文同文主義」的呼應、衍生與修正，並進一步分析其所代表的意識型態與歷史意義爲何。其中最特別之處爲，此論文第五章逐一整理、分析實踐「自我同文主義」的「吟詩報國」文學運動，分類出 3 大方面，9 大主題，如在對華外交政策宣傳方面，即有同文同種、聯亞抗歐、東亞盟主等 3 大主題；皇民化運動宣傳方面，則有

〔註49〕邱雅萍，〈從日刊報紙「漢文欄廢止」探究「臺灣式白話文」的面貌〉，頁 110～111。

〔註50〕柳書琴，〈從官製到民製：自我同文主義與興亞文學（Taiwan, 1937～1945）〉，頁 66～73。

〔註51〕柳書琴，〈從官製到民製：自我同文主義與興亞文學（Taiwan, 1937～1945）〉，頁 78。

〔註52〕張明權，〈同文論述下的臺灣漢詩壇（1931～1945）〉（靜宜大學中國文學系碩士論文，2008 年），頁 6。

提倡日本精神、宗教及生活改正、國語運動及改姓名運動等 3 大主題；而戰
爭鼓舞與動員體制宣傳方面，亦有戰爭行為之鼓舞、銃後奉公的倡導與從軍
報國之宣揚等 3 大主題〔註53〕。以這些議題的討論，強調漢詩於此時期的曖
昧性，反覆以漢詩與漢文所能乘載的內容相互比較，表達漢詩人的親日性，
及漢詩存在的政治性。此二文中，終於直接觸及《風月報》系列雜誌中漢詩
創作的部分，並些微碰觸到臺灣漢詩與「大東亞」的連結，在此基礎上，本
文將可以將東亞都市書寫做為切入點，鎖定東京、新京與南京三大都市，探
討漢詩都市書寫於 1931～1945 年間代表的意義，以及漢詩人真實的流動，群
集的現象，提供更具體的東亞漢詩流動圖像。

二、臺灣漢詩東亞地域的跨文化流動與漢詩人旅行

　　過去對於日治時期臺灣作家的旅行進行考察的研究，其分析對象通常具
有傳統文人身分，分析文本多是散文遊記，兼有少許漢詩創作；舉其代表
者，如李春生《東遊六十四日隨筆》、林獻堂《環球遊記》、黃朝琴〈旅美遊
記〉、林癡仙《無悶草堂詩存》、連橫《大陸游記》、「大陸詩草」、洪棄生《八
州詩草》、《八州遊記》、周定山《大陸吟草》、《倥傯吟草》、吳濁流《南京雜
感》等等，研究專著或學位論文有：徐千惠於 2002 年發表之碩士論文〈日治
時期臺人旅外遊記析論：以李春生、連橫、林獻堂、吳濁流遊記為分析場
域〉〔註54〕；張靜茹於 2002 年完成、2006 年出版之博士論文《上海現代
性‧臺灣傳統文人──文化夢的追尋與幻滅》〔註55〕，以及陳室如於 2006 年
完成、2008 年出版之博士論文《近代域外遊記研究（一八四○～一九四五）》
〔註56〕。

　　上述諸多精彩論文之中，陳室如在旅行文學之議題上頗有耕耘，如在《近
代域外遊記研究（一八四○～一九四五）》一文中，她以 1840～1945 年為界，
討論進入近代社會的中國如何與世界接觸，處於此一動蕩時代的文人們，又
如何運用遊記表現自己在海外的所見所思與文化啟蒙的歷程，文體部分以散

〔註53〕張明權，〈同文論述下的臺灣漢詩壇（1931～1945）〉，頁 202～203。

〔註54〕徐千惠，〈日治時期臺人旅外遊記析論：以李春生、連橫、林獻堂、吳濁流遊
　　　　記為分析場域〉（國立臺灣師範大學國文研究所碩士論文，2002 年）。

〔註55〕張靜茹，《上海現代性‧臺灣傳統文人──文化夢的追尋與幻滅》（板橋：稻
　　　　鄉出版社，2006 年 9 月）。

〔註56〕陳室如，《近代域外遊記研究（一八四○～一九四五）》（臺北：文津出版社，
　　　　2008 年 1 月）。

文爲主，包含傳統古典散文與 1919 年後的白話散文。此外，她於 2007 年發表之〈日治時期臺人大陸遊記之認同困境：以連橫《大陸遊記》與吳濁流《南京雜感》爲例〉、〈對鏡隱喻——日治時期臺灣遊記的重層觀照〉、2008 年與 2009 年發表之〈誰的風景？——《漢文臺灣日日新報》旅行書寫研究〉、〈單一與多元——《臺灣日日新報》古典遊記研究〉……等，皆對於本研究有思考上的啓發。張靜茹之論文《上海現代性‧臺灣傳統文人——文化夢的追尋與幻滅》，主要是以單一地點——上海爲中心，討論包括林癡仙、連橫、洪棄生、周定山等四人對於上海的文化想像與追尋，其中更著重討論他們與上海互動、上海經驗，以及如何與「文化認同」之議題相扣合。徐千惠的論文則是採用李春生、連橫、林獻堂、吳濁流等四人的遊記，企圖彰顯旅者在出發與回歸間的變異，及其對旅者的影響，其中特別著重遊記的權力展現，在旅者的寫與不寫間，表現出的作家意圖與主題思想，使得遊記往往不僅是傳達遊者的旅行經驗，有時還帶有政治力的支配與再分配。

　　本文在這些先行研究下，與陳室如、張靜茹橫跨的長時間不同，分析對象以散文爲主的研究方式相異。主要企圖開拓的時間點是 1931～1945 年此十五年戰爭期間，鎖定此一日本帝國積極往外擴張，並且陸續扶植各政權，並侵略新淪陷區的過程中，臺灣具有漢詩能力的商紳與文人，往來於帝都東京，以及受日本佔領之兩大都邑——新京（以及整體滿洲）與南京間，是用何種視角觀看自己與他者？甚至是臺灣與整個東亞地區在歷史進程中的交互關係？本文希望能以此研究爲標的，進而針對《風月報》、《南方》、《詩報》中，懷有漢詩能力的臺灣商紳與文人，探討他們在東亞理解下，於東京、新京（以及整體滿洲）與南京的都市感知，最終希望帶出漢詩於此漢字交流圈中的重要性。

　　而在討論文學中跨文化、跨地域流動現象的同時，其基礎必須建築在 1931～1945 年間交通運輸與臺灣籍民〔註57〕等史料與研究的運用。諸如：臺灣總督府交通局遞信部《臺灣航空事業ノ概況》〔註 58〕；日本航空輸送株式

〔註57〕根據卞鳳奎的研究，「臺灣籍民」係指日本統治臺灣以前，在清朝統治下居住在臺灣之人民，由於日本佔領臺灣因而取得日本國籍者；廣義而言，居住在臺灣但無取得日本國籍者亦涵蓋在內。參考：卞鳳奎日治時期臺灣籍民在大陸及東南亞活動之研究（1895～1945）》（合肥：黃山書社，2006 年 5 月），頁 2、11。

〔註58〕臺灣總督府交通局遞信部，《臺灣航空事業ノ概況》（臺北：臺灣日日新報社，

會社《定期航空案內》〔註59〕；大竹文輔《臺灣航空發達史》〔註60〕；吉開
又志太《臺灣海運史（1895～1937）》〔註61〕；片山邦雄，《近代海運とアジ
ア》〔註62〕等書，分別爲日治時期臺灣對外空運與海運之史料。在《臺灣航
空事業ノ概況》中，簡介了臺灣各個飛行場、臺北航空機修理工場、航空機
乘員養成所、臺灣航空協會等航空機關、航空教育機構；在航路方面，書中
亦詳述臺灣－日本；臺灣島內，臺北－宜蘭－花蓮港，臺北－臺中－臺南或
高雄，臺南－馬公；臺北－廣東；臺灣到南洋地區（佛印〔註63〕、河內、盤
谷〔註64〕）；東京－臺北－西貢〔註65〕；臺北－廈門等地之定期航線。《臺灣
海運史（1895～1937）》則是從明治、大正、昭和年間的航線皆有介紹，在臺
灣對外航路方面，詳列臺灣－日本；臺灣沿岸；臺灣－朝鮮－滿洲；臺灣－
中國；臺灣－南洋；臺灣－歐美等航行狀況，對於各航線與他國的競爭也有
描述。該書認爲內臺航線雖然是明治29年（1896年）5月開航，卻最能忠實
而敏銳的反映臺灣的發展過程〔註66〕，譬如：從內臺間旅客的統計，可以發
現兩地旅客來往的密集期大約是在春季、七月與九月，旅客多爲學生，此點
與本文觀察《風月報》、《南方》中送別前往東京的詩作時間相符合。在臺灣
與朝鮮、滿洲間之航線方面，該書認爲，臺灣、滿洲間的貨物流動自「滿洲
國」獨立後一直在快速增進中〔註67〕，朝鮮則做爲滿洲船舶回航臺灣時的中
繼點。臺灣與中國的航線源自清代，日本接收臺灣後，這些航線仍綿延不
輟，其中最頻繁的是臺灣與南清（華南）間的往來，其次是臺灣與華中，也
是本論文探討的重點之一，該書運用臺灣與華中間的運輸量證明華中、上海
爲中國之心臟，另外，由於該書撰寫於1942年，斷代於1895～1937年間，

1941年10月）。

〔註59〕日本航空輸送株式會社，《定期航空案內》昭和11年10月至昭和12年3月
　　　　（東京：日本航空輸送株式會社，1936年）。

〔註60〕大竹文輔，《臺灣航空發達史》（臺北：臺灣國防義會航空部，1939年）。

〔註61〕吉開又志太（著）：黃得峰（編譯），《臺灣海運史（1895～1937）》（南投：國
　　　　史館臺灣文獻館，2009年6月）。

〔註62〕片山邦雄，《近代海運とアジア》（東京：御茶の水書房，1996年）。

〔註63〕佛印，爲佛領印度支那，即法屬印度支那，即今日之中南半島，包括今日的
　　　　越南、柬埔寨（舊稱高棉）、寮國三國。

〔註64〕盤谷，即今日之泰國曼谷。

〔註65〕西貢，即今日之越南胡志明市。

〔註66〕吉開又志太（著）：黃得峰（編譯），《臺灣海運史（1895～1937）》，頁74。

〔註67〕吉開又志太（著）：黃得峰（編譯），《臺灣海運史（1895～1937）》，頁172。

因此文中也提及「若是上海與滿洲同樣染上了日本色彩，不但本島人的出入不會受到阻止，反而絕對會受到鼓勵」〔註68〕等進攻華中的觀點，此與《風月報》、《南方》中論及漢詩人前往南京前之觀點也有部分雷同。此外，王學新編譯《日治時期籍民與國籍史料彙編》〔註69〕，以整理臺灣人於日治時期之國籍問題、旅券管理問題，及其牽涉之法律實例爲中心，對本文討論臺灣人旅外時，除其漢詩作品所呈現行前心情與行中風光外，對於旅行者可能遭遇之現實法律問題，頗具參考價值。

　　在當代研究中，與本文之歷史、政策及人口流動相關之精彩著作有：卞鳳奎《日據時期臺灣籍民在大陸及東南亞活動之研究》〔註70〕；梁華璜《臺灣總督府的「對岸」政策研究：日據時代臺閩關係史》〔註71〕；吳文星《日治時期臺灣的社會領導階層》〔註72〕等。卞鳳奎《日據時期臺灣籍民在大陸及東南亞活動之研究》中曾論及臺灣籍民赴滿洲之狀態，其中運用1932年之《臺灣日日新報》報導，提出「臺灣紳商對東北的滿洲國投資意願低落」〔註73〕的觀點，可與本文運用送別赴滿洲國之商紳所撰寫的漢詩〈送陳清輝君之大連〉「臺茗年來銷路廣，憑君到處善宣傳」〔註74〕互爲對比，深入討論此時期於「滿洲國」的商業發展情況。第二章論及臺灣籍民在上海的動向時，也對在南京的臺灣人口數略有整理，可資參考。梁華璜《臺灣總督府的「對岸」政策研究：日據時代臺閩關係史》以臺灣總督府的對岸政策爲主要討論內容，從臺灣割讓日本後，臺灣總督府的福建政策、廈門事件、旅券制度以及臺灣籍民在閩省活動及處境都有鑽研，其中第五篇〈日據時代臺民赴華之旅券制度〉，以討論日本制定臺人前往中國地區時必須使用「旅券」的政策爲中心，認爲這是日本爲控制、阻礙臺人前往中國的手段，也就是說，藉由旅券制度，帝國

〔註68〕吉開又志太（著）：黃得峰（編譯），《臺灣海運史（1895～1937）》，頁219。

〔註69〕王學新（編譯），《日治時期籍民與國籍史料彙編》（南投：國史館臺灣文獻館，2010年10月）。

〔註70〕卞鳳奎，《日治時期臺灣籍民在大陸及東南亞活動之研究（1895～1945）》（合肥：黃山書社，2006年5月）。

〔註71〕梁華璜，《臺灣總督府的「對岸」政策研究：日據時代臺閩關係史》（板橋：稻鄉出版社，2001年）。

〔註72〕吳文星，《日治時期臺灣的社會領導階層》（臺北：五南，2008年5月）。

〔註73〕卞鳳奎，《日治時期臺灣籍民在大陸及東南亞活動之研究（1895～1945）》，頁66。

〔註74〕張耀南，〈送陳清輝君之大連　同題〉（《風月報》第47期，昭和12年9月），頁17。

日本擁有監控、操作赴中國地區的臺灣人之身份、前往中國之目的，與王學新編譯之《日治時期籍民與國籍史料彙編》中提及之旅券管理問題與規則可相互參照，旅券管理規則第二條：「申辦旅券者應以附件書面格式，向總督府民政局或所轄縣廳提出申請，領取旅券時應立刻親自簽名於標示欄內」〔註75〕，其中的書面格式，即包括需填寫前往理由，本籍、身份與職業等資料；另外於第九條又規定：「被認爲以不正當營業爲目的，或違反旅行目的地之國法而企圖渡航外國者，則不核發旅券」〔註76〕，可見前往者之目的的合法與否，多是由總督府民政局或旅行者所轄縣廳所認定，其可能操作的空間頗大。但可以瞭解的是，此類研究對於本論文檢討臺灣漢詩人旅外之動機、身份及與帝國日本的控管互動時，有其法律上依據。吳文星《日治時期臺灣的社會領導階層》，則以論述日治時期臺灣的社會領導階層如何興起，又如何帶動臺灣的社會文化變遷爲重心，其中第三章論述殖民教育與新社會領導階層之塑造時，即討論到日治初期，總督府爲避免臺人知識份子的興起會導致與統治當局的摩擦，故盡可能防止臺人接受較高等之教育，然而，在清代即爲士紳、富豪層級的臺灣中、上階層家族（即舊社會領導階層），在自己對教育程度的要求、總督府的綏靖政策、民間團體的協助……等因素下，開始有遣送子弟前往日本國內受教育的風氣與傾向。〔註77〕後來，這批受教者更因直接接受殖民政權的精英教育，不僅鞏固其家族原有之社會地位，更較上一代具有社會聲望和影響力，成爲新社會領導階層。〔註78〕同時，在吳文星的考察中，當時留學地區除了日本外，亦有前往中國大陸及歐美地區者，因著語言、交通較便利，故留日者多於其他兩地。此研究對於本論文針對臺灣漢詩人之社會地位與前往海外之目的的相互關係論述上，有直接參考意義。

由於本文討論的漢詩人，除了如吳文星研究中論及前往東京者外，尚須考察前往新京與南京者，故在考察其他具有漢詩能力之商紳的社會地位方面，筆者企圖透過鷹取田一郎《臺灣列紳傳》〔註79〕、林進發《臺灣人物評》〔註80〕、《臺灣官紳年鑑》〔註81〕、興南新聞社編《臺灣人士鑑》〔註82〕等，

〔註75〕 王學新（編譯），《日治時期籍民與國籍史料彙編》，頁84。
〔註76〕 王學新（編譯），《日治時期籍民與國籍史料彙編》，頁85。
〔註77〕 吳文星，《日治時期臺灣的社會領導階層》，頁115～121。
〔註78〕 吳文星，《日治時期臺灣的社會領導階層》，頁125。
〔註79〕 鷹取田一郎，《臺灣列紳傳》（桃園：華夏書坊，2009年6月）。
〔註80〕 林進發，《臺灣人物評》（臺北：成文，1999年。據昭和4年（1929）刊本影

此類以臺灣士紳生平簡介爲核心之傳記匯編，確認這些旅外漢詩人之社會身份，並用李婉甄〈藝術潮流的衝擊與交會：日治時期魏清德的論述與收藏〉〔註 83〕、鄭明珠〈謝雪漁小說《櫻花夢》研究〉〔註 84〕、王偉莉〈日治時期臺中市區的戲院經營（1902～1945）〉〔註 85〕、蔡佩玲〈「同文」的想像與實踐：日治時期臺灣傳統文人謝雪漁的漢文書寫〉〔註 86〕等當代對於魏清德、謝雪漁、吳子瑜等人之個別人物研究成果，輔以林玉茹《清代竹塹地區的在地商人及其活動網絡》〔註 87〕一書中運用對新竹地區的商人組織類型、成員、運作與功能，參照當時港口出入貨品量，經營產業與官方之密切程度，勾勒出這批商人的團體；其中討論商人之所以可以提升至「士紳」，主要是因爲其以家族之經濟實力爲後盾，主動參與地方社會公益事業或文教活動，藉此提升家族社會威望與地位〔註 88〕，雖然探討的時代不同，但此觀念與本文欲討論之具漢詩能力的商紳於海外旅行時創作漢詩的目的，具有關聯性，藉由此類對商人、士紳、商紳之網絡研究方法與概念，以理解這批身懷漢詩能力的商紳在社會中的階層位置，前往海外與創作漢詩作品的原因與目的，透過此層理解，對於其在旅途中所能看見與看不見的社會景態，以及其政治立場和文化觀點，皆能有更深刻的體會。

三、都市書寫與地誌書寫

筆者認爲，相對於前述研究討論中，複雜演化、甚至發展出自己面貌的「臺灣式白話文」，「漢詩」由於格式限制、內容含蓄、情感濃縮，使其所能

印）。

〔註 81〕 林進發，《臺灣官紳年鑑》（臺北：成文，1999 年。據昭和 9 年（1934）刊本影印）。

〔註 82〕 興南新聞社（編），《臺灣人士鑑》（臺北：成文，2010 年）。

〔註 83〕 李婉甄，〈藝術潮流的衝擊與交會：日治時期魏清德的論述與收藏〉（國立臺灣大學藝術史研究所碩士論文，2008 年）。

〔註 84〕 鄭明珠，〈謝雪漁小說《櫻花夢》研究〉（東海大學中國文學系碩士論文，2008 年）。

〔註 85〕 王偉莉，〈日治時期臺中市區的戲院經營（1902～1945）〉（暨南國際大學歷史學系碩士論文，2009 年）。

〔註 86〕 蔡佩玲，〈「同文」的想像與實踐：日治時期臺灣傳統文人謝雪漁的漢文書寫〉（國立政治大學中國文學研究所碩士論文，2009 年）。

〔註 87〕 林玉茹，《清代竹塹地區的在地商人及其活動網絡》（臺北：聯經，2000 年）。

〔註 88〕 林玉茹，《清代竹塹地區的在地商人及其活動網絡》，頁 318～319。

負載的思想與情感相較於漢文，更有一種私密性。此種私密性來自於漢詩通
常會運用許多精簡且個人化的典故，這些僅有漢詩寫作者個人化之典故的使
用，往往具有將客觀景物抒情地主觀化，產生一種全新的象徵的特性。隨著
每個閱讀者的經驗差異，詩歌創作中的多元解讀性也因此存在。雖然對臺灣
來說，1931～1945 年間，已是日本殖民統治的末期，但臺人與日人之間的文
化差異，並不會因著 50 年的統治時間而完全消弭。而這種由於文化差異，或
各人經驗而對漢詩創作引發多元解讀的現象，帶來漢詩在在臺人與日人間的
「雙棲性」，在此一殖民統治的時代，此雙棲的特性更有其意義。而作家們運
用漢詩撰寫旅外經驗，更是利用了這種雙棲的特質，使用大量的意象凸顯對
都市的喜好、想像或認知，往往也透露出了一種「雙鄉」的特質。經由具體
分析臺灣商紳及文人在異國異地羈旅期間的都市書寫和地誌書寫，尤其容易
窺見這種歷史悲運下的「雙鄉性」與「雙棲性」。

　　與本論文相關，提供筆者思索都市書寫與地誌書寫方面的書籍，可以 J.
Hillis Miller《跨越邊界：翻譯・文學・批評》〔註 89〕一書進行討論，本書主
要討論文學作品乘載著一個文化義涵，再傳遞到另一個文化的過程中，會有
哪些問題產生？另外，在此類詩歌或小說中的風景描述，過渡到另一文化中
時，會發生哪些作用？以此觀點爲核心，放置於本論文欲討論之三京書寫的
架構下，可以提供以下的思考：當創作送別詩的漢詩人，撰寫對於送別對象
的希望，或是對於對方旅行目的地之描述時，是否也包含了一種文化上的期
待？而當旅行者自行撰寫旅行詩，其中對於遊覽地的風景意象，是否能成爲
傳達文化義涵的工具？

　　另外，Edward W, Said《知識分子論》〔註 90〕一書中對「知識份子」的定
義中言道，所謂的知識分子，是一種特殊專業，集編輯、記者、政客及學術
中間人於一身的階層，此一定義，正好與本文欲討論的具有漢詩能力的商紳
與文人具有類似的特質。在此理解下，這些前往外地行旅、覓職或貿易，具
有多元身分的漢詩創作者，又用什麼眼光觀看世界？構築出何種新地理觀？
對自我處境又有何認知？皆可以是本文開展的面向。

〔註 89〕 J. Hillis Miller（著）；單德興（編譯），《跨越邊界：翻譯・文學・批評》（*New
　　　　 starts: per formative topographies in literature and criticism*）（臺北：書林，1995
　　　　 年 8 月）。

〔註 90〕 Edward W, Said（著）；單德興（譯），《知識分子論》（*Representations of the
　　　　 intellectual: the 1993 Reith lectures*）（臺北：麥田出版，1997 年 11 月）。

　　在實際史料運用上，本論文將參考《東京案內》〔註91〕；《東京市史蹟名勝天然紀念物寫眞帖》〔註92〕；礒部鎭雄《大東京關係地誌目錄》〔註93〕；長谷川宇太治《支那貿易案內》〔註94〕；山根倬三《支那、滿洲、朝鮮案內亞東指要》〔註95〕；布利秋《北支案內》〔註96〕；臺灣施行案內社《現地踏查中支案內》〔註97〕；後藤朝太郎《支那生活案內》〔註98〕；東文雄《朝鮮、滿洲、支那：大陸視察旅行案內》〔註99〕；眞鍋五郎《滿洲都市案內》〔註100〕等日治時期對於東京、新京、南京三都市之遊覽、生活、經商介紹書籍，從都市形成史爲切入點，進而討論三個都市各自的觀光景點、經濟活動、交通建設等特色，並與上一部分之漢詩人所處之社會階層，具備之身份，與前往三京之目的；以及漢詩作品中提及的地點，將之與圖像書、寫眞帖進行對照。

　　以《現地踏查中支案內》爲例，該書附有南京地圖，詳盡標出各重要街道、景點與機構。內文以介紹「中支」地區，包括江蘇、浙江、安徽、上海、南京等地之都市概要爲重心。由於該書爲傳達對大陸之認識，並作爲旅遊者之必備參考，因此對於各都市的交通情況，包括對外之海運、航空、鐵路；對內之巴士、人力車等交通工具之票價、路線、時刻表、隨身物品限制……等等都有詳盡的描述；另外，也爲旅行者備有旅遊指南、行程安排、名勝古蹟等簡介；更附有渡航手續、身份證明書、服裝、船票、土產品等注意事項的旅遊者要覽。其中最特殊的是，書中還附有「要塞地帶法」、「中支寫眞攝影製作取締」法規，將此地在政治上之特殊性與敏感性標顯出來。本文即是企圖透過這一類之旅行遊覽介紹書，將之與漢詩人作品中對於都市的描繪進行參照，以期呈現出完整的歷史人文圖景和地理氛圍。

〔註91〕東京市（編），《東京案內》，1907 年。
〔註92〕《東京市史蹟名勝天然紀念物寫眞帖》，1922 年。
〔註93〕礒部鎭雄，《大東京關係地誌目錄》（東京：旅の趣味會，1936 年）。
〔註94〕長谷川宇太治，《支那貿易案內》（東京：亞細亞社，1924 年）。
〔註95〕山根倬三，《支那、滿洲、朝鮮案內亞東指要》（東京：東洋協會，1925 年）。
〔註96〕布利秋，《北支案內》（東京：北支研究會，1938 年）。
〔註97〕臺灣施行案內社，《現地踏查中支案內》（臺北：臺灣施行案內社，1939 年）。
〔註98〕後藤朝太郎，《支那生活案內》（東京：黃河書院，1940 年）。
〔註99〕東文雄，《朝鮮、滿洲、支那：大陸視察旅行案內》（東京：成光館，1940 年）。
〔註100〕眞鍋五郎，《滿洲都市案內》（大連：亞細亞出版協會，1941 年 2 月）。

第四節　論文章節概述與安排

　　透過漢詩、旅行與心境的交叉參照，整理旅跡、意象和時代認識。筆者一方面，希望探知寫作者對當時核心都邑的認知來源，如何受到臺灣人觀點、帝國宣傳視野影響，有著如何的故國想像、中國文化薰陶之烙痕；另一方面，也期盼能瞭解這些遊歷海外、率先接觸東亞世局變化的臺灣人，面對此三個東亞主要都市時的認識和情感組成爲何？當時曾經被迫短暫編織在一個大東亞框架下的日本、「滿洲國」、「中國」、臺灣，四者是如何在臺灣人當時的抽象認知與身體體驗中浮現，乃至於彼此凸顯其存在意義？臺灣人如何看待和理解這些變化？這種種文化景觀，筆者將嘗試透過下列章節進行探討。

　　章節架構及探討重點，簡介如下：

第一章　序　論
　　第一節　研究動機與目的
　　第二節　研究概念與方法
　　第三節　先行研究與問題意識
　　第四節　章節概述與章節安排
第二章　櫻花眼界拓蓬萊：東渡「東京」

　　本章主要希望呈現前往東京發展之臺灣漢詩人對於東京都市情況的描繪，以及文人交流網絡。首先，第一節以交代東京發展的歷史背景爲主，其中將特別著墨於昭和時期的都市情況與社會氛圍，並針對此時期之東京交通，以海運爲中心，進行整理與討論，最後將統整《臺灣日日新報》中的東京相關報導，從中歸納、分析此類官方媒體塑造東京形象的模式與內容。第二節中，分別以林獻堂《灌園先生日記》，以及《風月報》、《南方》、《詩報》中刊登以林清敦爲中心，赴東京之前的餞別詩與贈別詩，還有此三份刊物中撰寫東京遊歷詩作較豐碩之吳子瑜爲代表，討論其人紀錄與官方相對，屬於民間的東京遊歷內容，及其中所透露的都市形象，與漢詩創作中表現的東京想像與東京意象。第三節部分，則將第一節第三部分統整之官方塑造的東京形象，與第二節中論析的民間書寫的東京形象、漢詩創作中的東京想像與東京意象進行綜合比較，透過這些比較間，所出現的落差與縫隙進行思考與申論。

第三章　新京塞外冰霜冷：見聞「滿洲」

　　本章將視線聚焦於「滿洲」，首先於第一節交代滿洲五個重要都市——旅順、大連、奉天（今瀋陽）、新京（今長春）、哈爾濱等地的歷史背景與發展概況；並討論由此五都市所組成的滿洲地區與臺灣在 15 年戰爭期間的交通狀態與交通形式，最後以《臺灣日日新報》中與滿洲相關的報導爲對象，從中分析日本帝國透過此官方媒體輸出的滿洲官方形象。第二節第一部分，筆者以陳逢源《新支那素描》一書爲例，探討其中表現出的屬於民間的滿洲形象；第二節第二部分與第三部分則列舉《風月報》、《南方》、《詩報》中刊載臺灣漢詩人撰寫前往滿洲之前的餞別詩與贈別詩，和履足滿洲後書寫的旅行詩，分析其中對於滿洲都市的行前想像和行中意象。第三節，則將官方形象、民間形象與滿洲想像、滿州意象進行比較，討論其中的承續關係與落差情況。此外，也舉出臺灣小說中的所呈現的滿洲熱潮與前述旅滿漢詩中的滿洲想像、滿洲意象間進行對照，討論三者間的關係。

第四章　舊國方開新國運：前進「南京」

　　本章首先討論南京之所以成爲中國地區南方重要都市的原因，以及「汪精衛南京國民政府」之所以欲將行政中心建立於此的考量，進而整理南京於淪陷區時期與臺灣的交通往來，包括航空、海運之航班、路線等情況，最後，列舉《臺灣日日新報》中與南京相關之報導，分析、討論其中經營之具有官方色彩的南京形象。第二節部分，分別以謝雪漁〈日華英雌傳〉中所營造，屬於民間發聲的南京形象；刊載於《風月報》、《南方》、《詩報》中刊登前往南京之前由旅人自撰的贈別詩，與其友人書寫的餞別詩中透露的南京想像，以及實際踏足南京後的商紳與文人，其所創作之旅行漢詩中表現的南京意象進行討論。第三節中，亦是將官方報導與民間書寫小說中所塑造的南京形象，與餞別詩、贈別詩中的南京想像、旅行詩中的南京意象進行交互比較，從中觀察四者間的書寫差異與敘述落差。

第五章　結　論

　　本段落主要希望經由整理、分析《風月報》、《南方》、《詩報》等雜誌，及其周遭雜誌的旅行漢詩後，推導出三個觀點。

　　其先討論漢詩的雙棲性格與雙鄉性質。由於漢詩中可因應創作者個人的生命經驗之累積，運用出各種精練且個人化的典故體會，甚至能將客觀事物主觀化，因而容易形塑出一種專屬於漢詩人個人的私密性。此種私密性往往

能傳達創作者幽微而隔絕於他人的情感，用以表現作家個人面對新興都市或故都的心情狀態，以及除作者外，不易探知，在某些層面來說，也相對安全的新地理觀或情感結構。

然而，誠如主要關鍵詞定義中所言，由於對此世代的漢詩人來說，他們生活在一個進行現代史時期，在社會上，往往具有多重身份，如商紳、新文學家等；漢詩之於這些人，是一種彰顯自我文人風雅，表現自己文學、文化素養的能力，並且以此記錄自己旅行中之唱酬答應的文化工具。

在這樣的理解下，觀察此時期漢詩中傳達出的吟詠場合或發表群體，可以發現，1931～1945 年間，漢文化圈依然存在，雖然歷經 1937 年之「漢文欄廢止」事件，漢詩的書寫與刊載仍然不輟，擁有漢詩創作的能力，不僅是上層知識階級的文化人交際唱酬、展現個人風雅的要件，面對一個「同文」的大東亞環境，「漢詩能力」更具有商紳與文化人間，想要國際人士接軌，進而達到互動交流社會意義。

最後希望提出的是，臺灣漢詩人在戰爭期間的活躍情況，並了解他們在島內政治環境封閉，但鼓吹「東亞聯盟」的氛圍下，如何積極展現自我，並透過有限的發聲空間與發表平臺，展現自己努力生存與爭取機會的積極進取與生機勃勃的生命痕跡。

第二章　櫻花眼界拓蓬萊：東渡「東京」

前　言

> 且喜神州考察回。征塵洗處酌吟杯。
>
> 清筵郤飽先生饌。豔曲休誇穉妓才。
>
> 柳色夢魂縈毘舍。櫻花眼界拓蓬萊。
>
> 寵招今夕榮何極。藉滌煩襟醉玉醅。
>
> ——林清敦〈席上賦呈諸詞兄〉〔註1〕

　　此詩是《風月報》贊助人之一、參與瀛社，同時也是臺北鷺洲吟社的創辦人林清敦〔註2〕於 1937 年初前往東京，同年歸臺時，面對瀛社的社友為其

〔註1〕　林清敦，〈席上賦呈諸詞兄〉，《風月報》第 45 期，1937 年 7 月 20 日，頁 24。

〔註2〕　林清敦（1875～1955），字崇禮，號伴鶴山人、師元樓主人，生於三重埔，定居臺北州新莊郡鷺洲庄。年少時入私塾，受業於黃君修門下，日人治臺後轉入大稻埕公學校，未久即輟學，與叔父經營砂糖製造。1916 年被推選為三重埔信用組合長。林氏熱衷於宗教事務，1917 年保安宮重修，擔任二堡總董事，同年亦擔任二重埔區長，鷺洲庄協議會員、新莊組合理事、三重埔青年會長、後村水利組合評議員。1925 年倡議重修先嗇宮，被推為重修總董事，1927 年完成先嗇宮修復，親撰《先嗇宮沿革誌》一文，先嗇宮中亦留下許多林清敦之書法楹聯作品。戰後當選臺北縣議員。1946 年首倡纂修臺北縣志，為北縣修志之開端。林清敦在擔任公職之餘，亦注重傳統文人之素養，曾加入瀛社，並創立鷺洲吟社，與詩友唱和於居所「毓蘭居」內「師元樓」書齋。亦在師元樓開設書房，聘師共同培育鄉里子弟。參考：林進發，《臺灣人物評》（臺北：臺南新報社臺北印刷所，1929 年 8 月；臺北：成文出版社，1999 年 6 月復刻），頁 36；黃哲永（主編），《臺灣先賢詩文集彙刊　第六輯　師元樓吟草／林清敦撰、寄園詩葉／劉克明撰》（板橋：龍文出版社，2009 年 3 月），無頁碼。

舉辦之洗塵宴所撰寫，全詩主旨在於感謝社友們爲自己舉辦隆重的洗塵宴，從宴席的飲食，至樂曲的表演，都讓自己感到榮寵備至，因此藉著與大家把盞言歡，來表達自己的感謝之情。然而，細觀此詩，除了表達這種感謝外，其實也隱隱帶出了林清敦對於自己此趟前往東京的看法，首先在於「且喜神州考察回」一句，不僅將傳統用於表達「中國」概念的「神州〔註 3〕」，借代爲此趟前往「東京」的用詞，更以「考察」，而非觀光、遊樂的觀點，看待自己的東京旅行，此外，在一面訴說自己外出時懷念家鄉的心情時，亦寫到「櫻花眼界拓蓬萊」一句，以「櫻花」代表東京，表明自己前往東京的所見所聞，足以開拓來自蓬萊島上的自己的眼界。然而，在 1937 年這樣一個煙硝四起的年代，是何種原因使林清敦，一個糖商，同時也時常介入金融業與地方政治的人物，想要前往東京？他到底考察了些什麼？又開拓了什麼眼界？成爲筆者對於戰爭期（1937～1945）年間，臺灣具有漢詩能力之商紳與文人們爲何要前往東京，對東京有何種想像，實際前往後是否有感受到落差……等等問題，而感到好奇的起點。

在討論此問題之前，我們首先需了解的歷史背景是，從日本帝國統治臺灣開始，臺灣士紳們即依循日本官方建議與規劃的旅日路線，進行一趟趟的「上國觀光」，東京作爲帝都自然是必經的景點。這些士紳們在返臺後，或出版或發表遊記，其中又以 1896 年初與樺山資紀一同前往東京旅遊的李春生，及其回臺後撰寫的《東遊六十四日隨筆》最具代表性。此部隨筆所傳達出之「日本、東京＝文明、現代」的感受，透過登上報刊，及集結出版後，傳達給閱讀者，而這一個「日本、東京＝文明、現代」的觀念也隨之潛移默化地進入臺灣讀者的意識中。

然而，1923 年關東大地震不僅震垮了屋舍與道路，人民死亡不計其數，更將帝都東京作爲日本「文明、現代」的標的性摧毀殆盡。直至 1930 年代帝

〔註 3〕 「神州」一詞，最早見於《史記·卷七十四·孟子荀卿列傳》：「以爲儒者所謂中國者，於天下乃八十一分居其一分耳。中國名曰赤縣神州，赤縣神州內自有九州，禹之序九州是也，不得爲州數。中國外如赤縣神州者九，乃所謂九州也。」這段記載的意思是，戰國時期的鄒衍認爲，儒家所認知的中國，只是天下的八十一分之一。整個天下有九個大州，其中中國所在的稱爲赤縣神州，神州中有大禹治水時劃分的九州，但此九州與天下的大九州是不同的，天下外如赤縣神州一般大的州，加上赤縣神州，共有九州，才是所謂的九州。「赤縣神州」後來又稱爲「赤縣」或「神州」，皆成爲「中國」的代稱。

都復興事業完成，新街道的規劃、新大樓的興建、新建材的使用、新大眾交通模式的建設，「新東京」的都市樣貌與概念又開始透過照片、散文、新聞報導一遍遍被突顯出來。

在此背景之下，筆者關心的議題是：從 1931 年起，「東京」一地透過《臺灣日日新報》中與東京相關之報導，在臺灣所形塑出之「東京形象」，在 1937年後於《風月報》、《南方》中刊登，具備漢詩能力之臺灣籍商紳與文人前往東京旅行前，親友創作之餞別詩及自身創作之贈別詩中，所表現的「東京想像」，以及這批臺灣籍商紳與文人實地抵達東京後創作的旅行詩中，所營造出的「東京意象」，此關於東京一地的「形象」、「想像」與「意象」三者間，所存在的可能落差。〔註4〕

第一節　昭和時期的東京形象：以《臺灣日日新報》為例

本節將從三個角度討論昭和時期的東京發展情況，分別是：一、東京都市發展史；二、臺灣與東京的交通往來；三、《臺灣日日新報》中的東京形象塑造模式。

此討論範圍下，筆者將運用東京都市發展相關史料，陳述東京成為帝都的原因與過程，並將重點放在 1930 年代帝都復興事業後的新東京建設情況，以了解昭和時期東京的歷史背景。其次，討論東京與臺灣間的交通模式，思考內臺航線在《臺灣日日新報》出現的方式，以及在日治臺灣小說《新孟母》、《志願兵》中運用的情況，以釐清內臺航線之於臺灣的重要性。最後，以《臺灣日日新報》從 1931～1945 年間的報導，討論官方報紙中的東京形象，以解釋在 1931～1945 年間，受日本統治的臺灣，是如何建立對東京的觀感，以及建立的觀感內容。

〔註4〕 在此必須說明的是，本論文主要研究的時間年代在於 1937～1944 年。但筆者認為，由於人類要對一個地區形成一種「形象」需要長時間的累積，在此長時間累積後，才能形成想像，前往此一地區後，若有創作或記錄，才能表現出意象。因此，在本論文討論的過程中，建立形象的時間長度，也就是討論在《臺灣日日新報》中，對於東京、新京，以及南京之報導時間跨距，將起於 1931 年，終於 1945 年，共 15 年，此跨距將會比討論《風月報》、《南方》等雜誌（發行於 1937～1944 年）的時間跨距（8 年）來得長。

一、東京都市發展史

　　東京都市的發展，最早是由農村而起，幕府時期，稱爲江戶。起源於 12
世紀，豪族江戶氏的居所〔註5〕，日本戰國時期，由扇谷上杉氏的家臣太田道
灌，於 1457 年修築而成江戶城。曾在 16 世紀初，成爲後北條氏的支城，直
到 1590 年，隨著豐臣秀吉對德川家康發給「關東轉封」的命令，使德川家康
以江戶爲居城開始，整個江戶城的都市建設愈發繁榮。豐臣秀吉死後，德川
家康掌握實權，於 1603 年即位，開啓德川幕府時代，並在江戶樹立中央集權
的朝廷，至此江戶成爲日本的政治中心〔註6〕。同時期的天皇，則居住在京
都，權力爲江戶的幕府所架空，至 1867 年德川慶喜大政奉還，才又回到江
戶。〔註7〕

　　明治天皇重掌行政大權後，爲了新政府的新氣象，決定遷都，在一番討
論後，大木喬任與江藤新平向天皇提出了「東西二京設置案」，在此提案中，
提議將京都設爲西邊的京城，江戶設爲東邊的京城，在不否定京都做爲首都
的前提下，加強江戶地區，也就是東日本地區，受天皇統轄的統治力。明治

〔註5〕　另有一說，是由於此地爲隅田川流入當時稱爲江戶灣的東京灣之河口，故稱
　　　　江戶。
〔註6〕　有關東京都市發展，可參考：東京市（編），《東京市史稿　皇城篇 1～5，附
　　　　圖》共六冊（東京：東京市，1911 年 12 月～1918 年 11 月）、御廚貴，《東京
　　　　——首都は国家を超えるか》（東京：讀賣新聞社，1996 年 5 月）、竹內誠等，
　　　　《東京の歷史》（東京：山川出版社，1997 年 1 月）、藤野敦，《東京都の誕
　　　　生》（東京：吉川弘文館，2002 年 2 月）、小木新造，《江戶東京學》（東京：
　　　　都市出版株式會社，2005 年 8 月）、初田亨，《圖說——東京と都市建築の一
　　　　三〇年》（東京：河出書房新社，2007 年 7 月）等書。其中，御廚貴一書，從
　　　　19 世紀末東京作爲帝都，到戰後東京都政，再到今日之東京都組織之運作，
　　　　做爲討論軸線，以政治社會史的方法剖析每一段時期的東京政治特色。竹內
　　　　誠、古泉弘、池上裕子、加藤貴、藤野敦等人所著一書，以 10 章的篇幅將東
　　　　京從戰國時期始至 1923 年關東大地震止，每一個東京發展之文化影響、政治
　　　　改革、經濟發展之階段與內容，都有淺顯扼要的分析與說明。藤野敦一書，
　　　　則將東京的轉變分爲四個時期，包括江戶時期的東京，做爲帝都的東京，戰
　　　　爭時期的東京，以及未來課題，詳細討論四個時期的東京建設過程和歷史發
　　　　展。小木新造一書，則是廣泛討論了之所以發展江戶東京學的原因、東京的
　　　　庶民文化、觀光等議題。初田亨一書，從建築史角度切入，將東京都市發展
　　　　中建築物的轉變作爲討論核心，甚至編排了東京的近代都市史與建築史互見
　　　　之年表爲其最大特色。
〔註7〕　參見：竹內誠等，《東京の歷史》（東京：山川出版社，1997 年 1 月），頁
　　　　172～304；藤野敦，《東京都の誕生》（東京：吉川弘文館，2002 年 2 月），頁
　　　　9～13。

元年（1868），天皇在秉持東、西兩京並立的立場下，將江戶改稱東京，並廢
止原本的江戶府，改成立東京府。從明治元年到明治 2 年間（1868～1869），
天皇透過東幸東京，還幸京都，再幸東京等方式，慢慢將政治活動的重心移
動到東京，直至明治 4 年（1871）行政機能才完全轉移至東京，至此，西京
京都成爲日本帝國名義上的首都，江戶改稱東京，成爲實際上的行政中心。
〔註8〕明治天皇奠都東京後，先將東京府的行政管轄範圍擴大，同時亦在東京
大力推行文明開化政策，也在築地地區開放外國人居留地，使得西方的生活
及飲食習慣、洋風建築，以及近代都市景觀逐漸浸染東京人民的生活，銀座
的煉瓦街即爲此類政策推行的代表區域。明治 21 年（1888），東京府進行市
區改正計畫，明治 22 年（1889），從東京府中另外劃出東京市行政區，儼然
有將東京市做爲首都的象徵性意圖。〔註9〕

　　隨著日本帝國對外經營與殖民的擴張，作爲帝都的東京，其發展也蒸蒸
日上，然而，看似欣欣向榮的東京，及其週遭都市，卻在大正 12 年（1923）
年 9 月 1 日早上 11 點 58 分遭受到芮氏規模 7.9 的關東大地震襲擊〔註10〕。
在《臺灣日日新報》中曾以「中部日本大地震」、「京濱大地震」、「安政大地
震」等標題，於 1923 年 9 月 2 日起進行一連串報導，在這些報導中，甚至以
「阿鼻地獄」〔註11〕形容此次地震的災情，此外，在《臺灣日日新報》的「詩
壇」欄也有哀悼此次地震的相關詩作，如：王茂林〈哀京濱各地震災感作〉

〔註8〕　參見：竹內誠等，《東京都の歷史》（東京：山川出版社，1997 年 1 月），頁
　　　　303～308；藤野敦，《東京都の誕生》（東京：吉川弘文館，2002 年 2 月），頁
　　　　48～70。
〔註9〕　參見：竹內誠等，《東京都の歷史》（東京：山川出版社，1997 年 1 月），頁
　　　　314～326；藤野敦，《東京都の誕生》（東京：吉川弘文館，2002 年 2 月），頁
　　　　90～125。
〔註10〕根據竹內誠等人的研究指出，這場大地震不僅造成東京地區的對外通信與道
　　　　路的毀損與中斷，更由於地震發生於中午，使得火災四起，輔以颱風帶來的
　　　　強風，東京市和橫濱、千葉縣、神奈川縣、靜岡縣等都市皆陷入火海，同時
　　　　海嘯也接踵而至，整個東京地區陷入混亂，燒毀面積達 42%，都市機能摧毀
　　　　泰半，人民死傷不計其數，更一度傳出要遷都的消息。參見：竹內誠等，《東
　　　　京都の歷史》（東京：山川出版社，1997 年 1 月）。
〔註11〕如：1923 年 9 月 2 日，日刊，第 2 版之標題〈中部日本の大地震　地亡、山
　　　　崩、海嘯、火事　阿鼻叫喚の巷と化し　混亂名狀すべからず〉；1923 年 9
　　　　月 3 日，日刊，第 5 版之標題〈京濱地方大地震詳報　帝都は阿鼻叫喚の巷
　　　　死屍累累として凄慘を極む　安政の大地震より六十八年目　槍ケ嶽、富
　　　　士、秩父三山爆發〉等。

〔註12〕、菊塘居士〈哀京濱地震〉〔註13〕等。

　　地震發生翌日，曾於 1898～1906 年任職臺灣總督府民政長官，1920～1923 年任職東京市長的後藤新平，就任內務大臣，其後擔任「帝都復興院」總裁，發布「帝都復興計畫」，擔負起重建東京的重責大任，開始由大正 12 年（1923）起，至昭和 5 年（1930）止的「帝都復興事業」。〔註14〕在帝都復興事業中，後藤新平不僅建設地下鐵系統、環狀線，更重建了各條幹道，規劃高速道路網，重整河川與河川地、興建公園、車站廣場，使得東京獲得再度站起來的機會。隨著帝都復興事業的完成，東京地區的人口也隨之增加，爲了更有效管理東京地區的行政問題，昭和 7 年（1932）東京市的規模擴大，此新東京市的面積是舊東京市的 7 倍，人口超過 500 萬，是世界第二大都市，時人稱此新東京市爲「大東京市」。〔註15〕

　　東京市擴張前後，周邊許多公共建設也陸續完成，包括羽田機場（1931）、山口貯水池（1932）、築地中央市場（1935）……等，整個東京的都市機能愈發完整。1936 年國際奧林匹克委員會決定，第 12 屆夏季奧運會將在 1940 年於東京舉辦，全東京爲了奧運會場與選手村的建設，更邁向改造東京成爲國際都市的階段。同一時間，由於 1931 年發生「滿洲事變」〔註16〕；1932 年滿洲國成立；1936 年日本內部發生 226 事件；1937 年發生蘆溝橋事變，中日戰爭爆發〔註17〕，日本帝國正式進入戰時體制，昭和 13 年（1938）政府內部即通過中止東京奧運會的決議，另外，爲因應戰爭時期的空襲與防災需求，大東京市旁的多摩郡亦於昭和 14 年（1939）施行東京綠地計劃。

〔註12〕王茂林，〈哀京濱各地震災感作〉，《臺灣日日新報》1923 年 9 月 14 日，日刊，第 6 版。

〔註13〕菊塘居士，〈哀京濱地震〉，《臺灣日日新報》1923 年 9 月 25 日，日刊，第 4 版。

〔註14〕參見：竹內誠等，《東京都の歷史》（東京：山川出版社，1997 年 1 月），頁 328～329。

〔註15〕參見：竹內誠等，《東京都の歷史》（東京：山川出版社，1997 年 1 月），頁 330～331；藤野敦，《東京都の誕生》（東京：吉川弘文館，2002 年 2 月），頁 135～149。

〔註16〕滿洲事變，在同時期的中國被稱爲 918 事變。

〔註17〕1937 年蘆溝橋事變後，同年華北淪陷，日人扶持王克敏在北京成立「中華民國臨時政府」；1938 年南京淪陷，1940 年又扶持汪精衛成立「中華民國國民政府」，與蔣介石在重慶之「中華民國國民政府」抗衡，並企圖以汪精衛政權統領日人於中國地區的占領地。

昭和 18 年（1943），大東京市和東京府合併，改制為東京都，以達到戰時首都行政一體化，提高行政效率的目的，不僅如此，東京都的建立，也加強了東京人民的戰爭感，除了捐出家中的鐵器外，昭和 19 年（1944）3 月頒布之「決戰非常措置要綱」更要求各式餐廳、藝妓屋、酒場、咖啡店、劇場、映画館等必須停業〔註 18〕，整個東京對於戰爭來臨的感受與體會，於此時到達高峰。

二、臺灣與東京的交通往來

　　1895 年臺灣割讓予日本後，為了強化與日本內地間之經濟關係，經營航運成為總督府理臺的首要任務。陸上交通方面，除了開通臺灣縱貫鐵道（1908），海上交通方面，則是自 1896 年起，開始頻繁往來的「內臺航線」，同時也是日治時期臺灣人前往東京時，最常使用的交通方式。

　　「內臺航線」的營運，可分為指定航線與不定期航線。指定航線部分，受到總督府的挹注，以保護臺灣經濟作物之固定輸出為目的。因為此指定航線而佔有內臺聯繫最重要地位的船運公司，主要為「大阪商船」與「日本郵船」兩大株式會社，它們分別於 1896 年與 1897 年陸續加入內臺指定航線的營運，根據片山邦雄的研究，直到大正 6 年（1917），大部分往來兩地的旅客，多搭乘這兩家公司基隆──神戶線的航班〔註 19〕，隨著此一航班的載客量與貨運量的增加，基隆港也在 1920 年代躍升為全臺最大商港。

　　1930 年代起，航行於日臺間的船隻噸級，多在 8 千至 1 萬噸間，皆是大型豪華郵輪的等級。若從當時臺灣的主流媒體《臺灣日日新報》與臺人小說創作著眼，則更可以看出基隆作為臺日間的門戶之地位，以及此航線來往人數的密度與頻繁程度。

　　舉例來說，1930 年 1 月《臺灣日日新報》報導中，便有臺南長老教會的學生，基於對東京的憧憬而逃學，最後在基隆被抓的相關消息〔註 20〕。這批學生原本要搭乘的，即是日本郵船會社的「大和丸」。另外，發生在同年間，

〔註 18〕　參見：竹內誠等，《東京都の歷史》（東京：山川出版社，1997 年 1 月），頁 330～336；藤野敦，《東京都の誕生》（東京：吉川弘文館，2002 年 2 月），頁 150～162。

〔註 19〕　片山邦雄，《近代日本海運とアジア》（東京：御茶の水書房，1996 年），頁 229。

〔註 20〕　〈東京に憧れ　中學生出奔　基隆て押へらる〉，《臺灣日日新報》1930 年 1 月 12 日，日刊，第 7 版。

亦有武藤信義大將，以教育總監身份來臺時搭乘大阪商船會社之「瑞穗丸」
於基隆登陸的資訊〔註21〕。

　　而在臺人小說中甚至還有能與現實航路相對應之描寫，如連載於《風月
報》之小說〈新孟母〉一文中曾敘述：

> 結婚後的秀慧和清德，可說達到他們的蓄志，踏出鄉關作雙飛雙宿
> 的新婚旅行，他們由基隆出發，擬繞鄉而折往東京，上海，然後重
> 回故鄉，作一個月的蜜月旅行——〔註22〕

即說明文中的新婚夫妻——秀慧和清德——之蜜月旅行，是由基隆出發，先
走沿岸航線繞臺，然後再前往東京與上海，最後再返鄉。這一段路途，不論
是大阪商船會社或是日本郵船會社，都有可以相應的航線，展現小說家對現
實航運的了解。此外，周金波小說〈志願兵〉中也曾提及對「高砂丸」與「朝
日丸」的印象，對應於現實層面，此二艘船，正好分別屬於大阪商船會社及
日本郵船會社所有，表現出了小說中與真實世界的互文關係。〔註23〕

　　統計《臺灣日日新報》上的出航訊息，可以發現，各船與其航行目的之
間有一些微妙的關係。舉例而言，臺灣文化協會請願上京時搭乘的是「蓬
萊丸」；「瑞穗丸」則多和糖、米等經濟作物之輸出的相關訊息共同被報導；
「扶桑丸」常與產業視察相關，或是官員、技師、博士來臺或出航相關的新
聞一起出現；「高砂丸」和「富士丸」則常被用「豪華」形容。其中值得注意
的是，由於每艘船原則上都是在固定航線上航行，因此若是能知道旅行者或
求學者出發的日期、出發的、目的地，就有可能可以推測出其人所搭乘的輪
船名。

　　思考1930年代臺灣與日本間的航運關係，若是從史料記載，可以發現多
是以經濟作為主要考量，包括為了輸出香蕉、米、糖、茶葉等作物，進口部
分則以肥料居多。但從文學、文化方面進行討論，則可以發現，由於內臺航
線的密集與固定，使得兩地間的交流也越來越活絡，從李春生《東遊六十四

〔註21〕〈武藤教育總監來臺　臺北著直ちに臺灣神社參拜〉，《臺灣日日新報》1930
　　　　年1月13日，日刊，第2版。
〔註22〕阿Q之弟，〈新孟母〉，《風月報》第63期，1938年5月（上卷），頁20。
〔註23〕更多相關的例子，可參考：黃信彰，《臺灣新文化運動的第一類接觸：海運的
　　　　立體新世界》（臺北：臺北市政府文獻委員會，2007年7月）。此書最大的貢
　　　　獻，在於點出臺灣的知識分子如何因為航運而接觸世界，接受新文明，並且
　　　　將海外所學回饋臺灣社會文化，帶動新文化運動，以及帶動更多臺灣文化的
　　　　生成。

日隨筆》開始，內臺航線帶動了臺灣知識分子對日本內地的認識，也開啓越來越多對日本的好奇，而能與國家做最直接連結的就是首都，從對帝國的好奇，到對帝都的想望，臺灣知識分子開始一波波前往東京，於是我們可以經由小說了解他們如何重新建構這個都市；也可以透過他們的日記、隨筆或遊記、漢詩中，看到他們旅途中的心情和記錄。

三、《臺灣日日新報》中的東京形象塑造模式

　　了解東京的都市發展歷史，同時也理解臺灣與內地間的航運關係後，我們從報紙中解讀臺灣與東京的關係。對於 1895 年開始接受日本殖民的臺灣來說，正接上了日本帝國將東京市由東京府中獨立，企圖帶出東京之首都地位的階段，觀察 1896 年至 1900 年的《臺灣日日新報》，其中與東京相關之報導的取向，以商業報導居多，其次才是政治消息，再其次是社會與文化消息，可以證明此時期的東京，正是商業蓬勃發展的時期。然而，從社會與文化消息中，則可以發現，從此時期開始，觀光、旅行與文學文化消息就常相輔相成的出現，例如：與旅行相關的訊息，多是經由送別與離別漢詩之創作而表現，如「文苑」欄出現的〈送蔡蓮舫遊東京〉〔註24〕，或是透過旅行後所寫之散文等文學形式呈現，如李春生的〈東遊六十四日隨筆〉〔註25〕；至於船期、港口的訊息，則是以新聞報導、電報消息等方式傳遞，如〈郵船會社船客運賃表〉、〈基隆の船舶〉、〈今日の船〉……等。船客消息方面，則有〈橫濱丸船客〉、〈淡水丸の船客〉等，「○○丸の船客」的乘船名單，但並非每艘船的乘船名單都會詳細刊登，有時僅報導船隻出航時間，有時則報導與船客相關的消息或政令。

　　1930 年代始，《臺灣日日新報》中與東京相關的報導仍以商業新聞爲主，特別是物價低落、失業問題、米糖生產過剩……等，其次即是有關 1923 年關東大地震後的東京復元、復興情況，然而，從版面雖小，但每日皆有報導之米況、株況、國債、外債、稅金等關鍵字，可以發現，此時期的東京，甚至是全日本，最大的問題還是在於經濟。

　　雖然此時期的經濟問題嚴重，但是在眾多報導中，仍可歸納出五種誘發臺灣人對東京產生憧憬，以及引發臺灣人對東京之興趣的原因。

〔註24〕陳基六，〈送蔡蓮舫遊東京〉，《臺灣新報》1897 年 3 月 5 日，日刊，第 1 版。
〔註25〕李春生，〈東遊六十四日隨筆〉，《臺灣新報》1896 年 8 月 6 日～1896 年 10 月
　　　 23 日，日刊，第 1 版，共 20 期。

　　第一，當時之報導中，有許多東京對臺灣經濟作物，包括米、糖、包種茶……等等貿易訊息，如在 1930 年，臺灣經濟發展的情況，即受到朝鮮來臺之經濟考察團的推崇〔註26〕，1931 年《臺灣日日新報》也曾報導東京地區希望可以引進包種茶作爲內地人的飲料〔註27〕，1935 年有東洋地區消費臺灣糖情況的消息〔註28〕，1937 年則有關於東京人喜好臺灣蓬萊米的訊息〔註29〕。筆者認爲，這些報導在在透露了日本（有時甚至是日本的其他殖民地，以及淪陷區）對臺灣經濟作物之發展，與商業活動情況的高度興趣，爲了增進雙方交流的機會，成爲具有商人身分之旅行者前往東京的原因之一。另外，從1931 年起，《臺灣日日新報》的「內外商況欄」，是一個每天固定出現，報導內容含括各種經濟商品，如米、棉花、砂糖、茶葉等的小型經濟消息版，在此欄位中，經常報導臺灣進口到日本，或是由日本內地生產之經濟商品的販售途徑與對象，對內至東京、大阪，對外至滿洲國、支那、臺灣、朝鮮，這些銷售國的列舉，也是促成閱報者對東京之東亞感，甚至世界圖景印象形成的原因。

　　第二，報上不定期出現的內地留學、內地修學、內地見學、內地視察團等報導，塑造了前往內地求學的印象。如 1899 年至 1900 年間在《臺灣日日新報》「新刊紹介」的欄位，出現了《東京通學案內》〔註30〕、《東京專門學校講義錄》〔註31〕等與求學相關之圖書。在 1930 年及 1936 年時，更有報導指出，當時有學生因著對東京的渴望，不惜逃學，搭船前往東京〔註32〕。而

〔註26〕〈『臺灣の發展は　豫想以上だ』　朝鮮視察團員語る〉，《臺灣日日新報》1930 年 2 月 9 日，日刊，第 5 版。

〔註27〕〈內地人の飲物に　包種茶が有望　東京方面に販路を圖れ〉，《臺灣日日新報》1931 年 7 月 5 日，日刊，第 7 版。

〔註28〕〈東洋の砂糖は臺灣から　消費增加に就でも努力せよ〉，《臺灣日日新報》1935 年 12 月 20 日，日刊，第 2 版。

〔註29〕〈東京市場で北部蓬萊は好評　宜蘭米は員林米より　二、三錢方上鞘〉，《臺灣日日新報》1937 年 8 月 1 日，日刊，第 3 版。

〔註30〕刊登於《臺灣日日新報》1899 年 3 月 29 日，日刊，第 4 版。

〔註31〕刊登於《臺灣日日新報》1899 年 11 月 7 日，日刊，第 4 版，及 1900 年 10 月 11 日，日刊，第 1 版。

〔註32〕〈東京に憧れ　中學生出奔　基隆て押へらる〉，《臺灣日日新報》1930 年 1 月 12 日，日刊，第 7 版；〈臺南長老教生徒　脫出學寮　冀負笈於東京〉，《臺灣日日新報》1930 年 1 月 13 日，日刊，第 8 版；〈東京に憧れ　二青年が家出　基隆で押へらる〉，《臺灣日日新報》1936 年 10 月 2 日，日刊，第 7 版。

與見學、留學相關的消息，更是不勝枚舉，如 1930 年有臺北第三女高學生由內地見學歸來的消息〔註 33〕，也有臺北小公學校學生即將前往內地見學的報導〔註 34〕；1931 年則有留學於東京的學生組成同鄉會的消息〔註 35〕；1935 年也曾報導彰化女中學生內地見學的活動〔註 36〕。除了一般學生前往內地求學與見學的消息之外，從 1925 年起至 1941 年間也有原住民前往日本見學和求學的相關新聞〔註 37〕。從這些頻頻出現的見學、留學消息，使得對於追求新知，意圖了解現代文明的學生、青年，以及文化人士，對東京產生憧憬，進而前往東京。而在《三六九》小報上，則曾有吳萱草〈攜三兒上京就學賦謝諸親友辱餞〉一詩，其中寫道「愛子心深教負笈……今朝繞度扶桑海，他日期登富士巔」〔註 38〕等句，亦充分透露了當時送子前往東京求學的父母心切。

　　第三，《臺灣日日新報》中還有許多文化藝術的報導，包括繪畫、管絃樂、歌姬、映畫等，其展品多來自外國，其中會使用「國際の○○」，或「世界の○○」〔註 39〕以營造出此類活動的豐富性與偉大程度，筆者認爲，這些

〔註 33〕　〈臺北三高女生一行　內地見學より歸る〉，《臺灣日日新報》1930 年 4 月 19日，日刊，第 2 版。

〔註 34〕　〈小公學校兒童の內地見學團　二十二日出發〉，《臺灣日日新報》1930 年 7月 23 日，日刊，第 7 版。

〔註 35〕　〈留學於東京中等學校之新竹市內學生〉，《臺灣日日新報》1931 年 9 月 29日，日刊，第 6 版；〈留學於東京中等學校之新竹市內學生。此回組一同合會〉，《臺灣日日新報》1931 年 9 月 29 日，夕刊，第 4 版。

〔註 36〕　〈彰化高女生ら　內地見學〉，《臺灣日日新報》1935 年 3 月 3 日，日刊，第3 版。

〔註 37〕　〈蕃人見學團　三日基隆發內地へ〉，《臺灣日日新報》1925 年 7 月 2 日，日刊，第 5 版；〈蕃人見學團赴內地〉，《臺灣日日新報》1925 年 7 月 3 日，夕刊，第 4 版；〈蕃人先覺者　廿名が內地見學　二十二日の朝日丸で〉，《臺灣日日新報》1934 年 9 月 20 日，日刊，第 3 版；〈內地見學の蕃人に訓示〉，《臺灣日日新報》1934 年 9 月 22 日，夕刊，第 2 版；〈山の先覺青年　內地を見學　得意の蕃歌を全國に放送〉，《臺灣日日新報》1938 年 8 月 31 日，日刊，第 5 版；〈內地見學の感激　高砂族青年團の座談會〉，《臺灣日日新報》1940年 5 月 23 日，日刊，第 7 版；〈行幸を奉拜して感激　帝都見學中の高砂青年〉，《臺灣日日新報》1941 年 4 月 27 日，夕刊，第 2 版。

〔註 38〕　吳萱草，〈攜三兒上京就學賦謝諸親友辱餞〉，《三六九小報》第 454 號，1935年 6 月 13 日，頁 4。

〔註 39〕　如〈學生の繪畫を交換　國際的の展覽會を　東西呼應して開催し　世界平和に培ふ計畫〉，《臺灣日日新報》1927 年 5 月 15 日，夕刊，第 2 版；〈世界の歌姬　宮川美子孃の獨唱〉，《臺灣日日新報》1932 年 5 月 5 日，日刊，第

報導，也會為東京製造出一種「東京等於世界」的印象。

　　能形塑與此類似的印象者，還有報導東京即將舉辦具東亞代表性活動或會議的消息。如在 1930 年有關於歐亞地區貨品運送相關會議將於東京舉行的報導〔註40〕；1933 年有全亞細亞民族青年會議也將在東京召開的報導〔註41〕；同年有紅十字會於東京召開國際會議的報導〔註42〕；1934 年則有國際教育會議將於 1935 年於東京舉行的消息〔註43〕……等等，這些會議訊息，從「歐亞聯絡」、「全亞細亞民族」等號召來看，其實皆具有塑造「東京等於全亞細亞中心」印象的能力；而從 1933 年 4 月 15 日起，共 16 篇報導有關在東京貿易館召開之臺灣、滿洲、朝鮮三地經濟座談會〔註44〕；以及 1935 年 4 月報導在東京會館召開之儒道大會〔註45〕中，將儒道指稱為日本精神母體等相關新聞，可說是從經濟、文化兩方面將東亞進行統合，同樣讓「東京」作為東亞中心的印象再次凸顯。此外，報導時間最長，最有效展現東京都市之國際實力的，就是有關東京將於 1940 年舉辦奧林匹亞運動會的系列報導，此類報導從 1935 年開始〔註46〕，至 1936 年確定為東京舉辦後〔註47〕，不僅展現了東

---

　　　 4 版等。

〔註40〕　〈歐亞連絡貨物會議　第二回は明年東京で〉，《臺灣日日新報》1930 年 6 月
　　　　　22 日，夕刊，第 1 版。

〔註41〕　〈全亞細亞民族青年會議　開於東京〉，《臺灣日日新報》1933 年 1 月 8 日，
　　　　　日刊，第 8 版；〈全亞細亞民族の青年會議を開く　今秋九月東京に於て〉，
　　　　　《臺灣日日新報》1933 年 1 月 8 日，夕刊，第 2 版；〈十餘のアジア民族　堅
　　　　　く手を握り合ふ　十六日、東京て青年代表會議〉，《臺灣日日新報》1933 年
　　　　　12 月 14 日，日刊，第 2 版。

〔註42〕　〈赤十字國際會議次回は東京〉，《臺灣日日新報》1933 年 4 月 2 日，夕刊，
　　　　　第 1 版。

〔註43〕　〈次は世界教育會議　來年度東京で開催　文部省其他は準備に著手〉，《臺
　　　　　灣日日新報》1934 年 10 月 21 日，日刊，第 7 版。

〔註44〕　〈臺・滿・鮮經濟座談會　東京貿易館に於て〉，《臺灣日日新報》1933 年 4
　　　　　月 15 日～1933 年 5 月 14 日，日刊，共刊登 16 次。

〔註45〕　〈孔子の後裔も招き　東京で儒道大會　廿八日から四日間　卅日には孔子
　　　　　祭〉，《臺灣日日新報》1935 年 4 月 21 日，夕刊，第 2 版；〈東京會館で　儒
　　　　　道大會を開く　參會者は二百餘名〉，《臺灣日日新報》1935 年 4 月 29 日，日
　　　　　刊，第 11 版；〈儒道大會　東京會館開　參列約二百名〉，《臺灣日日新報》
　　　　　1935 年 4 月 30 日，夕刊，第 4 版。

〔註46〕　〈第十二回オリムビック大會　東京に略確定す　ローマで開催は見合せる
　　　　　伊國首相も同意〉，《臺灣日日新報》1935 年 2 月 12 日，夕刊，第 2 版。

〔註47〕　〈次回夏季大會　決定東京冬季保留〉，《臺灣日日新報》1936 年 8 月 2 日，
　　　　　日刊，第 8 版；〈東京遂得制勝　次期夏季大會開之國際競技委員會決〉，《臺

京對於取得奧運舉辦機會的驕傲，更展現了他們對於此次運動會所進行的建設和投入的人力、物力，同時由於將舉辦奧運的 1940 年〔註48〕，也是日本皇紀紀元 2600 年，故日本帝國對於此次的活動更為重視，同年也預計舉辦萬國博覽會，及紀元 2600 年祝典等大規模活動〔註49〕。對旅行者而言，這些將於東京舉行大型國際活動的報導，足以在他們心中構成「前往東京等於接觸世界」，亦或是「前往東京等於抵達亞細亞的中心」的形象。

　　第四，在 1930～1931 年間曾以「東京的標誌」作為其意義的羽田機場之興建完工後，《臺灣日日新報》中開始出現大量東京與大阪、福岡、巴黎、新京、大連、奉天、上海、南京、香港、新加坡、美國……等他國、他地的航空開通、航運路線等交通消息，如在 1931 年曾有從滿洲事變（即 918 事變）後東京與大連貨物往來激增的消息〔註50〕，滿洲國成立後，東京與新京間的航路也開始開通〔註51〕。此外，能代表快速資訊傳遞的電報及無線電聯絡，也帶出了東京都市對東亞，甚至是世界訊息之接收，如：1934 年起東京與支那各都市，包括上海、南京、青島等地開始有無線電聯絡〔註52〕，1936 年起東京開通與天津間無線電報〔註53〕……等，此類與他國之電報、電話線路連

灣日日新報》1936 年 8 月 2 日，夕刊，第 4 版。

〔註48〕然而，日本雖然於 1936 年確定獲得 1940 年第 12 屆奧林匹克運動會的舉辦權，卻在 1937 年蘆溝橋事變（日方稱為支那事變）後，由眾議院提出終止奧運的主張，1938 年時也由於日本發動蘆溝橋事變，導致英國開始不支持日本舉辦奧運，同時，由於日本對中國的侵略越來越深，軍需方面的支出越來越龐大，終於在 1938 年 7 月退回奧運主辦權。1940 年改舉行東亞競技大會，作為紀元 2600 年的祝典活動之一。

〔註49〕欲了解 1940 年時臺灣與日本間的關係，可參考蔡錦堂〈「紀元二千六百年」的日本與臺灣〉，《師大臺灣史學報》第 1 期，2007 年 12 月，頁 51～88。

〔註50〕〈東京大連間の定期航空大活動　滿洲事件發生以來　旅客も郵便物も激增〉，《臺灣日日新報》1931 年 9 月 27 日，夕刊，第 2 版。

〔註51〕〈東京、新京間航空路　空輸會社決定開設〉，《臺灣日日新報》1932 年 8 月 4 日，日刊，第 8 版；〈東京と新京間の　航空路愈よ開設　一千餘キロを十四時間で翔破　乘り出した空輸會社〉，《臺灣日日新報》1932 年 8 月 4 日，夕刊，第 2 版；〈東京、新京間に　軍航空路を開設　重要書類の輸送が目的〉，《臺灣日日新報》1932 年 12 月 28 日，夕刊，第 1 版。

〔註52〕〈日支間の無電連絡　愈よけふから開始　先づ上海と東京間を連絡　漸次青島、南京その他奧地と〉，《臺灣日日新報》1934 年 6 月 1 日，日刊，第 2 版。

〔註53〕〈天津・東京間　直通無線電報は　五月一日から開通〉，《臺灣日日新報》1936 年 4 月 16 日，夕刊，第 2 版；〈天津東京間自働直通　無線電報五月一

接等電信消息，以及報導各式與滿洲國、蘭印、支那等相關訊息，和德國、英國、美國等國家之會議與協議，也進而協助閱報者對東京都市在東亞中重要地位，甚至世界中重要地位印象的形成。

除了新聞報導外，還有第五種形成印象的模式，即是報上許多與東京市區、風景區、商業區、行政區相關的散文，如「新大東京風景」〔註54〕系列；照片，如「東京風景カメラ行腳」〔註55〕系列，見下圖一、圖二。

圖一：上野公園清水寺〔註56〕　　　　圖二：日本橋〔註57〕

繪畫，如立石鐵臣的「新版東京圖繪十景」〔註58〕等，見下圖三、圖四。

日　　決定正式開通〉，《臺灣日日新報》1936年4月16日，夕刊，第4版。

〔註54〕松波治郎著，連載於《臺灣日日新報》第3版，1932年8月25日～1932年8月30日，共5期。

〔註55〕連載於《臺灣日日新報》1936年3月6日～1936年9月18日，日刊，每2至7天刊登一次，共34期。

〔註56〕刊登於《臺灣日日新報》1936年4月10日，日刊，第6版。

〔註57〕刊登於《臺灣日日新報》1936年8月6日，日刊，第4版。

〔註58〕立石鐵臣繪，連載於《臺灣日日新報》1936年6月27日～1936年7月31日，共10期。

圖三：有樂街〔註 59〕

圖四：淺草〔註 60〕

〔註 59〕刊登於《臺灣日日新報》1936 年 7 月 11 日，日刊，第 4 版。
〔註 60〕刊登於《臺灣日日新報》1936 年 7 月 28 日，日刊，第 4 版。

－43－

這些文字與影像的結合，有助於閱讀《臺灣日日新報》的臺灣知識分子對於帝都印象的建構，根據筆者的觀察，從 1930 年至 1932 年，以及 1936 年間，《臺灣日日新報》上都有一系列關於東京地區的文學作品書寫或是漫畫、照片等的刊登。透過分析這些與東京相關的報導、版畫、照片，筆者認為，這些經由圖畫、照片所傳達出的印象，可以與報紙上的文字報導、散文作品互為參照，對於有意前往東京的知識份子，抑或是商人、文人形塑出對東京的想像是十分有利的。而這些想像，往往可以反映在本文欲討論之具有漢詩創作能力之商紳與文人，對於即將前往東京的旅行者之餞別、贈別詩中，以「所作所為的寄望」和「可能見聞的想像」等模式呈現，也就成為本文之後討論之餞別詩、贈別詩、旅行詩等漢詩創作的想像與意象的靈感來源。

第二節　《風月報》、《南方》、《詩報》中的東京想像與意象

了解東京於《臺灣日日新報》報導中所顯現出的官方形象後，本節將重點轉移至同樣具有商紳身份的林獻堂、林清敦與吳子瑜，透過介紹他們在同一時期，旅行前後運用不同的文體（日記、漢詩）所記錄下來對東京的想像，以及對東京的描寫，統整其中的地點、場所，和詩中的詞彙使用，詩句解釋，以討論戰爭期紳商階層對於東京一地的想像呈現與意象營造。

一、臺灣文化人眼中的東京形象：以林獻堂《灌園先生日記》為例

論及臺灣文化界中，對東京一地有長期交流經驗，又有連續記錄者，以林獻堂最為完整。1907 年左右，林獻堂隨其姪林仲衡前往東京，進行他第一次的東京之旅，他在這趟旅途中於奈良結識梁啓超，也因為梁啓超，開啓了他對於東京的想像。1911 年梁啓超來臺，兩人的交誼與知識上的交換，對林獻堂一生的思想和活動均有深刻影響。

觀察林獻堂 1930～1945 年間的《灌園先生日記》，可以發現從 1930～1931 年，林獻堂、蔡培火、蔣渭水等人為了促成臺灣議會的成立努力奔走，但此時為此事前往日本協商者，多為蔡培火與蔣渭水，林獻堂的位置較傾向是在臺灣給予經濟，以及與在臺官員進行訊息傳遞的協助。

1932 年，為了反對總督府的臺灣米移入制限，也就是反對限制臺灣米輸

往日本，林獻堂與蔡培火等組成了「臺灣米移入制限反對同盟會」，其本人也於 8 月乘蓬萊丸上京，以表達臺人對此經濟箝制的反對情緒〔註61〕。在林獻堂日記中的東京，因著前往目的的不同，展現不同的風貌。以 1932 年 8 月，林獻堂爲協商臺灣米移入制限事件，而前往東京爲例，他於 8 月 14 日離開臺中，8 月 16 日乘蓬萊丸，經過三天的航行，於 8 月 19 日抵達神戶，轉乘特急車「燕」前往東京，宿於丸之內旅館，整趟旅行歷時一個月，9 月 16 日林獻堂乘吉野丸抵臺。從這段時間的日記記載可知，行程的大半時間，林獻堂都在與日本帝國的各個大臣及總督府官員進行見面、訪問、討論，展現了他對於此事件所付出的心力，但是，在這些正事之外，他也偶有遊覽市區或進行休閒活動的時刻，如夜間散步於銀座（1932/8/20、1932/8/21）〔註62〕，宴會結束時在邦樂座（1932/8/26）、帝國劇場（1932/9/4）看活動寫眞（即電影）〔註63〕，或與林熊徵、黃純青、陳炘等人觀看裸體舞蹈表演（1932/9/7）〔註64〕等，在這些記錄下的東京，多是以夜生活爲主，對林獻堂來說，眞是「五色電灯光明如畫，……，使人精神亦如灯變動不定」〔註65〕。而夜乘汽船遊隅田川（1932/9/5）〔註66〕對他而言，也是極爲新鮮，他在日記中曾言：

> 六時同炘、培火到隅田川邊柳水待合，石井英、雲龍已先在矣，既而太田、木下、平山、橫岡陸續而至。川邊景色甚佳，涼風徐來，毫無一點暑氣，惟於怕冷，不換浴衣。主賓九人，藝旦六人，合柳水之女主人及下女，計十九人，雜談暢飲，頗各盡歡。余禁酒又不能言語，富久子恐余寂寞，特別殷勤招呼。九時乘汽動船游江，雨

〔註61〕 參見林獻堂（著）；許雪姬等（註解），《灌園先生日記（五）1932 年》（臺北：中研院臺史所籌備處，2000 年），頁 335。關於與此事件相關的日記記錄，由 1932 年 7 月起即有記載。

〔註62〕 參見林獻堂（著）；許雪姬等（註解），《灌園先生日記（五）1932 年》（臺北：中研院臺史所籌備處，2000 年），頁 342、343。

〔註63〕 參見林獻堂（著）；許雪姬等（註解），《灌園先生日記（五）1932 年》（臺北：中研院臺史所籌備處，2000 年），頁 351、364。

〔註64〕 參見林獻堂（著）；許雪姬等（註解），《灌園先生日記（五）1932 年》（臺北：中研院臺史所籌備處，2000 年），頁 370。

〔註65〕 參見林獻堂（著）；許雪姬等（註解），《灌園先生日記（五）1932 年》（臺北：中研院臺史所籌備處，2000 年），頁 342。

〔註66〕 參見林獻堂（著）；許雪姬等（註解），《灌園先生日記（五）1932 年》（臺北：中研院臺史所籌備處，2000 年），頁 366。

> 岸灯光與江水相映，宛如遍地鋪金，船緩緩而行，或飲酒或唱歌，
> 真是別有世界。於此間數十分間，盡忘卻世界之煩惱矣。〔註67〕

此段敘述不僅將這次遊江的風景描繪得十分具象且富詩意，也展現了林獻堂及其友人們的風雅面，更重要的是，點出了東京在此時已有「遊江」此類觀光活動，而此類活動更與周遭的藝伎屋、酒家合作，讓客人一面飲酒作樂，一面遊江覽勝，是相當成熟的觀光行程。

1937 年，林獻堂因受 1936 年「祖國事件」〔註68〕影響，於 5 月 18 日與家人乘高千穗丸前往東京，5 月 21 日抵神戶，轉急行車往東京。此趟旅行，一去就是一年多，直至 1938 年 12 月才返臺。期間多是在拜訪友人，與親友出遊，少許時間是與官方人士討論臺灣治理，以及日華共榮的相關問題。

細觀此段時間的日記，可以了解在林獻堂眼中的東京形象，如 5 月 21 日抵達神戶，驅車前往東京的日記中，林獻堂言道：

> ……寢臺券僅有兩枚，余與愛子用之而已，雖不能熟睡，較勝於坐
> 者多矣。〔註69〕

可以發現，當時東京的市內列車已有臥鋪車廂與一般車廂的差異，另外，由此段日記橫跨兩日，林獻堂因不耐久坐，未與楊肇嘉等人搭乘 5 月 21 日中午 12 點 20 分左右之特急車，改於晚間 7 點 50 分由神戶搭乘急行車，5 月 22 日早上 7 點 30 分方抵東京來看，當時的人前往東京還是頗為舟車勞頓，但若進一步從船隻抵達時間與前往東京列車的銜接時間觀察，林獻堂一行人所乘之高千穗丸於中午 11 點抵達，12 點多即有特急車可銜接搭乘，則可一窺當時運

〔註67〕 參見林獻堂（著）：許雪姬等（註解），《灌園先生日記（五）1932 年》（臺北：中研院臺史所籌備處，2000 年），頁 366。

〔註68〕 根據葉榮鐘〈林獻堂先生年譜〉記載：「春三月，偕弟階堂、次公子猶龍參加《臺灣新民報》所組織之華南考察團歷遊廈門、福州、汕頭、香港、廣東、上海各地，在上海接受華僑團體歡迎時，席上致辭，有林某歸還祖國之語，為日本間諜獲悉轉報臺灣軍部，五月《臺灣日日新報》揭發其事，對先生大張撻伐，造成所謂『祖國事件』。祖國事件之掀起自係荻洲所指使，但事經為言詞失當尚不能繩之以法，且對先生對份之暴虐，總督府在其統治臺灣之責任上亦不能同意，故荻洲乃採取卑劣之手段，嗾使日本流氓賣間某毆辱先生，此即所謂『祖國事件』。」參考：葉榮鐘，〈林獻堂先生年譜〉，《臺灣人物群像》（臺中：晨星，2000 年），頁 146～147。

〔註69〕 參見林獻堂（著）：許雪姬等（註解），《灌園先生日記（九）1937 年》（臺北：中研院臺史所籌備處，2000 年），頁 185。

輸交通的便利程度。除此之外，從 1937 年至 1938 年間，當林獻堂欲與親友同遊日比谷公園，或是相約至武藏野館觀看電影前，都會先與友人相約於新宿驛；欲至上野動物園時，則搭乘京成地下電車〔註 70〕。若想與顏水龍一同找兒子林攀龍共進午餐，可由野方搭電車至鷺之宮，再換乘自動車到馬橋四丁目後，徒步十分鐘就能達成願望〔註 71〕。從這些點點的記錄可發現東京市內交通之現代化，以及深入人們生活的情況，就如同今日各地火車站作為各城市之重要標的，以及捷運流動於都市之中的便捷性一般。但是，隨著戰爭的爆發，便捷的交通也可能因著帝國軍需的運輸而有變動，以《灌園先生日記》1937 年 8 月 23 日至 25 日的記錄為例，林獻堂原於 23 日與友人兼隨行通譯溫成章在東京驛等候猶龍，卻沒等到人，直至 25 日才知道，猶龍之所以延宕，是因為他預定搭乘的富士丸臨時被徵調搭載陸軍，只好改搭噸位較小，航行時間較慢的湖南丸入京。從此處可以看出帝國對於其下物資調度與徵召的能力。此外，從猶龍抵達東京，對父親所述之「臺灣防衛甚嚴，八月十五實施戰時體制，古莊臺灣軍司令官之訓示，其中有對臺灣人之警告，曰島人陽表忠順，而陰常有非國民之言動，若一旦聞知，即為剪除。」〔註 72〕此一段簡單卻警告意味十足的言語中，更透露出戰爭的煙硝不僅飄散於蘆溝橋，也漫延至日本帝國，及其殖民地，深入每個人的生活。

除了對東京之內外交通之便利的描述外，林獻堂此一年多來對東京都市形象之描繪，尚可分為天氣、購物、飲宴、觀光遊憩、休閒娛樂等方面，其中又以天氣變化、商業消費與文化消費為其最常描寫的東京特色。

（一）天氣變化

在天氣上，值得注意的是，在《灌園先生日記》中，每日標題記載的溫度多為華氏計量（日記內文則為攝氏），全年溫度在 36～92 度之間，也就是攝氏 2～34 度間，最低溫出現於 12 月至 1 月，最高溫則為 8 月。在《灌園先生日記》常有對於東京天氣不適應的記錄，如 1937 年 5 月 24 日寫到：

> 曉來降雨，天氣甚寒，穿毛織衛生衣二領袷和服三領，尚不覺溫，

〔註 70〕林獻堂（著）：許雪姬等（註解），《灌園先生日記（九）1937 年》（臺北：中研院臺史所籌備處，2000 年），頁 195～197。

〔註 71〕林獻堂（著）：許雪姬等（註解），《灌園先生日記（九）1937 年》（臺北：中研院臺史所籌備處，2000 年），頁 228。

〔註 72〕林獻堂（著）：許雪姬等（註解），《灌園先生日記（九）1937 年》（臺北：中研院臺史所籌備處，2000 年），頁 311。

> 此處氣候大異於臺灣也。……〔註73〕

同年7月6日又記：

> 本日天氣酷熱異常，九時往理髮店，僅行百步受陽光所炙，幾不能
> 堪。新聞報道各地天氣，東京三三・三、臺北三二・五。不意此處
> 之熱度較高於臺灣也。……〔註74〕

可見從5月到7月，短短兩個月，東京天氣變化甚劇，此時林獻堂約57歲，對於氣溫的感知甚為敏銳，他平生怕寒，12月時，更曾記載因天氣過為寒冷，「窗外之水皆以成冰，室中雖有蒸氣之設備尚覺不溫」〔註75〕，併以前日的頭眩症，而更換租屋房間的事。雖然如此，林獻堂也動了在東京興建別莊，秋、夏在此，春、冬返臺的計畫〔註76〕，這些記錄不僅反映了他的健康狀況，以及東京全年溫差極大的事實，同時也透露了「氣溫」帶給旅行者在面對臺灣與日本間的強烈異地感。

（二）商業消費

在商業消費方面，透過日記的閱讀，能發現當時東京的買賣重鎮，主要在新宿，其中又以新宿的「伊勢丹百貨」在日記中出現次數最多，其次是新宿三越百貨，三越百貨本店與高島屋百貨。而伊勢丹百貨之所以會成為林獻堂一家最常光顧的百貨公司，可能是因為此百貨的經營面很廣，因為從日記中的紀錄可以發現，此百貨不僅販售衛生衣、鞋套、衣架、鬧鐘、西裝背心……等生活用品；也可以滿足拍照、刻印章、配眼鏡的需求；更有如今日之美食街一般，可提供午、晚餐之所；也常舉辦展覽會，還有溜冰場，在1937年已頗有大型百貨公司之姿。

在飲宴上，則可以發現林獻堂常與親友在外用餐，其常用餐的地點也多集中在新宿、銀座等地，包括銀座竹葉亭、東京會館、帝國ホテル、アラスカ西洋料理餐廳、マブル西洋料理餐廳等，對林獻堂來說，都走動頻繁如自

〔註73〕 林獻堂（著）；許雪姬等（註解），《灌園先生日記（九）1937年》（臺北：中研院臺史所籌備處，2000年），頁188。

〔註74〕 林獻堂（著）；許雪姬等（註解），《灌園先生日記（九）1937年》（臺北：中研院臺史所籌備處，2000年），頁233。

〔註75〕 林獻堂（著）；許雪姬等（註解），《灌園先生日記（九）1937年》（臺北：中研院臺史所籌備處，2000年），頁401。

〔註76〕 林獻堂（著）；許雪姬等（註解），《灌園先生日記（九）1937年》（臺北：中研院臺史所籌備處，2000年），頁222。

家廚房。

在觀光遊憩方面，因爲林獻堂身體狀況不佳，時常犯頭眩症兼以咽喉不佳，所以能前往的地點都在東京市附近，1937 年時蔡培火、吳三連等人曾邀請他共赴富士山或一些溫泉勝地，但都遭其婉拒。扣除這些由於身體因素不能出遊的情況外，林獻堂最常進行的活動就是在東京市週遭，包括銀座、新宿、日比谷公園、高田馬場等地與朋友或親人一同散步。此外，1938 年中，他也應友人楊肇嘉、吳三連的邀請出遊熱海，並到箱根泡溫泉，從日記中可以發現，行程的安排市一環接一環，譬如在 1938 年 6 月 23 日的日記中寫到：

> 成章七時十分同余出發，乘黃バス至目白換省電，八時五分抵東京驛，柏齡已先在焉，肇嘉、三連亦至，成章歸去。……余等午餐後略爲休息，乃浴溫泉，泉清無味，殊爲可愛。……熱海對面有一島名曰初島，住民限制四十三戶，島中之漁業、耕作皆爲共同，若人多則求過於供，不能周給，凡兒子長成，必使其分家居於島外云。車至白石釣堀，下觀養魚，其種類之多有十餘，其數之多有數千，釣一時間四十錢云，因無時間，不及垂釣。……肇嘉帶有寫眞器，一同攝影，乃緩步街上購物數件，……。〔註77〕

在這一段描述中，可以發現林獻堂此趟雖然是出遊，但對於旅遊地的描述仍然充滿知識傳達的意圖，與他過去撰寫《環球遊記》的風格相去不遠。同年 7 月，他更在輕井澤購買別墅，在這個「比東京常差有十度」〔註78〕的所在避暑。林獻堂筆下的輕井澤生活十分愜意，常常與溫成章一同散步，到慶應茶寮喝牛奶，練習庭球（網球）。整個別墅社區，亦販有活動寫眞觀覽券，更不定期舉辦音樂會、遠足會、懇親會等等，消解避暑客們的寂寞，林獻堂偶爾也會參加。

（三）文化消費

在文化消費上，林獻堂非常喜歡看電影（活動寫眞、電影戲）、歌劇，以及舞蹈表演，日記中記載可以觀賞電影的場所不下十間，諸如新宿武藏館、

〔註77〕林獻堂（著）：許雪姬等（註解），《灌園先生日記（十）1938 年》（臺北：中研院臺史所籌備處，2000 年），頁 152。

〔註78〕林獻堂（著）：許雪姬等（註解），《灌園先生日記（九）1937 年》（臺北：中研院臺史所籌備處，2000 年），頁 169。

紅風車劇場、淺草國際劇場、日本劇場、日比谷映畫館、東京劇場、帝國劇場、東寶（東京寶塚劇場）等，他都常涉足。此外，他也喜歡至京橋美術俱樂部看古董，或是到國技館、日比谷賞菊花，生活豐富且多元。

其餘時候，他也有感於自己「和文之力量不充分」〔註 79〕，不僅用心研究日文，更請日籍教師荒木秋子進行指導〔註 80〕，頻繁且有計畫的施行閱讀計畫。這個計畫從 1938 年 5 月開始，他每日複習《國語教本》，7 月初至文求堂買《詩韻》，「聊以備一時興起之用」〔註 81〕，在避暑的日子裡，更兼讀梁啓超〈治國學雜話〉、冰心〈往事〉、周作人〈雜信〉，與唐代詩人李紳的七律，8 月底又購買《詩經》與友人研究討論〔註 82〕。避暑結束，返回東京後，又深感每日讀《國語教本》無法實用，故於 10 月起與親友展開語言練習〔註 83〕，從此至回臺的半年中，每日幾乎閱讀不倦，日文、漢詩兼治，一可見其學習的熱情，二可見其希冀達到和學、漢學兼通的意圖。

從林獻堂這一整年的旅日紀錄中可以發現，殖民地文化人眼中的東京是相當現代化、商業化、且文化消費發達的城市。從其日記中不難歸納出三個主要的敘事主題，分別是：一、天氣變化，二、商業消費，三、文化消費。除了天氣變化所帶出的異地感外，爲什麼林獻堂的記述中心會聚焦於商業與文化消費，筆者認爲應與林獻堂本身的資產家身份不無關係外，或許也與他的文化身份有所關連。

1937 年左右的東京，已經有串聯起整座城市的便捷電車，也有拉近各都市距離的特快車，有大樓林立的新宿與銀座，更有多元經營，商品眾多的大型百貨公司，有土地會社汲汲營營經營著避暑勝地的別墅買賣，也有消磨避暑客無聊夜晚的配套活動，有播放各種類型電影的大型劇場、映畫館，亦有販售漢文相關書籍的書局。如此繁華的東京，已經擺脫 1920 年代關東大地震

〔註 79〕 林獻堂（著）；許雪姬等（註解），《灌園先生日記（九）1937 年》（臺北：中研院臺史所籌備處，2000 年），頁 310。

〔註 80〕 林獻堂（著）；許雪姬等（註解），《灌園先生日記（九）1937 年》（臺北：中研院臺史所籌備處，2000 年），頁 316。

〔註 81〕 林獻堂（著）；許雪姬等（註解），《灌園先生日記（十）1938 年》（臺北：中研院臺史所籌備處，2000 年），頁 159。

〔註 82〕 林獻堂（著）；許雪姬等（註解），《灌園先生日記（十）1938 年》（臺北：中研院臺史所籌備處，2000 年），頁 216。

〔註 83〕 林獻堂（著）；許雪姬等（註解），《灌園先生日記（十）1938 年》（臺北：中研院臺史所籌備處，2000 年），頁 254。

的陰影，重建、重生爲東亞頗具規模的大型都市了。

　　在這樣的背景下，我們可以從林獻堂日記中可以明顯感受到現代化東京對於殖民地知識份子的魅力，也正因爲這種強大的吸引力，與殖民地身份的衝突，使得這些文化人在創作上出現了東京現代性與傳統中國互相拉扯與反省的矛盾情形。

二、《風月報》、《南方》、《詩報》的東京想像：以林清敦爲例

　　除了林獻堂之外，同時期還有其他的商紳與文人前往日本，他們不一定留有日記，但在這些人所屬的文化界，更常見的是以漢詩餞別、贈別，這些餞別詩、贈別詩往往會刊登在《臺灣日日新報》、《詩報》、《風月報》、《南方》、《三六九小報》等報章雜誌中。如在 1935 年第 454 號至 476 號間的《三六九小報》中，就曾有以吳萱草攜子赴東京爲中心，由其本人與其吟友所撰寫的一系列餞別詩與贈別詩〔註84〕。

　　本段落將以林清敦爲例，討論林清敦於 1937 年左右前往東京旅行前，瀛社詩友爲林清敦辦的一場送別會。當時，以謝雪漁爲首，詩友們撰寫一系列餞別詩。這一系列詩作先是零散刊載在 1937 年 4 月的《臺灣日日新報》及 5

〔註84〕此系列詩之刊登，由《三六九小報》第 454 號，1935 年 6 月 13 日刊出吳萱草〈東渡留別諸吟友〉與〈攜三子上京就學賦謝諸親友辱餞〉二詩起，接連有 455 期（1935 年 6 月 16 日）刊出吳萱草〈東渡留別綠社吟友〉、〈東渡留別學甲吟社友〉、〈上京留別竹橋將軍白鷗三吟友〉；456 號（1935 年 6 月 19 日）刊出吳萱草〈東渡留別登雲吟社友〉、〈上京留別佳里愛鳩會友〉、吳丙丁〈送萱草兄長攜壽山三任上京就學〉；463 號（1935 年 7 月 13 日）刊出陳文潛〈次萱草內兄東渡留別韵〉、邱澹川〈次韵以壯我萱草先生游形色〉、吳萱草〈東渡某某校書等辱餞席上口占〉；464 號（1935 年 7 月 16 日）刊出吳萱草〈東渡途次墩山蒙彭愛玉女史餞宴賦謝〉、張達修〈醉月樓席上送吳萱草君東渡〉、吳萱草〈醉月樓席上送吳萱草君東渡　次韻〉；465 號（1935 年 7 月 19 日）刊出陳雪滄〈席上送吳萱草君東渡〉、黃爾竹〈席上送吳萱草君東渡　同題次韻〉、吳萱草〈席上次雪滄爾竹二君送芳韻〉、曾菊花〈送吳萱草先生上京〉；473 號（1935 年 8 月 16 日）刊出吳乃占〈送萱草宗侄攜三郎上京就學〉、吳丙丁〈和萱草兄長上京留別韻〉、陳雪滄、王席珍、陳文石〈和萱草君東渡留別韻〉；474 號（1935 年 8 月 19 日）刊出王大俊、黃彩堂、張蓮亭〈和萱草君東渡留別韻〉、洪子衡〈倒疊萱草社兄東游留別瑤韻〉、徐青山〈次萱草社弟上京留別玉韻〉；475 號（1935 年 8 月 23 日）刊出楊爾材〈和吳萱草詞友東渡留別瑤韻〉；謝秀峯、林友笛、周文俊〈次吳萱草詞兄上京留別瑤韻〉；476 號（1935 年 8 月 26 日）刊出施獻忠〈次吳萱草詞兄上京留別瑤韻〉等，共 10 期。

月、6 月的《詩報》，至同年 7 月才統一以〈餞社友林清敦氏東渡觀光〉為名，刊登於《風月報》。與此同時，《風月報》亦刊登了鷺洲吟社社友們贈給林清敦的餞別詩。

從詩友們的撰寫的餞別詩及林清敦自撰的贈別詩中，寫到「此去櫻花三月好」〔註85〕、「放棹扶桑二月天」〔註86〕、「櫻開上苑春三月」〔註87〕，可以推知林清敦是於 1937 年 2、3 月之際動身東京。從吳茂如於林清敦返臺後舉辦之洗塵宴上的創作寫到「去日船浮瑞穗丸」〔註88〕，則可以得知他當日搭乘的是大阪商船內臺聯絡客貨船——瑞穗丸〔註89〕，對照《臺灣日日新報中》的〈今日の船〉中發佈的船訊，與詩中所言時間最接近者，便屬 1937 年 3 月 12 日下午 4 點半出港，前往門司的瑞穗丸。

筆者分析這一系列的餞別詩與贈別詩，歸納出如下三種類型：

（一）純粹贈別，祈願友人旅途平安

這一類型的餞別詩，通常會先略述餞別宴的地點、宴會舉行的盛況，偶爾兼及對旅行者在身份上或才德上的讚揚，其次說明旅行的時間，最後以傾訴離別之情、祝願旅途平安為重心作結。以陳其春的詩作為例，他寫道：

> 三仙樓上餞筵開。詩酒歡場笑語陪。
>
> 此去櫻花三月好。春風送汝到蓬萊。〔註90〕

這是一首典型的餞別詩。首先點出此次餞別宴舉行的地點是在艋舺（萬華）的三仙樓，其次說明在宴會中大家吟詩飲酒，笑語不斷的情景。正當讀者還在感受整場宴會的熱鬧歡騰時，詩人卻以將語調一轉，對話對象由公開轉向私人，叮囑著即將遠行的朋友：在暮春 3 月前往東京，正適逢櫻花開放，是

〔註85〕 其春，〈餞社友林清敦氏東渡觀光〉，《風月報》第 45 期，1937 年 7 月 20 日，頁 18。

〔註86〕 子惠，〈餞社友林清敦氏東渡觀光〉，《風月報》第 45 期，1937 年 7 月 20 日，頁 18。

〔註87〕 夢梅，〈餞社友林清敦氏東渡觀光〉，《風月報》第 45 期，1937 年 7 月 20 日，頁 18。

〔註88〕 吳茂如，〈社友林清敦氏東遊歸梓洗塵會〉，《風月報》第 45 期，1937 年 7 月 20 日，頁 21。

〔註89〕 若是將林清敦的糖商身分和其所搭乘的船隻，與前文曾提及《臺灣日日新報》中報導，若是船隻出航的理由與糖、米等經濟作物相關時，通常會搭乘瑞穗丸的分析進行對照，這個結果正是相符合的。

〔註90〕 其春，〈餞社友林清敦氏東渡觀光〉，《風月報》第 45 期，1937 年 7 月 20 日，頁 18。

十分美好的日子，願和煦的春風夾帶我的祝福，護送你平安抵達傳說中的蓬萊仙島。這種筆法既在詩的前半段打開讀者對此宴會的參與感，也在詩的後半段傳達詩人對友人的依依離情。此外，我們再觀察林子惠的詩作：

> 精明醇謹族稱賢。放棹扶桑二月天。
>
> 相送贈言安敢擬。惟期海陸共安然。〔註91〕

與上一首詩相比，這首詩敘述的對象兼容旅行與閱詩者。詩人首先以對外介紹的口氣，誇讚了林清敦爲人精幹聰明，爲事醇厚謹慎，是家族中人人贊揚的賢者。其次再說明如此一個出色人物，胸襟不凡，行將於 2 月前往東京。接著，轉而用謙遜的態度，自謙才能遠不及他，因此送別之際不敢妄言有甚麼高明贈語，唯獨衷心祝福友人，不論海上陸上一切行旅平安順遂。這種敘事形式的特色在於，詩人所有對外宣稱的口氣，同時也都能回到被餞行者身上，也就是說，作者對臨行者品行才能的讚美，所點明的旅行地點和時間，以謙遜態度表達的崇敬，和祈求對方無時無刻平安的祝願，不僅對讀者平鋪一位重要友人離別之景，同時也內斂有力地對林清敦個人傳達出了敬重與祝福。

除了上述兩首詩外，我們還可參照施瘦鶴的詩作：

> 扶桑人物異東瀛。淺草如今正放櫻。
>
> 雅集三仙開祖餞。平安水陸祝前程。〔註92〕

這首詩與前兩首最大的不同，在於前兩首強調的是離別的感受，而本首強調的是日本的意象，詩人在開頭就先提出林清敦此次旅行的目的地是一個有許多「人物」之地，而且這些人物與臺灣島上的人物大有不同。其次說明他所認知的淺草風景，這種手法不僅對讀者點出了詩人自身對於日本的特殊感受，同時也隱隱然對林清敦說明自己對於他此行或許能見到一些不平凡人物的期待。第三句則與陳其春詩作的第一句一樣，點出本次餞別宴的地點，最後說明此場餞別宴中眾人給予林清敦的祝福。全詩的敘述基調是針對閱讀者進行闡發，傳達私人情感給林清敦的成份較低，反而是說出作者自身對於日本的想像，並認爲日本應有異於臺灣，且可資臺灣學習的對象，此種向讀者表達自我情懷的成份較高。

〔註91〕子惠，〈餞社友林清敦氏東渡觀光〉，《風月報》第 45 期，1937 年 7 月 20 日，頁 18。

〔註92〕瘦鶴，〈餞社友林清敦氏東渡觀光〉，《風月報》第 45 期，1937 年 7 月 20 日，頁 18。

　　總和來說，此種純粹贈別類型的餞別詩，主要都是在傳達詩人對於旅行者此趟出遊能平安順利，不管是從水路或走陸路都能無災無難的祝福之情。其中的差別在於撰寫的手法，既有私人情緒較高者，亦有公開性質者，我們可以從中觀察出這些詩人的創作特質，以及他們和被餞別者的交情。

（二）想像東京櫻花盛開，旅人詩興勃發

　　此類型的餞別詩，會將詩作的重點放在想像東京風景的美麗，特別是櫻花盛開的景致，認爲如此美麗的風景能帶給旅行者許多創作的靈感，並以此加強對旅行者此行中與漢詩創作相關的期待。如謝雪漁：

> 樓船橫海渡扶桑。聯袂同觀上國光。
>
> 隨處櫻花開爛熳。好收詩料入吟囊。〔註93〕

此詩首先點出林清敦前往東京的交通方式爲乘船。第三句的「隨處櫻花開爛熳」，抒發了詩人對東京的想像，想像那裡是一個櫻花盛開，花團錦簇的勝地，最後期許如此勝地能使林清敦詩興勃發，創作許多詩作與友人們分享。此一個對於東京開滿櫻花的想像，也同樣出現在謝尊五、倪炳煌、吳茂如、李神義、鄭文治等人的詩作中：

> 才懷萬里破長風。無恙布帆挂海東。
>
> 賸有櫻花開點綴。儘教繪入碧紗籠。（謝尊五）〔註94〕
>
> 瀟灑吟旌出北程。櫻花一路入神京。
>
> 歸來應貯詩囊滿。戞玉鳴金得意鳴。（倪炳煌）〔註95〕
>
> 際此櫻花三月放。扶桑遠覽有誰爭。
>
> 愧無斗酒長亭餞。惟有俚詞祝晉京。（吳茂如）〔註96〕
>
> 暫時揮手謾攢眉。上國櫻花待賦詩。
>
> 蓄志慚余遊未得。十年韋賦好春期。（李神義）〔註97〕

〔註93〕雪漁，〈餞社友林清敦氏東渡觀光〉，《風月報》第45期，1937年7月20日，頁18。

〔註94〕尊五，〈餞社友林清敦氏東渡觀光〉，《風月報》第45期，1937年7月20日，頁18。

〔註95〕炳煌，〈餞社友林清敦氏東渡觀光〉，《風月報》第45期，1937年7月20日，頁18。

〔註96〕茂如，〈餞社友林清敦氏東渡觀光〉，《風月報》第45期，1937年7月20日，頁18。

〔註97〕神義，〈餞社友林清敦氏東渡觀光〉，《風月報》第45期，1937年7月20日，

壯遊時節正櫻花。詩思逢春興轉加。

弔古好傾灘邑酒。勸農待訪靜岡茶。

人皆忠勇能興國。士盡精勤足起家。

若說肩摩還轂擊。大都京阪最繁華。（鄭文治）〔註98〕

在這些詩中，我們可以發現「櫻花」作為東京想像的直接代表，不論詩人最先是點出了即將遠行的林清敦之才華，或是稱讚他於此行的瀟灑及豪壯，或是表達自己對於送別的不捨，接下來都會將重心轉移至對東京風景的想像，特別是東京櫻花盛開的想像，包括想像旅者在櫻花下揮毫做詩，想像櫻花滿樹招搖，不僅繁盛至無人能爭，更陪伴旅者一路馳騁入京，更有甚者生動地想像東京的櫻花也期待著有才華者為其賦詩，使其能附庸風雅一番……等等。這些想像的形成，最早可以溯及 1900 年於《臺灣日日新報》刊登的〈臺灣的櫻〉〔註99〕，以及日本古典詩人中村櫻溪於 1902 年撰寫的〈竹仔湖觀櫻花記〉〔註100〕，從顏杏如的研究〔註101〕指出，「日本＝櫻花國」的自我象徵可以追溯至西元 8、9 世紀的平安時代，此時代的貴族在引進中國先進文明，以及確立自身文化認同間，選取了「中國沒有」的「櫻花」成為日本自我認同的隱喻。這個隱喻至江戶時代被擴大，幕府將軍們為了使江戶都城有古都京都的風景樣貌，開始大量栽植櫻花，更由於浮世繪的暢銷，促使「日本＝櫻的國土」的印象深化在日本人民心中。

因此，當自許生長於「東洋櫻花國」的日人在臺灣發現野生櫻花，也就開始以「櫻花是日本特有的」這樣的想法，認為臺灣有櫻花，也可說是「櫻的國土」，故將臺灣納入日本版圖也是理所當然，以此認同臺灣受日本統治的事實。1920 年代，官方開始大規模移植內地櫻花到臺灣，希望透過改造殖民地風景，達到在臺日人對臺灣更深的認同。除了官方在郊區的移植外，櫻花也存在於各種民間空間，諸如日人居所的後院，高級日式料理餐廳的庭院等，當臺灣漢詩人與日本漢詩人接觸往來，應酬交際於這些場合後，所撰寫

頁 18。

〔註98〕文治，〈錢社友林清敦氏東渡觀光〉，《風月報》第 45 期，1937 年 7 月 20 日，頁 18。

〔註99〕〈臺灣の櫻〉，《臺灣日日新報》1900 年 3 月 13 日，日刊，第 4 版。

〔註100〕中村櫻溪，〈竹仔湖觀櫻花記〉，《臺灣日日新報》1902 年 4 月 16 日，日刊，第 1 版。

〔註101〕顏杏如，〈日治時期在臺日人的植櫻與櫻花意象：「內地」風景的發現、移植與櫻花論述〉，《臺灣史研究》第 14 卷第 3 期，2007 年 9 月，頁 97～138。

出與櫻花相關的漢詩刊登於《臺灣日日新報》等公眾媒體後，與其他發現櫻花、移植櫻花、觀賞櫻花的紀行文、新聞報導，逐漸影響臺灣人對於櫻花與日本之間連結性的想像。

　　回到前段所列舉的謝尊五、倪炳煌、吳茂如、李神義、鄭文治等人的詩中，我們可以發現，至 1937 年時，長期以來透過公共媒體、私人交際所累積對於「日本＝櫻花國」的想像確實已經深植人心，這些詩人對於櫻花開放的季節，開放時所呈現的壯觀景象更已經有所認知，甚至能將這些認知，融合對將前往旅行者的文學才華進行結合，想像出旅人在漫天櫻花下，文思泉湧，爲此美好的春季增添藝術之氣，更能透過詩作，顯赫自己的名聲。

　　除此之外，細觀鄭文治詩中言道：

> 弔古好傾灘邑酒。勸農待訪靜岡茶。
> 人皆忠勇能興國。士盡精勤足起家。
> 若說肩摩還轂擊。大都京阪最繁華。

更是將東京的名產，灘邑酒，也就是神戶的灘酒，還有靜岡地區的茶葉一一點出，說明詩人對東京週遭地區的物產非常了解，足見他對於旅人此行商業動機的理解。下一段甚至講到國民性的概念，認爲日本百姓的忠心勇敢足以撐起一個國家，他們的專心勤勉在商界也爲人稱道，最後再度以商業角度分析日本最繁華的地方就在東京與大阪兩地，隱約提示旅人一定要前往這些地方觀光。從他所提及的各項重點，皆與商業交易有濃厚關係來看，展現鄭文治十分充足地掌握了林清敦作爲商人的身分，以及他此行可能有的商業動機，在此動機之下，開啓了其他詩人對於林清敦此行可能企圖從中學習、探查經商經驗的想像。

（三）想像東京有茲借鑑，旅人廣開眼界

　　承上所述，除了以櫻花作爲東京的想像，期許將遠行的友人在文學創作上滿載而歸外，也有一些詩人對於林清敦的商人身分十分敏感，他們已經意識到林清敦此行不僅僅是觀光，還可能進行與商業相關的活動，同時由於受到新聞報導對於東京作爲東亞文化、金融、交通中心的形象塑造之影響，他們對林清敦這趟東京之旅，抱持著「他山之石可以攻玉」的想像。在這些詩中，可依內容分爲兩個段落，第一段先提及旅人前往東京的情況，第二段，也才是重點段落，說明自己對於此行的期待和想像。以下以林子楨、葆菁、李世昌等人的詩爲例，進行分析：

聯袂相攜上帝京。春風一路撫行旌。

他山有石資攻玉。眼界端從閱歷明。（林子楨）〔註102〕

跋浪出基隆。樓船渡海東。

書尋秦漢上。俗問阪京中。

產業須傾力。人文要啟蒙。

期君歸到日。他石玉能攻。（葆菁）〔註103〕

旗亭祖餞鷺鷗盟。聊把新詩賦壯行。

臺島愧余窺豹管。扶桑羨爾展鵬程。

飽看風月吟懷爽。視察工商俊眼明。

瑞穗觀光春正好。櫻爛花熳笑人迎。（李世昌）〔註104〕

林子楨創作前兩句「聯袂相攜上帝京，春風一路撫行旌」，主要表達送別者對旅人一路順風的祝福，第三句起的「他山有石資攻玉，眼界端從閱歷明」，才是全詩的核心所在，林子楨認為，林清敦此行是要去學習他人之長以補自身之短的，並且相信經過此行後，他的眼界與閱歷必然能更加開闊、清明。

　　葆菁的詩作也有異曲同工之妙，先是說明林清敦此趟旅行的起點在基隆，並搭乘高大的船隻前往日本，之後便將話鋒一轉，說明人若是有問題想要探究，一可以從秦漢以上的書中尋找，二可以從大阪東京的鄉里風俗中獲得解答，這兩句詩明顯將中國古典的經典性，與日本城市中保留的傳統習慣，兩者稼接在一起，視為同一文化流脈，並將兩者在人面對問題時能提供的效果提至同樣高度，展現葆菁對於此二文化合流情況的認知。全詩重心是在最後四句：「產業須傾力。人文要啟蒙。期君歸到日。他石玉能攻」說明詩人最大的關懷是在產業與人文，但這兩者若是希望能有更進一步的發展，都必須藉由「前往東京」才能達成，因此他深刻期待林清敦歸來之時，可以將推動產業與人文的技術、方法或知識帶回來。

　　在李世昌的詩作，前兩句「旗亭祖餞鷺鷗盟。聊把新詩賦壯行。」主要說明全詩的創作動機在於餞別好友遠行，之後兩句「臺島愧余窺豹管。扶桑

〔註102〕子楨，〈餞社友林清敦氏東渡觀光〉，《風月報》第45期，1937年7月20日，頁18。

〔註103〕葆菁，〈餞社友林清敦氏東渡觀光〉，《風月報》第45期，1937年7月20日，頁18。

〔註104〕世昌，〈餞社友林清敦氏東渡觀光〉，《風月報》第45期，1937年7月20日，頁18。

羨爾展鵬程。」為倒裝句，全句應為「愧余臺島窺豹管。羨爾扶桑展鵬程。」
此二句不僅明確地點出詩人在面對林清敦能前往東京大展鴻圖的羨慕，同時
也顯現出對自己僅能在臺灣以管窺豹的羞慚。這種對比性，具體說明了臺灣
商紳與文化人對日本一地所懷有的高度文明感、商業感的想像。下句的話鋒
更轉為開朗，對於林清敦此行充滿祝福，先是想像林清敦前往東京後能夠「飽
看風月」一展詩才，後又祝願他能以敏銳的眼光視察工商環境與條件，返臺
後不論在文學或在商場都更上層樓。最後又以「瑞穗觀光春正好。櫻爛花燦
笑人迎。」，想像林清敦在春光明媚的日子搭乘瑞穗丸前往東京觀光，抵東京
時又有漫天璀璨絢爛的櫻花含笑迎接，回到對林清敦出發及抵達東京時的想
像。全詩既說明了詩人認為臺灣、日本兩地給與人們發揮才能的空間落差，
也以櫻花作為東京城市的想像，更敘述了自己對於林清敦前往東京之後，能
在工商發展上有所借鏡，並提升臺灣在此方面發展的期許，完整表現出 1937
年代的臺灣商紳對日本在文化、經濟層面的想像面貌。

　　回到對林清敦此行的探究，筆者在此必須說明的是，由於目前關於林清
敦的先行研究並不多，加上漢詩中具備的分析訊息多以情感、意境為重，故
筆者對於林清敦此趟前往東京的原因、目的、同行者等情況僅能多以推測，
尚無法完整說明，但是，我們仍可以從以上這些詩作中表現出來的態度，以
及林清敦於此行結束後返臺，與友人在洗塵宴上所賦：「且喜神州考察回」，
及李世昌唱和：「半因視察半櫻觀」等詩句，大致了解林清敦此行前往東京，
有其工商觀摩的意涵。若再以林清敦此趟前往東京的日期做為基準，觀察此
段時間前後《臺灣日日新報》與糖商、金融商身份相關的新聞，可以發現從
1937 年 1 月起，由於戰爭的關係，糖價飆騰，同時期，臺灣地區的米糖輸出
更佔了全島出口的八成，但由於總督府在 3 月時發佈新稅制改革，影響業者
收入，引起眾人恐慌，以辜顯榮為首等人與總督府展開對談，同年 3 月東京
召開國際商業會議所理事會，從這些消息中，更能確定林清敦此趟前往東京，
應有其商業上的意義，而瀛社詩友們的餞別詩則體現了臺灣文化人對東京風
景充滿櫻花，以及東京地區在文化、經濟層面皆有資臺灣學習的想像。

三、《風月報》、《南方》、《詩報》的東京意象：吳子瑜〈東京雜詠〉組詩

　　相對於承載「行前想像」的餞別詩與贈別詩，旅人實際抵達目的地後所
撰寫的旅行詩，則能展顯其對於旅行地的意象塑造模式。因此，本段將以吳

子瑜所撰寫的〈東京雜詠〉組詩爲分析對象，討論餞別宴後，旅人揚帆出發，當踏上另一片土地，眞實感受到當地的風土民情，下筆撰寫出的旅行詩，包含了哪些特色？詩人運用哪些語言、文字描寫東京、形塑詩作中的東京意象？都是本段落討論的重心。

　　本段落將分析吳子瑜〔註105〕於 1937 年 4、5 月左右前往東京時所創作的旅行詩，刊登於 1938 年 7 月的《風月報》詩壇欄。吳子瑜此行主要是爲了帶女兒燕生前往北平成婚〔註106〕。整趟行程規劃爲 4 月 22 日左右由臺灣出發，4 月 25 日先抵達東京，後往北平，9 月 15 日返回東京，10 月返臺。全詩選用中國聲韻學 206 韻中的 15 個韻腳爲韻，創作 15 首詩，足見詩人巧思及其漢詩造詣、文字掌握能力。細觀 15 首詩，描述的重點主要可分爲風景描繪、新式禮儀、消費文化三大類。

（一）風景描繪

　　風景描繪的書寫，在吳子瑜的〈東京雜詠〉15 首中佔了 7 首，可說是這

〔註105〕　吳子瑜（1885～1951），字少侯，號小魯，臺中東勢人。父吳鸞旂，光緒年間監生，曾參與興築臺灣建府工作，日治以後被命招安委員，而後曾任臺中縣參事、臺中廳參事。吳子瑜家境優渥，大正初期赴北平、上海經商，1921 年因父喪返臺，後於臺中太平冬瓜山下建造祖墳、別墅花園，歷時 6 年始完全落成，時人稱爲東山別墅。由於經商緣故，大抵在 1943 年以前，多次往返大陸與臺灣間，1935 年甚至全家遷居大陸，後約於本年歸臺，長居東山別墅花園內。在中國期間，曾與孫中山先生有過往來，多次捐資襄贊革命，並與吳佩孚相善，女兒吳燕生且爲吳氏之義女；1922 年在北京的臺灣人組織「北京臺灣青年會」，支持島內民族主義活動，吳子瑜也是成員之一。除於大陸營商外，1936 年吳子瑜於臺中建築「天外天劇場」，劇場內經營有食堂、喫茶店、賣店、咖啡店、跳舞場，轟動一時。另曾被選任爲臺中市協議會員，也是大東信託會社的重要股東。平素尚風雅，好吟詠，1926 年加入「櫟社」，常招致詩友舉辦東山吟會，此後櫟社多次雅集便於此舉行；又創立有「怡社」，成員亦以中部文人爲主，同時吳子瑜也是臺中「樗社」、「東墩吟社」的社員。生平所撰詩作，今日尚未見詩集刊刻，多散見於報刊中，內容殆以友朋情懷的抒發、行商羈旅的感懷、東山擊缽活動寫眞爲主。參考：許俊雅，〈櫟社詩人吳子瑜及其詩初探〉，文章收入東海大學中文系編，《日治時期臺灣傳統文學論文集》（臺北：文津出版社，2003 年）。

〔註106〕　與此行相關的餞別詩曾刊登在 1937 年 5 月～6 月間的《詩報》，包括趙作霖，〈送吳少魯先生外遊〉，《詩報》第 153 期，1937 年 5 月 25 日，頁 8；張子民，〈送小魯先生偕女公子遠遊〉，《詩報》第 154 期，1937 年 6 月 8 日，頁 2；以及張德豐，〈送小魯先生往北京〉，《詩報》第 155 期，1937 年 6 月 25 日，頁 7。

一組詩的最大書寫對象，依內容可以細分爲名勝風光與人文地景兩大類。

1. 名勝風光

在名勝風光分類下的作品，主要爲詩人前往東京後，轉往大東京中其它小地區遊覽時留下的記錄，以記載當地之風景、詩人旅行時的直覺感受爲重心。以下舉〈東京雜詠　其九〉、〈東京雜詠　其十三〉，以及〈東京雜詠　其十五〉爲例說明：

> 眺望應推上野佳。流連鎮日足開懷。
> 何時○得三弓地。不忍池邊築小齋。（其九，佳韻）〔註107〕

> 清晨乘興赴箱根。花木成蹊國立園。
> 曲徑紆○山萬疊。遠遊曾不到黃昏。（其十三，元韻）〔註108〕

> 積雪皚皚富士山。登臨我每悵緣慳。
> 扶○熱海灘邊過。垂釣漁舟在港灣。（其十五，刪韻）〔註109〕

在這幾首詩中，可以得知詩人的旅行地點分別爲上野、箱根、富士山和熱海，將這些地點對照林獻堂《灌園先生日記》中與旅遊相關的記錄，可以發現這些地點本就是觀光勝地，吳子瑜此時在東京，雖然只是作爲前往北平的轉運點，但仍然是要造訪的。分析此三首詩，首先能發現它們分別將四地的特色一筆點出，如「眺望應推上野佳」即說明了上野地區地勢較高，適合遊人遠望。而「清晨乘興赴箱根」說明欲前往箱根，通常需要清晨出發。「積雪皚皚富士山」則將富士山長年積雪的風光一筆寫足；同一首詩中的「扶○熱海灘邊過」也帶出同一地區的另一個景點——熱海海灘。

其次，我們可以觀察詩人在這三首詩中的情感表現。在〈東京雜詠　其九〉的第二句詩中，詩人寫道「流連鎮日足開懷」，展現其遊玩得十分愉快。下一段寫到「何時○得三弓地。不忍池邊築小齋。」，則轉化了前面遊玩的心情，改用中國明朝彭大翼爲自己的書齋——猶賢軒——所寫的對聯「宅繞水竹三弓地，家藏山堂肆考書」中「三弓地」之典故，帶出希望能在如此一個風景秀麗之處購買一小塊地，在天然的不忍池旁興建一間書屋，期許自己能

〔註107〕吳子瑜，〈東京雜詠　其九〉，《風月報》第 68 期，1938 年 7 月 15 日，頁 18。
〔註108〕吳子瑜，〈東京雜詠　其十三〉，《風月報》第 68 期，1938 年 7 月 15 日，頁 18。
〔註109〕吳子瑜，〈東京雜詠　其十五〉，《風月報》第 68 期，1938 年 7 月 15 日，頁 18。

和彭大翼一般，在屬於自己的空間裡著書立說。在〈東京雜詠　其十三〉中則以「花木成蹊國立園。曲徑紆○山萬疊。」二句，著力表現詩人對箱根國家公園內之重山疊翠與繁花盛木感到欣喜。末句「遠遊曾不到黃昏」可以理解為「遠遊不曾到黃昏」，也就是說，在這裡遊玩的時光令人愉悅到不知黃昏將近，全詩展現出了詩人在自然美景中的悠然自得。而〈東京雜詠　其十五〉則延續了〈東京雜詠　其十三〉中對於自然景觀的喜愛和悠遊其中，先是對每次造訪都緣慳一面的富士山發出了「登臨我每悵緣慳」，如此彷若每每造訪友人都只能錯身的嘆息；後段面對熱海海灘的風光，則寫下了「垂釣漁舟在港灣」一句，在這句詩中，我們可以理解為這個景象是詩人在熱海海灘的見聞，但同時也可理解為這或許是詩人心中小小的期望，期望自己能承前面詩中所言，在上野不忍池畔有間小書齋外，也能於閒暇時分來到熱海海灘，享受當個垂釣漁翁的恬淡生活。

　　從以上的例子，我們可以發現，這類描繪名勝風光的詩作，除了說明詩人的旅遊地之外，主要顯現的是，詩人運用對風景的觀看，潛藏兩種情感，一是詩人將對拜訪明媚風光的期待擬化為拜訪朋友的期待，二是詩人心中仍存有中國傳統士紳對自我的雙重期許，既希望自己能著書立說，在文化傳承上有所貢獻；同時也嚮往閑靜、恬適的田園生活。

2. 人文地景

　　人文地景部分，則以詩人透過東京都市的建築所感受到的政治力與文化感為敘事中心，將之與觀覽名勝風光的作品相較，人文地景類的作品帶有更多人才培育，以及時代更迭的感慨，以下舉出〈東京雜詠　其五〉以及〈東京雜詠　其十一〉為例，進行討論。

　　　　人才薈萃集京畿。學府如林任發揮。

　　　　始信○今朱紫貴。輝煌軒冕是朝衣。（其五，微韻）〔註110〕

　　　　議堂高聳歲時新。幕府城壕蹟漸陳。

　　　　錯節蒼松千百顆（筆者註：應為棵）。

　　　　參天皆作老龍鱗。（其十一，眞韻）〔註111〕

在〈東京雜詠　其五〉中，前二句「人才薈萃集京畿。學府如林任發揮。」

〔註110〕吳子瑜，〈東京雜詠　其五〉，《風月報》第 68 期，1938 年 7 月 15 日，頁 18。
〔註111〕吳子瑜，〈東京雜詠　其十一〉，《風月報》第 66 期，1938 年 6 月 15 日，頁21。

著重講述東京是人才匯集之地，學校眾多，知識傳授的範圍也相當廣泛，可以任莘莘學子隨自己的夢想選擇。後二句「始信○今朱紫貴。輝煌軒晃是朝衣。」則說明詩人對東京一地的人文薈萃之感，以及此地人才們的政治參與，和由於高學歷而能在政壇占有一席之地的種種感觸。與此首詩意旨雷同，但更爲具體的寫出「留學東京」的相關詩作尚有陳瑞記、何策強、楊永敏所撰之〈祝同社吳秋陽氏令三郎克昌君及第高等學校再留學東都〉3 首〔註112〕；以及周連生、陳李徐、鍾武德、黃福全等人之〈贈月耀君留學東京〉4 首〔註113〕；還有吳欽仁〈訓子惠安東京留學〉2 首〔註114〕，這些詩對於能留學東京者，莫不充滿著「滿腹文章品節高。鯤鵬有志九霄翔。」、「羨君有志欲雄飛」、「青雲捷步亦堪褒。留學東京意氣豪。」的羨慕，與「佇看榮歸著錦袍」、「名揚遐邇里門高」、「多少蒼生期望切。早成國手好榮歸。」的期盼，在在說明「留學東京」之於時人之重要意義，和其背後背負的龐大家族、社會期待。

　　〈東京雜詠　其十一〉則是跳離〈東京雜詠　其五〉中描寫東京在留學與政治中表現出的社會驅向，轉而從歷史角度觀察東京。全詩先以「議堂高聳歲時新。幕府城壕蹟漸陳。」，將東京市中建築時間不長，看起來仍新穎的新式議會建築，與已經飽經年歲風霜摧殘的舊式幕府城樓形成對比，點出東京城市的朝代更迭感；下一段「錯節蒼松千百顆。參天皆作老龍鱗。」則運用王維〈春日與裴迪過新昌里訪呂逸人不遇〉一詩中「閉戶著書多歲月，種松皆作老龍鱗」的典故，以千百棵松樹已長成如龍鱗般地松皮，所表現之時間恆長與緩慢前進，與前文所表達之歷史事件的強烈動盪感互爲參照，在靜態中營造動態，卻又達到平衡，隱約使讀者感受到詩人面對東京作爲一個歷史推衍之舞臺，開演一部政權爭奪戲碼的感觸。對照其他詩人撰寫東京都市的詩作，類似此種討論東京都市內部的歷史變遷感的作品十分少見，由此可見吳子瑜不僅在知識上對東京都市的發展有深入程度的了解，在個人情意上也有強大的歷史感受力，如此空間感、時間感兼備的情況下，才能寫出如斯藝術性、情感渲染力都極爲濃烈之作品。

〔註112〕陳瑞記、何策強、楊永敏，〈祝同社吳秋陽氏令三郎克昌君及第高等學校再留學東都〉，《風月報》第 89 期，1939 年 7 月 7 日，頁 33。
〔註113〕周連生、陳李徐、鍾武德、黃福全，〈贈月耀君留學東京〉，《風月報》第 91、92 期，1939 年 8 月 15 日，頁 38。
〔註114〕吳欽仁，〈訓子惠安東京留學〉，《風月報》第 93 期，1939 年 9 月 1 日，頁 32。

（二）新式禮儀

　　除了風景描繪外，吳子瑜〈東京雜詠〉組詩中最具特殊性的，可說是在新式禮儀的感受與再現上。這些新式禮儀的操作，與天皇、神宮的信仰描述交疊出現在詩作中，以下以〈東京雜詠〉與〈東京雜詠　其六〉爲例，進行分析。

　　　　千條垂柳漾春風。萬樹櫻花燦爛紅。
　　　　幾度偕兒遊外苑。整衣盥手拜神宮。（東韻）〔註115〕

　　　　人山人海秋皇居。赤子衷心念不虛。
　　　　行近二重橋脫帽。最高敬禮步徐徐。（其六，魚韻）〔註116〕

〈東京雜詠〉一詩，首先以「千條垂柳漾春風。萬樹櫻花燦爛紅。」描述旅行地周遭楊柳隨風搖蕩、櫻花璀璨盛放的景象，運用美麗的風景敘述引導讀者進入詩人所觀看到的場景。直至第三句「幾度偕兒遊外苑」才將旅行的實際地點，也就是坐落於東京市中心的明治神宮明確點出。並以句中的「幾度」顯現自己不只一次到此地遊玩，對這裡的一切十分熟悉。末句「整衣盥手拜神宮」，則須與上一句「幾度偕兒遊外苑」連在一起，視之爲一個完整描述，從中可以發現對作者來說，每一次的遊外苑與拜神宮都是連續的遊覽行程，且每一次都要「整衣盥手」，可見這樣的禮儀操作對詩人而言，已經是記憶在身體中的儀式行爲。

　　在〈東京雜詠　其六〉中所展現的天皇信仰是承接著〈東京雜詠〉中運用身體行爲的展演而表現出來的。詩人首句「人山人海秋皇居」，說明在詩人旅行的 1937 年，皇居，也就是幕府江戶城，已經是個遊人如織的觀光景點。下一句「赤子衷心念不虛」，則是將詩人所懷抱之「天皇赤子」心情平直寫出，彷彿在宣示日本帝國對於臺灣受殖者所推行的皇民意識，已有被接受的情況，然而值得參照的是，吳子瑜其實對於孫中山在中國地區進行革命，曾給予金錢上的支持，甚至面對臺灣島內林獻堂等人組成臺灣文化協會時也積極聲援，諸如此類支持改革的行爲與本詩中書寫的「天皇赤子」心態，形成了巧妙的對照。而後兩句「行近二重橋脫帽。最高敬禮步徐徐。」詩人寫到自己走近江戶城旁的二重橋，以脫帽、徐步等禮儀表現表示自己的敬意。在這裡，筆者認爲此處可以進行兩種層次的分析，一是我們可以將這兩句

〔註115〕吳子瑜，〈東京雜詠〉，《風月報》第 66 期，1938 年 6 月 15 日，頁 21。
〔註116〕吳子瑜，〈東京雜詠　其六〉，《風月報》第 66 期，1938 年 6 月 15 日，頁 21。

和前面言道「赤子衷心」的部分相連結，將之解釋爲是因爲作者懷有自己是
天皇赤子的心情，是故面對天皇居所時，產生了由於認同自己歸屬日本統
治的政治性崇敬。二是，將此詩與其於〈東京雜詠 其五〉中展現之對歷史
的強烈感受力勾連討論，在理解作者其實對東京的歷史、空間的理解都極
深的前提下，當他面對江戶城，如此一個在時間流轉、權力爭奪中還能殘
存下來的歷史建築，他怎麼能不有藝術層次的感觸？如何能不有歷史意義的
敬意？

　　因此筆者認爲，由本段落分析的兩首詩，其實可以見微知著地發現殖民
政府規訓受殖者接受神道信仰的情況，是透過現代性禮儀的教導與呈現，轉
化入受殖者的身體。但是，值得深思的問題是，受殖者對於施行禮儀背後所
懷有的意義認知其實不好掌握，我們是否能從受殖者身體上對禮儀的操作，
就認爲他已經達到精神的認同或信仰，是可以再討論與探究的。再從漢詩作
爲一種文體進行討論的角度思考，我們可以察覺到，漢詩具備了作家私密性
與意義雙重性之特質，在此特質下，研究者除了需要解釋詩詞在文字表面呈
顯的意思外，更要掌握作家個人訊息，從各角度進行分析，方能嘗試探求詩
詞背後的含意。

（三）消費文化

　　在吳子瑜〈東京雜詠〉15 首中，與自然、人文風景描繪相關者 7 首，書
寫新式禮儀的身體展現者 2 首，其餘的 6 首幾乎皆與東京地區的消費文化相
關，可見詩人對於此議題感受之深。在這個分類下，詩人對百貨公司、電影
院、餐廳都曾著墨記錄，可供筆者一觀 1937 年的東京城市景貌。

　　首先觀察〈東京雜詠 其三〉：

　　　人○稠密欲無雙。商賈雲屯氣勢尨。

　　　十級高樓陳百貨。我來選擇又憑窗。（其三，江韻）〔註 117〕

這首詩開頭先以「人○稠密欲無雙」說明詩人在旅行地所見到的洶湧人潮，次
句寫到此地的特色是「商賈雲屯氣勢尨」，可以推測此詩描寫的地點應在東京
商業區──銀座、新宿一帶。第三句「十級高樓陳百貨」，運用簡單易解的文
句，書寫出 1937 年代的大型百貨公司的特質，包括在外觀上必是高聳的建築
物，而內部則陳列、銷售各式商品。全詩末句寫道「我來選擇又憑窗」，則是

〔註 117〕吳子瑜，〈東京雜詠 其三〉，《風月報》第 66 期，1938 年 6 月 15 日，頁 21。

將摹寫的視線由建築物本身轉向建築物以外，從街道上的人群、商業區的氣氛，東京百貨公司的特色等氛圍營造，轉為詩人在十級高樓之上憑窗遠眺，居高臨下的觀察、照看整個東京市，綜觀整個過程，正是將中國古典詩歌中，遊覽外地必「登高遠眺」以表現懷想心情的傳統，融入於現代化高樓建築之中，流露出一種獨特的傳統與現代交會感。

　　除了百貨公司外，我們還可以觀察〈東京雜詠　其十〉、〈東京雜詠　其十四〉中透露出與電影、餐飲相關的消費文化：

　　　　裝成金碧大樓臺。電影歌團接續開。

　　　　佳饌羅陳投客好。便從地室飲香醅。（其十，灰韻）〔註118〕

　　　　兼旬作客厭西餐。鄉味乍嘗等慰安。

　　　　座上談天親與友。頓忘塵世有波瀾。（其十四，寒韻）〔註119〕

在〈東京雜詠　其十〉當中，詩人先以「裝成金碧大樓臺」鋪陳出一個金碧輝煌的空間，接著以「電影歌團接續開。佳饌羅陳投客好。便從地室飲香醅。」陳述在此大樓裡的各種經營類型，包括電影院、劇院、餐廳以及酒業。從「電影歌團接續開」一句，我們彷彿跟著詩人一起看到電影、歌舞團在此處的繁密演出。觀賞完電影、欣賞畢歌舞表演，同一棟建築內也有開設餐廳，「佳饌羅陳投客好」，各類型的美食羅陳於前，任君選擇。飯飽，但卻未酒足？請隨服務生「便從地室飲香醅」，前往地下室一探酒國風光。而在〈東京雜詠　其十四〉裡，詩人以「兼旬作客厭西餐。鄉味乍嘗等慰安。」表達自己作客多日，已用膩了西式餐點，突然能吃到家鄉味，讓他感到心安，流露出吳子瑜雖然在旅行中見聞不少新事物，但卻一直掛記著家鄉；同時也帶出東京在飲食方面的多元變化。若我們將此詩對照〈東京雜詠〉的一系列詩作，則會發現，其他的詩作多是在描寫東京地區自然景致之美麗、現代化都市之繁華等議題，而這首詩是作者唯一提起故鄉的作品，營造出一抹幽微的鄉愁掩蓋在層層疊疊的現代性描繪底下，在此突然因為一餐飯而湧現的爆發感。下一段「座上談天親與友。頓忘塵世有波瀾。」則將上一段的思鄉和親友的談笑風生融合為一，化為溫暖作者心靈的最大安慰，甚至也弭平了他對於當時東亞動蕩的不安，但在弭平這樣的不安之際，參照〈東京雜詠〉的其他詩作，我

〔註118〕吳子瑜，〈東京雜詠　其十〉，《風月報》第68期，1938年7月15日，頁18。
〔註119〕吳子瑜，〈東京雜詠　其十四〉，《風月報》第68期，1938年7月15日，頁18。

們可以感受到的是，在詩人行旅至東京的 1937 年，戰爭之於東京當地的影響似乎仍不明顯，詩人所感受到的波瀾與不安，應是與他個人理解中國、日本間之關係，以及其具備的歷史敏銳度有關。

回頭審視〈東京雜詠　其三〉與〈東京雜詠　其十〉，雖然僅為絕句，內容都只有短短四句，但卻將大樓的外表，以至大樓內的消費型態描寫得具體而微，使讀者與詩人一同進入了如此光彩眩目的消費空間，甚至細細觀覽此空間中的每一種消費內容，十足展現東京一地的商業盛況。而〈東京雜詠　其十四〉雖然從第三句起轉為以詩人自身為中心，表現詩人思鄉的情緒，但其前半段承接了〈東京雜詠　其十〉中描寫之消費情態，以飲食之多元，延伸表達東京是一個中西並置、多元發展的地區，三首詩皆成功地將吳子瑜在東京所見聞的商業、飲食、文化消費情況再現於讀者眼前。

總和來說，觀察吳子瑜實際抵達東京所撰寫的旅行詩，可以歸納出三個書寫重點，分別是：風景描繪、新式禮儀、消費文化。

在風景描繪與消費文化上，吳子瑜透過詩作所強調之東京意象包括：郊外自然風景優美，以及都市高樓大廈聳立、各式人才集中、消費力強。前者展現東京在自然環境上的保護與經營，後者則凸顯了東京濃厚的都會感和商業氛圍。除此之外，吳子瑜也注意到東京在新舊建築並陳下所傳遞出的濃厚歷史感，並由此感發時間之亙久，然朝代之短暫的嘆息。從這些面向探析吳子瑜詩作中的東京，是集自然風光之明媚、商業經營之繁榮、歷史感受之顯著為一體的多元風貌之城市，也就是說，吳子瑜著眼、並運用詩作所創造出的東京意象是立體且多面的。

與都市內部的描寫不同，仍值得我們注意的是，吳子瑜在漢詩創作中對於新式禮儀的描寫。雖然在這些作品中，我們僅能觀察到詩人從眼睛的觀看到身體的操作，但我們卻能兩方面討論詩人對於新式禮儀操作上的可能心理狀態，一是運用 1937 年代殖民政府推行之「天皇赤子」的概念，推論作者自身已認為自己「成為日本人」，故面對天皇居所與明治神宮時產生了政治性的尊崇；二是從吳子瑜自身擁有的強烈歷史感，以及他曾經支持孫中山、林獻堂等人的改革行動的層面思考，他所懷抱的感觸與敬意也許也隱藏在對於改革行動後，還能保有這些珍貴建物的藝術驚艷與歷史感嘆。

第三節　臺灣視野下的東京形象、想像、意象比較

綜合第一節第三部分中論及的《臺灣日日新報》第中之東京報導所塑造出的東京形象，與第二節第一部分言及之林獻堂《灌園先生日記》中的東京形象描寫，第二節第二部份林清敦餞別詩、贈別詩中的東京想像，與第三部分吳子瑜旅行詩中的東京意象四者進行觀察與比較，本節企圖討論以下幾點：一、親官方媒體與民間記錄間的差異；二、日記記錄與漢詩敘述間的差異；三、餞別詩中之想像與旅行詩中之意象的異同。

首先，在親官方媒體與民間記錄間的差異討論中，主要是將親官方媒體《臺灣日日新報》中的東京報導，與民間紳商階層之《灌園先生日記》、林清敦前往東京前之餞別詩和贈別詩、吳子瑜撰寫之〈東京雜詠〉系列旅行組詩進行對照，希望在親官方報導下塑造之東京形象和民間紳商階層中經由日記描寫出的形象、旅行前對東京的想像、以及前往東京後在作品中表現的意象間之對比下，找出其描述重心的差異。

其次，在日記記錄與漢詩敘述間的差異方面，則是希望將《灌園先生日記》中計載之東京形象，與林清敦相關之餞別詩、贈別詩中所想像之東京；以及吳子瑜撰寫之〈東京雜詠〉系列旅行組詩進行比較，討論因著文體之不同，所能表達出的歷史形象與文學想像、文學意象間的異同。

第三，在餞別詩中之想像與旅行詩中之意象的異同方面，將著重討論兩者在文字、詞彙上運用的情況，包括討論詩作中如何使用、化用中國典故，以及受到時代變遷影響而加入新詞彙、新觀念等情形，以求分析出詩人們身處於中、日文化間的精神樣貌。

一、親官方媒體與民間記錄間的差異

回顧第一節第三部分討論之《臺灣日日新報》中的東京形象塑造模式可分為五種，分別為：

1. 透過商業相關報導傳遞東京對臺灣經濟發展的高度興趣。
2. 透過不定期出現之內地見學、內地修學、內地留學或內地視察團之報導，塑造內地求學印象。
3. 經由報導東京舉辦文化、藝術、經濟、體育等國際活動，構築「前往東京等於接觸世界」的形象。
4. 經由大量東京與外地交通往來之報導，協助讀者瞭解東京在東亞與世

界的地位。

5. 刊登大量與東京相關之散文、照片與繪畫，促進閱報者對東京市貌的
理解。

綜論這五個模式，主要是在強調東京之於東亞與世界的重要性，並表達臺灣與東京間在商業、求學層面的緊密連結。以此角度對照林清敦、吳子瑜、林獻堂分別在旅東京前後於漢詩與日記中書寫的東京想像、意象與形象，可以發現一些異同。

在行前想像的部份，筆者已在本章第二節第二部份處進行林清敦相關餞別詩、贈別詩的分析，在這些詩作中透露出的東京想像可分為旅途順遂、櫻花盛開與有茲借鑑三種，其中與東京本地較相關者為「櫻花盛開」與「有茲借鑑」兩種，以這兩種對照《臺灣日日新報》中的報導，以及透過顏杏如在〈日治時期在臺日人的植櫻與櫻花意象：「內地」風景的發現、移植與櫻花論述〉一文的研究，則能發現，這些書寫於旅行者前往東京遊歷前的餞別詩與贈別詩，其中對於東京一地總是櫻花飛舞，迎人微笑；以及相信旅行者有過東京經驗後，必能有所成等等的想像，基本上是延續著《臺灣日日新報》裡與東京相關的報導與文學創作所形塑出的東京形象而來，由此關聯可以觀察出《臺灣日日新報》在東京相關報導上，確實有將官方欲投射之「東京比臺灣更為現代化」、「東京較臺灣有更多發展空間」以及「國際化的東京」等視角傳播至閱報者的思維中，因此當詩人面臨展現東京想像的餞別詩、贈別詩的創作時，會自然的將這些概念運用至作品中。

然而，當我們跳脫行前想像，進一步觀察旅人們於行中撰寫之旅行詩與日記，並將之對照《臺灣日日新報》的報導時，卻又顯現了一些取向的差異。在本章第二節第一部分中，筆者已經分析過《灌園先生日記》記載之東京形象，可以發現林獻堂對於東京的記錄偏向天氣變化、商業消費與文化消費；而在第三部分中則提及吳子瑜〈東京雜詠〉組詩的描述重心主要為風景描繪、新式禮儀與消費文化三類。將此兩者的觀察結果與《臺灣日日新報》之報導進行比對，則可以發現他們都只承繼了報紙報導中關於商業消費的一部分，其餘的觀察，則會由於旅行者身分的不同，而產生不同面向之書寫，而這些書寫，也顯現出了書寫者對自己身分的認知。

在本文的例子中，林獻堂雖然也觀察到東京豐富多元的商業消費空間，但由於其身體狀況的關係，使他在日記中每天都對溫度詳加記載，我們可以

從他所記錄的溫度與其看醫生、接受注射等經驗發現，當天氣變化太大，林獻堂就容易頭暈，也常有注射葡萄糖、止痛劑或神經藥的記載，由這一點觀察，可以理解到他對於自己疾病的認知是十分自覺、也十分警覺的，也是相當個人化的紀錄。另外從他會主動前往電影院、劇院觀看電影或舞臺表演，同時請日人教師教授日文、也前往文求堂購買《詩韻》、《詩經》以創作漢詩，以及與同好切磋學習中國古典詩詞等文化消費上的記錄，則能發現林獻堂因著其資產家與文化人的身分，不僅對於文化相關活動的敏銳度極高，也有能力負擔並實踐參與此類消費，這些因著其具有文化人身分才有的記載與觀察，是在《臺灣日日新報》的新聞報導中不容易看見的。

在吳子瑜的例子中，我們能發現他也同樣觀察到消費文化的現象，但是在其〈東京雜詠〉組詩創作的內容上，更能顯現他個人風格與觀察視角的是他於東京風景描繪與新式禮儀展現的部分。在東京風景描繪層面，將之對照《臺灣日日新報》中照片、版畫等的創作，還是能發現一些足以對應的地方，然而，雖然旅行的地點可以被對應，抵達旅行地的心情表露卻是具有作家個人特質的，從吳子瑜〈東京雜詠　其五〉、〈東京雜詠　其十一〉中都可以發現，詩人對於東京的觀察並不像《臺灣日日新報》中言及的那般平面，反而是更深層的探討了學歷與政治力間的交互關係，以及時間與朝代間的推衍感。而在〈東京雜詠〉與〈東京雜詠　其六〉中書寫之充滿解釋空間的「敬意」與「禮儀」，也與《臺灣日日新報》報導中企圖塑造之天皇赤子的概念形成對話，這些情況不僅是流露出作者對於自己正處於歷史洪流中的深刻感觸，同時也顯露了漢詩作為文體在解讀上的雙棲性，以及漢詩作為作家產物之於作家的私密性。

二、日記記錄與漢詩敘述間的差異

討論完官方媒體與民間紀錄間的差異後，筆者將分析的視線轉向民間紀錄內部的差異，試圖分析隨著文體運用之不同，其敘述與記載間有哪些歷史形象與文學想像、文學意象的差異。

從文體與作家間之關係思考日記與漢詩，可以如此定義：日記為書寫者個人連續性的生活紀錄，漢詩則為詩人抒情與言志的管道，因此，筆者認為隨著文體運用之不同，其背後所乘載的紀錄意義也會有所位移，當我們將這個觀點投射在本文討論之林獻堂《灌園先生日記》與林清敦、吳子瑜相關之

漢詩創作時，就可以發現在歷史紀錄與文學創作之間的差異。

　　首先觀察林獻堂《灌園先生日記》的記錄筆法。細觀目前已出版的《灌園先生日記》，可以發現林獻堂是一個日日撰寫日記不輟，而且大小事皆記錄其中的人，特別在 1937 年至 1938 年這一年的東京旅行，他更是將每一次的出遊、消費、觀賞戲劇，甚至是與友人會面等活動都記載得十分詳盡，以 1937年 6 月 1 日的日記爲例：

> 成章同余往新宿驛，培火在是處相待，遂一同往武藏野館看英皇戴
> 冠式之活動寫眞，不意此寫眞是十時方有開演。六時半培火同余往
> 代代木大山町許丙之宅，受熊徵、許丙之招待，肇嘉、明電、天成、
> 熊光已先到矣；許之長子伯埏入帝大法科，頗聰明可愛；又有熊徵
> 事務員盧某，合計十人。晚餐後雜談至十時，除熊徵之外，一同再
> 往武藏野館看英皇帶冠式（筆者註：應爲戴冠式）之活動寫眞。後
> 天成送余返藤井家。〔註120〕

這一天的日記主要記錄了林獻堂與溫成章、蔡培火相約至東京新宿的武藏野館觀看英國國王喬治六世登基記錄片，然而卻因爲記錯時間，只好轉而拜訪許丙、林熊徵等人，在此二人的招待下，他們與楊肇嘉、劉明電、高天成、林熊光、許丙長子許伯埏、林熊徵員工盧秋鵬等人共進晚餐，至十點後才又返回武藏野館觀看記錄片，最後由高天成送林獻堂回家。

　　在這一段記錄中，我們可以知道林獻堂這一天最主要的行程與計劃，與哪些人見面，做哪些事，他對這些人的評價等等，同時，由於這些日記通常是記主與自己的對話，因此日記中的人名往往以他熟知的綽號、名號等被記錄下來，故在解讀上常需要參酌其他文獻，以免錯漏。然就記錄內容來說，白話、平鋪直敘、注重細節，表現記主生活面向之多元，且日日都有記錄，還是日記作爲歷史文獻的最大特色。

　　回顧林清敦前往東京前之餞別詩、贈別詩與吳子瑜〈東京雜詠〉系列旅行組詩，則會發現他們多以七言絕句爲主要書寫詩體，偶有七言及五言律詩穿插其中，記錄內容通常十分片斷，對於創作當下的環境都多直接使用典故說明情境，快筆帶過，但這「快筆」中又含藏許多訊息，以李世昌〈餞社友林清敦氏東渡觀光〉一詩爲例：

〔註120〕林獻堂（著）：許雪姬等（註解），《灌園先生日記（九）1937 年》（臺北：中研院臺史所籌備處，2000 年）。

> 旗亭祖餞鷺鷗盟。聊把新詩賦壯行。
>
> 臺島愧余窺豹管。扶桑羨爾展鵬程。
>
> 飽看風月吟懷爽。視察工商俊眼明。
>
> 瑞穗觀光春正好。櫻爛花燦笑人迎。〔註121〕

這首詩中，詩人對於餞別的場景並沒有直接書寫，反而是用「旗亭祖餞鷺鷗盟」一句就帶過，然而這一句中卻可切割出三個典故，分別為「旗亭」、「祖餞」、「鷺鷗盟」。「旗亭」一詞原為市樓、酒樓之代稱，然在唐代薛用弱所著之傳奇小說集《集異記》中曾以此詞講述了王昌齡、高適、王之渙三人以賭歌伎唱詩相較名氣高低之「旗亭畫壁」的故事，而後便有以旗亭代指詩人會聚之場合的用法。「祖餞」一詞也有二義，一指餞行，二指奠祭祖先，在此適用前義，語出《後漢書·文苑傳下·高彪》中言道：「時京兆等五永為督軍御史，使督幽州，百官大會，祖餞於長樂觀……」，後在昭明文選中也屢屢出現，王國瓔曾撰有〈昭明文選祖餞詩中的離情〉〔註122〕一文，足見此類型之詩已成其傳統。「鷺鷗盟」則轉用自「鷺約鷗盟」一詞，原指鷺、鷗相約結盟，進而比喻隱居者的生活，但在此處並沒有使用引伸義，僅是單純指稱朋友間的結交。將這些隱藏於詞句中的典故一一解出後，不僅說明了詩人自身原有的廣博文學知識，同時也更加突顯了餞別者與旅行者間的情誼。

　　除了運用典故外，漢詩還常以抒發一己胸懷為書寫重心，以吳子瑜〈東京雜詠　其十五〉為例：

> 積雪皚○富士山。登臨我每悵緣慳。
>
> 扶○熱海灘邊過。垂釣漁舟在港灣。〔註123〕

此首詩對於觀光對象——富士山、熱海，也都是快筆寫出其景觀特色，但如前文討論吳子瑜旅行詩中的風景描繪之部份所述，這首詩的解讀重心應放在「登臨我每悵緣慳」、「垂釣漁舟在港灣」二句，因為這兩句才真正顯現了詩人內心的情感其實還是隱約承繼著中國傳統文人面對山林時與之為友的態度，以及退居山林後的閒適生活情調。

〔註121〕世昌，〈餞社友林清敦氏東渡觀光〉，《風月報》第 45 期，1937 年 7 月 20 日，頁 18。

〔註122〕王國瓔，〈昭明文選祖餞詩中的離情〉，《漢學研究》第 7 卷第 1 期，1989 年 6 月，頁 353～367。

〔註123〕吳子瑜，〈東京雜詠　其十五〉，《風月報》第 68 期，1938 年 7 月 15 日，頁 18。

　　因此當我們以日記所具備之白話、平鋪直敘、注重細節，表現記主生活面向之多元，且日日都有記錄的特色對比漢詩創作時，則能發現，漢詩創作喜用典故，字句精煉，顯現詩人較感性的一面，但是創作時間感跳躍、不明顯。是故當《灌園先生日記》一面承載了日記這個文體的特色，一方面承載了林獻堂個人所具有之資產家與文化人的身分時，它所呈現出的東京形象即是一個生活無虞的殖民地臺灣知識分子眼中的東京，他的交友、興趣、娛樂、交通，他對於東京地區的細部感受，幾乎可以透過其日記再現於讀者眼前，是立體、個人化、單向輸出式的紀錄。而在林清敦與吳子瑜的例子中，他們雖然與林獻堂的身分相當接近，但因著書寫文體的關係，他們所形塑出的東京想像與東京意象都比較片面，不是想像櫻花盛開，就是描寫當地錯落的新舊建築物或秀麗風景，時間感不如日記般連貫，旅行的交通方式也不顯著，地點與地點間的移動也不清楚，然而，漢詩作爲文體最重要的是，運用短句快速鋪出場景，利用比喻、典故傳達詩人內心感受，以及藉由平凡事物的描寫，帶出詩人與讀者間的內心感通，但巧妙的是，這種感通又可以隨著讀者所具備的知識進行轉換，形成作家的保護層，以及讀者的多元詮釋空間。

三、餞別詩中之想像與旅行詩中之意象的異同

　　承上所述，漢詩雖然在時間感、移動感的表現不如日記來得連貫與清晰，但是此種文體的重心乃在於詩人如何運用賦比興的文學筆法傳遞個人感受給讀者，在賦比興，也就是上一段所言之「運用短句快速鋪出場景，利用比喻、典故傳達詩人內心感受，以及藉由平凡事物的描寫，帶出詩人與讀者間的內心感通」之中，詩人們使用了哪些典故、化用哪些新詞彙鋪排他們想像及看到的東京？而想像中的東京，與被看見的東京之間，又有哪些敘述重心的異同？詩人們透過詩作所反映出的精神面貌爲何？皆是本段落欲探討的議題。

　　首先討論餞別詩、贈別詩中所呈現出的東京想像與旅行詩中所呈現的東京意象有哪些異同。經筆者統計，《風月報》刊出之林清敦前往東京前，其詩友們撰寫之餞別詩與他自撰之贈別詩中談及對東京櫻花盛開的想像有：

> 錦帆高掛出瀛洲。上國觀光賦壯遊。
>
> 領略陽春煙景好。櫻花一路豁吟眸。（鄭金柱）〔註124〕

〔註124〕金柱，〈餞社友林清敦氏東渡觀光〉，《風月報》第 45 期，1937 年 7 月 20 日，

如膏春雨浥征塵。海上神山眼界新。

到處留題印鴻爪。緋櫻萬樹迓詩人。（簡荷生）〔註125〕

等 18 首；言道東京地區商業繁榮、有茲借鏡者有：

聯袂相攜上帝京，春風一路撫行旌。

他山有石資攻玉，眼界端從閱歷明。（林子楨）〔註126〕

一聲汽笛起春風。極目樓船盡碧空。

惟願靜波平海甸。快瞻旭日上江東。

關心視事圖公益。得意豪遊豁寸衷。

此去櫻花時弄豔。莫忘攀折扥歸鴻。（黃栽培）〔註127〕

等 7 首。而在吳子瑜撰寫之〈東京雜詠〉系列旅行組詩中描繪櫻花者有：

千條垂柳漾春風。萬樹櫻花燦爛紅。

幾度偕兒遊外苑。整衣盥手拜神宮。（東韻）〔註128〕

櫻開士女最軒眉。相約看花樂可知。

別有避囂耽靜客。攜壺挈榼坐山陂。（其四，支韻）〔註129〕

2 首；敘述東京消費文化發達者則有：

人〇稠密欲無雙。商賈雲屯氣勢尨。

十級高樓陳百貨。我來選擇又憑窗。（其三，江韻）〔註130〕

裝成金碧大樓臺。電影歌團接續開。

佳饌羅陳投客好。便從地室飲香醅。（其十，灰韻）〔註131〕

等 3 首，由以上的例子可知 1937 年代的臺灣知識份子對於東京地區，不論是行前的想像，或是旅行中創作之意象，都同樣著眼於東京的風景，特別是櫻花印象的強化；並認同東京的商業發展與消費文化是具有強大經營空間的。

頁 18。

〔註125〕簡荷生，〈送清敦社兄之東京〉，《風月報》第 46 期，1937 年 8 月 10 日，頁 17。

〔註126〕子楨，〈餞社友林清敦氏東渡觀光〉，《風月報》第 45 期，1937 年 7 月 20 日，頁 18。

〔註127〕栽培，〈餞社友林清敦氏東渡觀光〉，《風月報》第 45 期，1937 年 7 月 20 日，頁 18。

〔註128〕吳子瑜，〈東京雜詠〉，《風月報》第 66 期，1938 年 6 月 15 日，頁 21。

〔註129〕吳子瑜，〈東京雜詠　其四〉，《風月報》第 66 期，1938 年 6 月 15 日，頁 21。

〔註130〕吳子瑜，〈東京雜詠　其三〉，《風月報》第 66 期，1938 年 6 月 15 日，頁 21。

〔註131〕吳子瑜，〈東京雜詠　其十〉，《風月報》第 68 期，1938 年 7 月 15 日，頁 18。

　　然而，其相異點在於綜觀林清敦前往東京前，其詩友們撰寫之餞別詩與他自撰之贈別詩中其書寫出的東京想像多是美好的，認爲東京有許多值得臺灣學習的可能，不論是風光明媚的想像、經濟繁榮的想像、乘船遠行的想像，皆是投以正面的眼光。但是若將觀察的目標轉向吳子瑜撰寫之〈東京雜詠〉系列旅行組詩，則會看見隨著作家實地踏查東京，他們筆下的東京也就顯得更加立體且多元，和林清敦相關之餞別詩與贈別詩作品相較，我們會發現，受到《臺灣日日新報》影響而書寫之東京想像，基本上是推崇東京的現代化與商業化，但是吳子瑜於實地遊歷過後撰寫的〈東京雜詠〉系列旅行詩則在現代化、商業化的觀察外，加入了自然觀光、歷史感和身體感，運用文學意象的塑造豐富了東京一地的城市風貌。

　　此外，綜觀林清敦相關之餞別詩與贈別詩，以及吳子瑜撰寫的〈東京雜詠〉系列旅行詩的文辭使用，還可發現其援引中國文學典故，以及因爲時代和在日本殖民之下所接收到新詞彙的情況：

（一）以中國文學典故進行借代

1. 扶桑

　　觀察林清敦相關之餞別詩與贈別詩，以及吳子瑜撰寫的〈東京雜詠〉系列旅行詩中「扶桑」一詞常作爲日本一地的代稱，以謝雪漁、王自新、成業之詩爲例討論：

> 樓船橫海渡扶桑。聯袂同觀上國光。
> 隨處櫻花開爛熳。好收詩料入吟囊。〔註132〕

> 春風淡蕩趁春晴。萬里扶桑壯一行。
> 廿紀男兒重意氣。臨岐莫漫悵離情。〔註133〕

> 羨君有志上扶桑。詩興勃然意遠揚。
> 湖海寄情高士臥。乾坤逆旅逸人方。
> 櫻花三月開江戶。縞柳千條遠帝鄉。
> 往復阪神寬眼界。歸來娓娓話觀光。〔註134〕

〔註132〕雪漁，〈餞社友林清敦氏東渡觀光〉，《風月報》第 45 期，1937 年 7 月 20 日，頁 18。底線處爲筆者所加，以下皆然。

〔註133〕自新，〈餞社友林清敦氏東渡觀光〉，《風月報》第 45 期，1937 年 7 月 20 日，頁 18。

〔註134〕成業，〈餞社友林清敦氏東渡觀光〉，《風月報》第 45 期，1937 年 7 月 20 日，

這些詩皆顯示了以「扶桑」代指日本的現象。然而「扶桑」一詞在此雖指稱日本，但其實此詞典出於屈原《楚辭‧離騷》：「飲余馬於咸池兮，總余轡乎扶桑」，以及《楚辭‧九歌‧東君》：「暾將出兮東方，照吾檻兮扶桑」。在〈離騷〉中的「扶桑」是指中國上古神話中的神木，與中國先秦古籍《山海經》中記載：「湯谷上有扶桑，十日所浴，在黑齒北。居水中，有大木，九日居下枝，一日居上枝。」的「扶桑」意指相同，都是一棵生長於遙遠東方湯谷裡的神木，是上古時期十個太陽的居所，每日有一個太陽升於其上，其餘九個在下方休息。由於扶桑是太陽居所的緣故，而後引伸有「太陽」義，也就是《楚辭‧九歌‧東君》中所言的扶桑之意。至此，「扶桑」一詞所包含的意義已從原本的神木，延伸有「東方」、「太陽」等涵義。將此涵義與日本自謂日出之國的概念相勾連，也就有將「扶桑」借代為「日本」的可行性。

2. 蓬萊

觀察林清敦相關之餞別詩與贈別詩的過程中，筆者發現可借代指稱「日本」一地的文學典故除了「扶桑」之外，「蓬萊」也是一個經常使用的代稱，如黃其春、林夢梅、慶賢等人之餞別詩：

> 三仙樓上餞筵開。詩酒歡場笑語陪。
> 此去櫻花三月好。春風送汝到<u>蓬萊</u>。〔註135〕

> <u>蓬萊</u>深淺渺無痕。內海風光得細論。
> 驛路歌殘人惜別。旗亭酒醒客消魂。
> 櫻開上苑春三月。雨霽豐橋水一村。
> 政界即今還逐鹿。李牛朋黨往來繁。〔註136〕

> 聞君曩日上<u>蓬萊</u>。未及長亭酒一杯。
> 弱柳難將車騎繫。亂山爭送客舟開。
> 松櫻向島希攀寄。簫鼓琵琶愧失陪。
> 此去東都無限景。好憑詩筆寫真來。〔註137〕

　　　　頁18。
〔註135〕其春，〈餞社友林清敦氏東渡觀光〉，《風月報》第45期，1937年7月20日，頁18。
〔註136〕夢梅，〈餞社友林清敦氏東渡觀光〉，《風月報》第45期，1937年7月20日，頁18。
〔註137〕慶賢，〈餞社友林清敦氏東渡觀光〉，《風月報》第45期，1937年7月20日，頁19。

「蓬萊」一詞的典故出於《列子‧湯問》:「渤海之東不知幾億萬里,有大壑焉,實惟無底之谷,其下無底,名曰歸墟。……其中有五山焉:一曰岱輿,二曰員嶠,三曰方壺,四曰瀛洲,五曰蓬萊。」,這段記載主要說明,在中國古代傳說渤海東方有五座神山,其中有一座名爲蓬萊,與此類似的記載,也出現於《史記‧秦始皇本紀》中:「齊人徐市等上書,言海中有三神山,名曰蓬萊、方丈、瀛洲,仙人居之。」。而將此類「海上神山」的神話想像與日本的地理環境進行類比,轉化於 1937 年代的殖民地臺灣商紳之漢詩作品中,就成爲「日本」的代稱。

　　然而這樣的代稱也偶有例外,如林清敦於返臺後自撰之漢詩作品中言道:

> 且喜神州考察回。征塵洗處酌吟杯。
> 清筵卻飽先生饌。豔曲休誇釋妓才。
> 柳色夢魂縈毘舍。櫻花眼界拓蓬萊。
> 寵招今夕榮何極。藉滌煩襟醉玉醅。〔註138〕

就是將蓬萊代指臺灣,但總和來說,都是著眼臺灣與日本皆屬海島,而有這樣的比喻,然若要以數量統計,根據筆者的觀察,此時期將蓬萊代稱日本的情況比借代爲臺灣來得更加頻繁。

3. 瀛洲、東瀛

　　相對於使用「扶桑」、「蓬萊」借指日本,1937 年代的殖民地臺灣商紳又是運用哪些詞彙指稱臺灣呢?觀察林清敦相關之餞別詩與贈別詩則會發現,此時其主要的代稱詞爲:東瀛、瀛洲,以下舉出鄭金柱、施瘦鶴之詩爲例:

> 錦帆高挂出瀛洲。上國觀光賦壯遊。
> 領略陽春煙景好。櫻花一路豁吟眸。〔註139〕

> 扶桑人物異東瀛。淺草如今正放櫻。
> 雅集三仙開祖餞。平安水陸祝前程。〔註140〕

「瀛洲」一詞與上文討論「蓬萊」一詞的典故來源相同,同樣來自於《列子‧湯問》以及《史記‧秦始皇本紀》,原本都是指稱海上仙山,而「東瀛」一詞

〔註138〕林清敦,〈席上賦呈諸詞兄〉,《風月報》第 45 期,1937 年 7 月 20 日,頁 24。
〔註139〕金柱,〈餞社友林清敦氏東渡觀光〉,《風月報》第 45 期,1937 年 7 月 20 日,頁 18。
〔註140〕瘦鶴,〈餞社友林清敦氏東渡觀光〉,《風月報》第 45 期,1937 年 7 月 20 日,頁 18。

則承接著「瀛洲」的意義，只是更加強調方位之所在。中間歷經各朝代的輾轉記載，至清朝初年已有將此名套用於臺灣的情況，如徐懷祖於清康熙 34 年（1695）的《臺灣隨筆》中論及臺灣原住民時曾如此記載：「或云秦始皇時，方士將童男女五百人入海，蓋出於茲山，而育種於今。」即是將《史記·秦始皇本紀》中記錄之徐福攜童男童女往海上仙山求仙丹一事中之仙山瀛洲稼接到臺灣，清同治年間，林豪撰寫記載戴潮春事變之《東瀛紀事》，也同樣以「東瀛」指稱臺灣，則能發現，使用「瀛洲」、「東瀛」代稱臺灣乃有其淵源可供追溯。

4. 長亭、旗亭

除了出發地與目的地的代稱外，餞別者與被餞別者對於餞別的地點與場合也有相應之典故借代情形，如：

際此櫻花三月放。扶桑遠覽有誰爭。

愧無斗酒<u>長亭</u>餞。惟有俚詞祝晉京。〔註 141〕

此去觀櫻正及時。<u>旗亭</u>相送酒盈卮。

欲開眼界須遊歷。望賜信音慰別離。

芳埋郊頭憑弔古。琵琶湖上待題詩。

年來我愧惟株守。破浪乘風未有期。〔註 142〕

在這兩首詩中，分別以「長亭」、「旗亭」指稱餞別宴舉行之場合與地點。「長亭」一詞原本指的是中國秦漢時期設於路旁的亭子，通常是五里一短亭，十里一長亭，供行人休憩，以及親友遠行時話別的地點，唐李白《菩薩蠻》一詞中曾言：「何處是歸程，長亭更短亭。」即是藉由描繪旅人面對無盡的長短亭，進而表達其內心感到旅途遙遠，不知何時可歸的徬徨，而在吳茂如的詩中則是以「長亭」借代為與林清敦離別的地點，進而表達餞別之情。

「旗亭」一詞在前文已有所述，典出唐代薛用弱《集異記》中「旗亭畫壁」的故事，將原指稱酒樓、市樓的旗亭，轉而延伸為詩人匯聚的場所，李神義詩中的「旗亭」也承接此義，代指為瀛社社友們為林清敦舉辦餞別宴的地點。

〔註 141〕茂如，〈餞社友林清敦氏東渡觀光〉，《風月報》第 45 期，1937 年 7 月 20 日，頁 18。

〔註 142〕神義，〈餞社友林清敦氏東渡觀光〉，《風月報》第 45 期，1937 年 7 月 20 日，頁 18。

5. 陽關、陽關三疊

在林清敦相關之餞別詩與贈別詩中，同樣用以表現離別之情的還有「陽關」、「陽關三疊」等詞彙，此情況可由林子惠、黃福林之詩窺知一二：

> 不盡陽關三疊情。愧無佳句壯吟旌。
>
> 採風問俗多詩料。到處留題是此行。〔註143〕
>
> 吐氣揚眉萬里程。乘風直上帝王京。
>
> 陽關握手無他贈。半幅詩箋表餞情。〔註144〕

「陽關」一詞最早是指建於漢武帝時期，在玉門關之南的的另一座隘口，由於古有「山南水北謂之陽」的說法，「陽關」正在玉門關，也就是祁連山之南，故稱「陽關」，兩關同爲中國古代前往西域地區的必經關卡。在唐代，由於與西域交往頻繁，詩人們曾留下不少與「陽關」相關的詩句，如岑參〈寄宇文判官〉一詩中言道：「二年領公事，兩度過陽關」，以及白居易〈對酒詩五首之四〉中也曾寫道：「相逢且莫推辭醉，聽唱陽關第四聲」。但其中最有名的還是屬王維的〈渭城曲〉（又名〈送元二使安西〉）：「渭城朝雨浥輕塵，客舍青青柳色新，勸君更盡一杯酒，西出陽關無故人。」從此詩後，「陽關」即成爲離別的代名詞，在古典詩詞中廣爲使用。

至於「陽關三疊」，則爲王維〈渭城曲〉之琴曲，所謂三疊，指的是全曲用同一個曲調做反覆變化，重複疊唱三次。在一次次的反覆疊唱中，表達餞別者的眞切情意，以及對於即將遠行友人的關懷與留戀，至今仍有琴譜與樂曲傳唱。因此，以此典故回看林子惠、黃福林之餞別詩，除了了解他們的依依離情外，更可以得知他們的學識涵養受到中國文學、文化浸染的程度。

6. 碧紗籠

除了旅行地、出發地、餞別感、離別感皆運用中國古典文學之典故外，筆者還發現一個表達詩詞創作情形的典故運用──「碧紗籠」，此典故之使用曾出現於謝尊五與林清敦的詩作中：

> 才懷萬里破長風。無恙布帆挂海東。

〔註143〕子惠，〈餞社友林清敦氏東渡觀光〉，《風月報》第45期，1937年7月20日，頁18。
〔註144〕福林，〈餞社友林清敦氏東渡觀光〉，《風月報》第45期，1937年7月20日，頁18。

　　賸有櫻花開點綴。儘教繪入<u>碧紗籠</u>。〔註145〕

　　壯我行旌色。樽中酒不空。

　　綺莚（筆者註：應爲筵）紅袖舞。佳句<u>碧紗籠</u>。

　　寄目雲山外。放懷煙水中。

　　神京恣覽勝。遠渡片帆風。〔註146〕

「碧紗籠」一語典出《太平廣記》卷 199 中〈文章二・王播〉：「唐王播少孤貧，嘗客揚州惠照寺木蘭院，隨僧齋食。後厭怠，乃齋罷而後擊鐘。後二紀，播自重位出鎮是邦，因訪舊遊，向之題名皆以碧紗罩其詩。播繼以二絕句曰：「三十年前此院遊，木蘭花發院新修。如今再到經行處，樹老無花僧白頭。上堂未了各西東，慚愧闍黎飯後鐘。三十年來塵撲面，如今始得碧紗籠。」情節相仿的故事也曾出現於五代漢王定保的《唐摭言・卷七・起自寒苦》中。故事大意爲唐代有一個貧寒文人名喚王播，曾經寄宿於揚州惠照寺木蘭院中與僧人一起生活，時間久了，院中僧人越來越厭惡王播，所以故意不在用餐前擊鐘提醒王播，每當王播到食堂時，只剩下僧人們的剩菜殘羹。二十四年後，王播任高官，重遊舊地，發現過往他曾在此寺壁上的題詩都被僧人們慎重其事地用碧紗籠罩。因而又寫了兩首絕句：「三十年前此院遊，木蘭花發院新修。如今再到經行處，樹老無花僧白頭。上堂未了各西東，慚愧闍黎飯後鐘。三十年來塵撲面，如今始得碧紗籠。」因此「碧紗籠」一詞便有了詩因人貴、詩以人重的意義。但在本文的例子中，此種因人揚詩的意味已經消失，而是轉爲強調由於詩句本身的優美典雅，因而得到他人的敬重與喜愛之景況，以及詩人用以表達希望自己能寫出好詩詞的期待。

（二）新詞彙運用

1. 廿紀

　　隨著時代推移，殖民地臺灣詩人們的時間感因著殖民母國日本引進西方文明與時間觀而有了改變，除了過去的清國帝號，以及日本明治、大正與昭和的年號更迭外，他們還認識了一種西方的紀年法——世紀。許多的漢詩中，

〔註145〕尊五，〈餤社友林清敦氏東渡觀光〉，《風月報》第 45 期，1937 年 7 月 20 日，頁 18。

〔註146〕林清敦，〈東渡賦別諸詞兄〉，《風月報》第 45 期，1937 年 7 月 20 日，頁 19；林清敦，〈東遊別瀛社諸君子〉，《臺灣日日新報》1937 年 4 月 25 日，第 4 版。

他們都會以「廿紀」強調自己身處的世代，正處於二十世紀。而在本文討論
之林清敦相關的餞別詩與贈別詩中，也有類似的情形：

> 春風淡蕩趁春晴。萬里扶桑壯一行。
>
> 廿紀男兒重意氣。臨岐莫漫悵離情。〔註147〕

詩人先以「春風淡蕩」一詞點出旅人出發於春天和煦、舒暢的天氣，並以「壯
行」，也就是能深入與人交流，旅程時間較長的大旅行，來形容林清敦此趟的旅
程。而後以「廿紀男兒重意氣」一句，強調出發的時間是「廿紀」，並以此具有
國際感的時間點連結此時代下之男兒們所擁有之特質——重意氣，構築出全詩
最重要的時代氛圍與時代態度，也就是「二十世紀男兒應懷抱志向與氣概」，最
後以此期許將遠行的友人，只要擁有這樣的氣魄，就無需爲分離而傷感。

　　而此種關於二十世紀之新時間感是如何被日本政府引進臺灣，如何具體
的對殖民地臺灣人的日常生活產生影響，目前已有呂紹理《水螺響起——日
治時期臺灣社會的生活作息》〔註148〕一書爲文討論，但是關於時人面對新世
紀、新時間感的想像與期待方面，尚待更多文獻考究討論。而在本段落中可
以得知的是，1937 年代臺灣具有漢詩寫作能力的商紳與文人，看待友人遠行
東京，是以「二十世紀男兒應懷抱志向與氣概」的心情，期待著其歸來後能
帶回更多發展的可能。

　　2. 日本地名

　　由於旅人的目的地是日本東京，因此在林清敦相關之餞別詩與贈別詩，
以及吳子瑜撰寫的〈東京雜詠〉系列旅行詩中自然出現了許多大東京地區的
地名與景點，諸如淺草、琵琶湖、阪京（京阪、阪神）、東京、灘邑、靜岡、
江戶、新宿、隅田川、瑞穗、明治神宮、富士山、箱根、熱海……等都曾經
入詩，舉例而言：

> 此去觀櫻正及時。旗亭相送酒盈卮。
>
> 欲開眼界須遊歷。望賜信音慰別離。
>
> 芳理郊頭憑弔古。琵琶湖上待題詩。
>
> 年來我愧惟株守。破浪乘風未有期。〔註149〕

〔註147〕自新，〈餞社友林清敦氏東渡觀光〉，《風月報》第 45 期，1937 年 7 月 20 日，
　　　　頁 18。

〔註148〕呂紹理，《水螺響起——日治時期臺灣社會的生活作息》（臺北：遠流出版
　　　　社，1998 年）。

〔註149〕神義，〈餞社友林清敦氏東渡觀光〉，《風月報》第 45 期，1937 年 7 月 20 日，

　　昨接瑤章几上披。偶逢敞閣聚吟期。

　　承君報道遊<u>新宿</u>。委我傳情說故知。

　　到處風光煩執筆。優悠山水樂題詩。

　　<u>東京</u>最是繁華界。更得櫻花爛熳時。〔註150〕

　　積雪皚○<u>富士山</u>。登臨我每悵縈慳。

　　扶○<u>熱海</u>灘邊過。垂釣漁舟在港灣。〔註151〕

　　眺望應推<u>上野</u>佳。流連鎮日足開懷。

　　何時○得三弓地。不忍池邊築小齋。〔註152〕

若將詩中出現的地點與日治時期旅遊書——《東京市史蹟名勝天然紀念物寫眞帖》〔註153〕，以及日人遊記——松澤聖《旅內臺往來》〔註154〕等進行對照，則能發現，這些地點確爲當時極爲推廣，也廣爲人知的景點。從這些景點地名進入旅行漢詩的情況進行觀察，則能發現詩人們對這些地點十分熟悉，也相當能掌握遊玩的特色，足見當時東京旅行的繁盛光景。

3. 上國觀光

　　在眾多新詞彙運用情況中，最爲特殊的可說是「上國觀光」一詞。其特殊處在於，此詞表面上看起來是日本當局爲了彰顯自己殖民母國之地位，並鼓勵前往旅遊，因而推廣「上國觀光」之觀念。這個觀念大約從 1907 年左右，洪以南攜子洪長庚前往日本前的相關餞別、贈別漢詩作品中，已有所記錄，而在本文討論之林清敦相關餞別詩與贈別詩，以及吳子瑜撰寫的〈東京雜詠〉系列旅行詩也同樣有此類的應用：

　　一帆<u>上國</u>去觀光。破浪乘風意氣揚。

　　時節墨隄櫻正放。好收佳景入吟囊。〔註155〕

　　錦帆高挂出瀛洲。<u>上國觀光</u>賦壯遊。

頁 18。

〔註150〕蒲三，〈贈清敦社兄〉，《風月報》第 45 期，1937 年 7 月 20 日，頁 21。
〔註151〕吳子瑜，〈東京雜詠　其十五〉，《風月報》第 66 期，1938 年 6 月 15 日，頁 21。
〔註152〕吳子瑜，〈東京雜詠　其九〉，《風月報》第 66 期，1938 年 6 月 15 日，頁 21。
〔註153〕《東京市史蹟名勝天然紀念物寫眞帖》，1922 年。
〔註154〕松澤聖，《旅內臺往來》（臺北：臺灣日日新報社，1929 年）。
〔註155〕根泉，〈餞社友林清敦氏東渡觀光〉，《風月報》第 45 期，1937 年 7 月 20 日，頁 18。

領略陽春煙景好。櫻花一路豁吟眸。〔註156〕

樓船橫海渡扶桑。聯袂同觀<u>上國光</u>。

隨處櫻花開爛熳。好收詩料入吟囊。〔註157〕

但是其實此詞之典故不僅來自中國，更可分割爲二個來源，「觀光」一詞語出中國《易經》中第六十四爻：「六四，觀國之光，利用賓于王」，意思是說，藉由觀察一國的風俗民情，就足以了解此國家之君王的德行如何；或有解爲，當靠近君王，了解此國之禮儀風俗後，就容易受舉薦進入朝廷參政，但總體來說，所謂「觀光」皆是指觀察一國之風俗民情與禮儀。而「上國」一詞則出於編年體史書《左傳》中魯成公七年、魯昭公十四年、魯昭公二十七年、魯定公四年，及魯哀公二十年等文獻記載中，皆是指稱中原地區文明發展較早的國家。了解「上國」和「觀光」二詞之典故來源後，可將之對照前文曾論述的《臺灣日日新報》所形塑出東京形象即是商業感、文明感、世界感都優於臺灣的這個特質，與「上國」一詞原本在《左傳》中的意義不謀而合，其次觀察「觀光」一詞在《臺灣日日新報》中呈現之模式，確實也多以修學旅行、工商視察、反映政治與民情等情況出現，與此詞於《易經》裡表現之觀察一地之風俗民情的涵意多有雷同。雖然因爲本論文旨在討論日治時期之旅行相關漢詩作品，暫時無法提出更多例證以考究「上國觀光」一詞在中國與日本間的淵源與流變，但從前文的推導中，我們已可看出此詞彙兼容中國、日本兩種文化意涵於一身，也可由此感知日本殖民政府對中國文化之深刻了解，以及在政治需求下巧妙運用與稼接情況。

在充分瞭解這些詞語的使用後，我們可以感受到詩人們一方面運用中國古典文學中，上可追至先秦，下可溯自清代的典故，鋪排自己的想像與期待，另一方面是又受到新思潮、新時代影響，將新詞彙帶入古典漢詩作品中，表現他們身處時代所面對的現實。然而，當這些橫亙在眼前的現實和過往的認知，往往又有受到統治者操作與稼接的可能，就顯現了漢詩作家在精神層面的不穩定，同時也凸顯了日治時期的漢詩作爲一種文學作品，所表現出之今昔混雜的時間感，和交混著中、日兩種文化的特殊內涵。

〔註156〕金柱，〈餞社友林清敦氏東渡觀光〉，《風月報》第 45 期，1937 年 7 月 20 日，頁 18。

〔註157〕雪漁，〈餞社友林清敦氏東渡觀光〉，《風月報》第 45 期，1937 年 7 月 20 日，頁 18。

第三章　新京塞外冰霜冷：見聞「滿洲」

前　言

　　吾輩豪情酒一卮。相逢盡醉興淋漓。

　　新京塞外冰霜冷。鄭重加餐訂後期。

　　　　　　——簡荷生〈江山樓雅集席上賦呈林小眉先生〉〔註1〕

　　此詩是風月報編輯簡荷生，與瀛社諸友於 1937 年 5 月 15 日歡慶林小眉
〔註2〕自「滿洲國」返臺聚會時之創作。此時的林小眉任「滿洲國」外交部政

〔註1〕 簡荷生，〈江山樓雅集席上賦呈林小眉先生〉，《風月報》第 45 期，1937 年 7
　　　 月 20 日，頁 17。

〔註2〕 林小眉（1893～1940），名景仁，字健人，號小眉，別署蟬窟主人，臺北板橋
　　　 人，原籍福建龍溪。乃大紳商林維源冢孫，二房菽莊主人林爾嘉長子。乙未
　　　 （1895）割臺，隨父祖內渡，居廈門鼓浪嶼。從臺籍進士施士洁學，母龔氏
　　　 復嚴加督課，年十五即畢諸經。宣統三年（1911）留學英國牛津大學，精通
　　　 英、法、日、荷蘭諸國語文。娶荷印蘇門答臘橡膠大王張煜南（耀軒）之女
　　　 馥瑛，張家財力似猶在林家之上，而馥瑛亦能詩。婚後投資南洋日麗銀行，
　　　 並謀成立飛行公司未果。1920 年隨父回臺，任新高銀行董事、林本源製糖株
　　　 式會社監事，主持圳眉記。四年後重返廈門，以詩謁鄭孝胥、陳石遺、夏敬
　　　 觀諸前輩先生，唱酬盤桓，名重士林。後侍父漫遊歐美，旅居瑞士甚久，並
　　　 南遊印度諸邦，足跡遍及大江南北。民二十年（1931）因鄒魯之介紹，謁豫
　　　 陝晉邊區綏靖督辦劉鎮華於新鄉，任督辦公署上校參議，並主持軍政，唯不
　　　 久棄去。逮翌年三月，僞滿洲國成立，乃竟由津赴瀋，任僞滿外交部歐美情
　　　 報司司長。一年後赴大連經商，因資本失竊，不得已回任原職。1940 年 10
　　　 月死於新京（長春），年四十八。景仁漢學根柢深厚，並以漢詩博取文名，唯
　　　 客死東北，晚節堪哀，論者惜之。生平所作凡三經結集，首名《摩達山漫草》，
　　　 民國九年輯印於棉蘭；次名《天池草》，排印於新加坡；三名《東寧草》，則

務司歐美科科長〔註3〕，衣錦歸國，故其瀛社友人於江山樓為其開歡迎吟宴。據《風月報》「騷壇消息」記載〔註4〕，此次與會者約30人，稻江詩妓黃阿治、碧霞等皆列席，席間更要求出席者以吟樽為題、以支韻為韻腳，撰寫七言絕句漢詩，在下午五時前交卷，足見是一場盛大的歡迎會與詩會〔註5〕。在這樣的盛會中，我們或可想像，瀛社詩友們面對自己遠赴外地、就任高官的好友歸來，應該會對其成就以及前往的地區大肆讚嘆、宣揚一番，如同前一章論及臺灣商紳與文人面對友人前往東京般的滿懷憧憬和想像。然而，情況似乎不是如此。當筆者細觀〈江山樓雅集席上賦呈林小眉先生〉系列詩時發現，全組詩的書寫對象完全僅針對林小眉個人在文學上的造詣、描寫歡迎會之歡愉氣氛，以及好友相聚之豪情暢快；對於滿洲的局勢情況，想像林小眉任官的意氣風發等等，都鮮見於此系列詩作。此一落差，引發筆者關心1932年「滿洲國」成立至戰爭期間，臺灣商紳與文人是如何看待滿洲此一問題？他們對於滿洲國成立後特意採取清王朝舊稱「滿洲」的「中國東北」，及其首都「新京」（原稱長春）有哪些認知？前往該地的背景和遊歷情況，又是如何呢？

在思考1930年代臺灣人前往中國東北地區（後文將以「滿洲地區」代稱，以貼合當時歷史情境）時所面臨之種種議題前，首先需了解的是此一地區被日本侵佔並經營的經過。滿洲地區之所以躍上世界歷史的舞臺，肇因於

專詠臺灣史事與風物。民國六十三年臺灣風物雜誌社曾彙印為一冊，總名曰《林小眉三草》，單行問世。參見，張子文（等），《臺灣歷史人物小傳——明清暨日據時期》（臺北：國家圖書館，2003年12月），頁261～262。

〔註3〕關於林小眉此時任滿洲國何種職務，目前共有三說，一說為滿洲國外交部北美司司長，二說為滿洲國外交部歐美司司長（或說歐美科科長），三說為滿洲國外交部歐美局情報司司長。然而根據筆者查閱滿州國通信社編輯之《滿州國現勢》一書發現，1932年滿洲國剛成立時，其外交部行政組織中僅有總務司、通商司、政務司、宣化司四司，以及北滿特派員公署、旅卷查證辦事處、駐日公使館與駐リ領事館，四司之下並無更小的單位。直至康德元年（1934）四司下有小科，其中林景仁（即林小眉）名列外交部政務司歐美科科長。參見，滿州國通信社（編），《滿州國現勢 建國——大同二年版》、《滿州國現勢 康德二年版》、《滿州國現勢 康德三年版》（奉天：奉天省公署印刷所，1933年12月，新京：滿州國通信社，1936年4月）。

〔註4〕《風月報》第45期，1937年7月20日，頁10。

〔註5〕此次聚會撰寫之〈江山樓雅集席上賦呈林小眉先生〉以及〈歡迎林小眉君席上賦贈〉系列詩，刊登於《臺灣日日新報》1937年6月9日、6月22日、7月4日，夕刊，第4版；《風月報》1937年7月20日，頁17，共計18首。

19 世紀末日本、俄國對此地區的爭奪，此爭奪最後因 1904 年日俄戰爭爆發，俄國戰敗，被迫退出，戰勝的日本獲得原屬俄國的租借地——遼東半島及南滿鐵路沿線附屬地而終結。但對日本來說，其對於滿洲地區的關注在更早之前就已經開始，最明顯的例子，就是當 1900 年日本於中國南京成立「東亞同文書院」（後遷至上海）後，以畢業生大旅行爲由，對中國所進行的一連串旅行報告書之調查，這些旅行報告書對於滿洲地區已經有極爲詳細的記錄。而日俄戰爭後，日本成立南滿洲鐵道株式會社（1906），以有限公司的形態在滿洲實行殖民行爲。1931 年「滿洲事變」（亦稱瀋陽事變、918 事變）爆發，日本佔領滿洲地區，旋即於 1932 年成立滿洲國，1934 年施行帝制，至此滿洲地區的局勢大致底定，也開啓日本對中國長達 15 年的侵略。

與臺灣人前往滿洲國旅行、求學、經商相關的研究著述，以許雪姬《日治時期在「滿洲」的臺灣人》〔註6〕一書爲先驅，她針對日治時期前往滿洲之臺灣人所進行的口述歷史訪問，顯現了臺灣人前往滿洲求學，特別是習醫的狀況，同時說明產生此趨向的原因在於，受日本殖民的臺灣人前往滿洲可享有與日本人相同待遇，若取得大同學院學歷更可就任中低階官職。本書在臺灣人前往滿洲求學、求職，爭取更高社會地位之部分有詳細記錄，以一批菁英群體個案，提供了臺灣人在中國東北活動情形的輪廓。透過此書獲得的靈感，筆者則想針對原本在島內社會地位較常人爲高，且具有漢詩創作能力之商紳與文人，觀察他們如何看待滿洲，爲何／如何前往滿洲？有關商紳之流上層社會階層的滿洲地區經驗，目前同樣少有調查、整理與描述。因此，筆者希望，首先透過《臺灣日日新報》中與滿洲地區、都市相關之報導，自 1932 年滿洲國成立起，了解該報在報導中呈現出的的「滿洲形象」。其次，分析前往滿洲地區前之臺灣商紳撰寫之贈別詩所表現出的「滿洲想像」，以及魏清德於 1935 年、李海參於 1940～1941 年左右、靜園生於 1941 年實際抵達滿洲地區，書寫旅行詩，所呈現之「滿洲意象」。最後將此系列詩作中，所呈現之有關「滿洲」該地的「形象」、「想像」、「意象」進行比較，討論此間可能存在的落差，並歸納隸屬中上階層之臺灣商紳、文人看待滿洲地區的觀點。

〔註 6〕許雪姬（訪問），許雪姬、鄭鳳凰、王美雪、蔡說麗（紀錄），《日治時期在「滿洲」的臺灣人》（臺北：中央研究院近代史研究所，2002 年 3 月）。

第一節　呈現臺灣人視野的「滿洲國」形象：以《臺灣日日新報》為例

　　本節將從以下三個角度，探討 1932 年滿洲國成立後的滿洲都市發展情況，以及透過《臺灣日日新報》所營造出的滿洲形象：一、滿洲重要都市發展概況；二、臺灣與滿洲的交通往來；三、《臺灣日日新報》中的滿洲形象。

　　以本文欲討論的漢詩進行觀察，可以發現臺灣商紳對滿洲地區的理解，多著重在特定重要都市，如：旅順、大連、新京、哈爾濱等，由於這幾個都市皆座落於南滿鐵路沿線，且各都市的書寫總量足與前一章討論之東京地區匹比，加上筆者閱讀漢詩文本的過程中發現，這批書寫與前往滿洲國相關主題之漢詩的臺灣商紳與文人，對於滿洲地區的地理感，不同於前文討論之東京、後文欲討論之南京般顯現對單一都市之理解；而是著重於當地重點都市之報導、臺滿交通之改善，以及將滿洲報導為一物產豐饒的新天地等整體性概念。

　　故本節的討論方式將呈現以下模式：簡介都市發展時，將以各特定都市為中心，參考真鍋五郎《滿洲都市案內》〔註 7〕與其他滿洲重要都市發展史料，進行分項討論。述及交通往來與官方報紙中的滿洲形象時，將參酌大津敏也《滿洲國旅行案內》〔註 8〕、東亞旅行社《滿支旅行案內》〔註 9〕與《臺灣日日新報》1931～1945 年間的滿洲相關報導，以地理位置為大主體，政權關係為次，依旅順、大連、奉天、新京、哈爾濱之順序，依序討論。

一、滿洲重要都市發展概況：以旅順、大連、奉天、新京、哈爾濱為討論對象

　　從日俄戰爭（1904）到滿洲事變（1931），滿洲地區一步步被圈入日本扶植政權「滿洲國」政府的統轄範圍。雖然此地區依政權管轄的情況而言，可區分為：位處今日中國遼寧、吉林和黑龍江三省位置的滿洲國，以及遼東半島的關東州。但從其政權內部真正掌握實權者的身份與政治局勢分析，則可明白，關東州實屬日本租借地，滿洲國則是一個因受日本深度介入，使其介於準殖民地與半國家之間，而顯現微妙政治角力的政權。而本段落欲討論之

〔註 7〕　真鍋五郎，《滿洲都市案內》（大連：亞細亞出版協會，1941 年 2 月）。
〔註 8〕　大津敏也，《滿洲國旅行案內》（東京：新光社，1932 年）。
〔註 9〕　東亞旅行社，《滿支旅行案內》（東京：博文館，1942 年 8 月）。

旅順、大連屬關東州範圍；奉天（原稱瀋陽）、新京、哈爾濱則劃歸滿洲國管轄。但在本文的脈絡中，乃是以兩者之地理位置為著眼點，將兩者皆統攝於「滿洲」此一地區概念之下進行討論。

（一）旅順

旅順位於遼東半島最南端，原名獅子口，唐代時為日本使節進入中國的港口，明代時由於南方移民、船隻往來頻繁，為期許其水陸行旅順利，更名「旅順」。〔註10〕由於旅順屬於天然港，兩側的山丘形成絕佳隘口，清康熙52年（1714）即在此地編制水師營，光緒 5 年（1880）李鴻章更以旅順是「直隸〔註11〕之門戶，北京之咽喉」為由上疏，要求修建船塢、海岸炮臺，做為北洋水師的軍事基地。〔註12〕

中日甲午戰爭（1895）清廷戰敗，簽訂馬關條約，割讓包括旅順、大連在內之遼東半島予日本，卻引起三國干涉還遼的國際事件；之後由於清廷拉攏俄國，更導致旅順、大連地區漫長的租借與殖民歲月，1898 年旅順先是租借給俄國，改名亞瑟港（Port Arthur），建設為海軍基地，日俄戰爭結束後（1905）又歸入日本關東州廳管轄，再度更名為旅順。由於連年戰事，留下許多戰蹟與戰後紀念碑，在眞鍋五郎《滿洲都市案內》簡介旅順地區的章節中，甚至列出「戰蹟旅順」的行程建議，諸如白玉山表忠塔、東雞冠山北堡壘、二〇三高地、水師營、旅順港、閉塞隊記念碑、露國墓地（俄國墓地）等，都被列為必遊景點〔註13〕，而 1941 年的詩報也曾刊登臺灣人靜園生的〈遊旅順東雞冠山〉〔註14〕的詩作，足見日本租界後，對於旅順地區戰蹟旅遊的記述與推廣情況。

（二）大連

相較於旅順頗具朝代更迭感的歷史發展，大連的重要性與關鍵感，則要

〔註10〕〈旅順沿革誌〉，《滿蒙研究彙報》第 1 號，1915 年 11 月，頁 35～36；眞鍋五郎，《滿洲都市案內》（大連：亞細亞出版協會，1941 年 2 月），頁 176。
〔註11〕直隸一詞為中國早期的行政劃分，主要用來指稱直屬京師之地，也就是皇帝、皇宮所在之區域。清代時設有直隸省，範圍包括今日河北省、北京市、天津市和山東省、山西省、河南省、遼寧省、內蒙古的一部分。
〔註12〕〈旅順沿革誌〉，《滿蒙研究彙報》第 1 號，1915 年 11 月，頁 36。
〔註13〕眞鍋五郎，《滿洲都市案內》（大連：亞細亞出版協會，1941 年 2 月），頁 179～180。
〔註14〕靜園生，〈遊旅順東雞冠山〉，《詩報》第 256 號，1941 年 9 月 22 日，頁 24。

到日俄戰爭後才慢慢顯現。

　　大連與旅順同樣位於遼東半島南端，東面黃海，西臨渤海，南邊與山東半島相望，早期僅是個名為「青泥窪」的小漁村，直到成為俄國租借地，才開始開港建市，1899 年改名為達里尼（俄文 Дальний，「遠方」之義），企圖建設為國際商埠。1905 年日俄戰爭後又改名大連，與旅順一同納入日本關東州廳的統領範圍，整個大連開始依照俄國未及完成的都市規劃與日本後續增建的都市計畫，逐步發展為東亞第一的自由貿易港灣都市。〔註 15〕除了海運相關建設外，1907 年南滿洲鐵道株式會社總部也從東京遷往大連，奠定了大連作為「滿洲關口」的地位，並成為日本前進中國、蒙古、俄國的根據地之關鍵地位。在觀光景點的營造上，與強調戰爭感之旅順不同，有關大連的旅遊書更為強調的是工業、商業、科學、教育等日本推動的現代性設施，諸如大連港、南滿鐵道株式會社、大廣場、工業博物館、中央試驗所、地質調查所、大連圖書館、公學堂等，都被列為必訪景點，此外具滿洲情調的餐廳、澡堂，還有各具風情的星ケ浦、老虎灘、傅家庄，及各式公園也成為備受推廣的旅行點與風景勝地〔註 16〕，臺灣著名詩人魏潤庵在「滿鮮吟草」系列創作中，就曾以〈大連〉〔註 17〕為題，抒發其所遊歷的講述老虎灘、大連港美景與歷史感觸。

　　（三）奉天

　　奉天，今名瀋陽。漢代名為侯城，唐代為安東都護府的所在地，金代稱瀋洲，元時稱瀋陽路，明代更名為瀋陽中路。1621 年清太祖努爾哈赤攻下此地後，於 1625 年由遼陽遷都於此，並修建皇宮，後又改稱盛京，1657 年，清廷以「奉天承運」之意在此地設立奉天府，故又稱此地為奉天。〔註 18〕1907 年，東三省總督徐世昌為強化此地的防務，修建北大營，而此北大營後來也成為張學良麾下精銳的駐地，由此可知，奉天在中國歷代政權下於邊塞防衛的重要性。1911 年清皇朝傾覆，奉天又逐漸發展為以張作霖為首之奉系軍閥的統治中心，在張作霖的統治下，奉天不僅擁有穩定的軍事實力，也興建東北大學，奠定此地大學教育的基礎。又因為奉天為清皇族的發源地，包括努

〔註 15〕大津敏也，《滿洲國旅行案內》（東京：新光社，1932 年），頁 30。

〔註 16〕眞鍋五郎，《滿洲都市案內》（大連：亞細亞出版協會，1941 年 2 月），頁 167～175。

〔註 17〕魏潤庵，〈大連〉，《風月報》第 51 期，1937 年 11 月 1 日，頁 29。

〔註 18〕眞鍋五郎，《滿洲都市案內》（大連：亞細亞出版協會，1941 年 2 月），頁 31。

爾哈赤之福陵（又稱東陵）、皇太極的昭陵（又稱北陵）等陵墓皆坐落此處，故陵墓建設在奉天的都市規劃中佔有重要位置。

　　除此之外，奉天的都市建設與發展，也隨著各國勢力的介入，而產生了複雜的政治角力關係。1895 年中日甲午戰爭後，清廷與俄國簽訂中俄密約，允許俄國在中國東北境內建設鐵路，時稱中東鐵路，而鐵路所經之「鐵道附屬地」為俄國管理。日俄戰爭後，俄國於中國境內的利權，包括長春到旅順間綿延的鐵道及幅員達 482.9 平方公里的鐵道附屬地、以及關東州的治理權等均轉讓給日本〔註 19〕，成為日本進軍滿洲地區的基礎，而南滿洲鐵道株式會社，就是在如此的背景下誕生，1910 年落成的奉天駅，即是滿鐵沿線最大的車站，而 1928 年張作霖遭炸死的皇姑屯，地點則是在北寧鐵路與南滿鐵路之交界，1931 年滿洲事變的導火線——柳條湖事件，也是在奉天駅、文官屯間的南滿鐵道上發生，足見南滿鐵道之於日本進入滿洲地區的重要性。另外根據江口圭一的研究〔註 20〕指出，南滿洲鐵道株式會社是日本帝國在海外最大的企業資產，會社一半的資本由政府出資，而其輸出的大豆幾乎獨佔全球市場，由此可見日本帝國藉著滿鐵在滿洲地區進行之開發與投資。

　　由於奉天具有如此複雜之政治、經濟與歷史背景，故可供旅遊的景點也十分多元，以眞鍋五郎《滿洲都市案內》所建議之觀光地點而言，主要可分為現代化建設，如鐵道總局、滿洲醫科大學、國立博物館、鐵西工業地區等；歷史景點，如西塔、故宮、北陵、東陵等；戰爭遺蹟，如奉天城、萬寶山、受降ク丘、北大營等三類〔註 21〕，在魏潤庵「滿鮮吟草」系列漢詩中，就曾以〈北陵〉〔註 22〕為題進行創作，而靜園生也曾撰寫〈於奉天謁北陵〉〔註 23〕一詩，表達自己面對歷史更迭的感慨。

（四）新京

　　新京，今名長春。其地域範圍原屬蒙古族的放牧地，後經漢人的開墾，並將距現今長春北方十餘里處命名為長春堡，清道光 5 年（1825）方在今長春的區域設立長春廳，滿洲國成立後因襲此名，將此地命名為長春。長春的

〔註 19〕黃文雄，《日本の植民地の眞實》（東京：扶桑社，2004 年 4 月），頁 269。

〔註 20〕江口圭一，《十五年戰爭小史》（東京：青木書店，1998 年 4 月），頁 29～30。

〔註 21〕眞鍋五郎，《滿洲都市案內》（大連：亞細亞出版協會，1941 年 2 月），頁 44～56。

〔註 22〕魏潤庵，〈北陵〉，《風月報》第 52 期，1937 年 11 月 15 日，頁 24。

〔註 23〕靜園生，〈於奉天謁北陵〉，《詩報》第 256 號，1941 年 9 月 22 日，頁 24。

繁榮，起於俄國於中俄密約簽定後，在此地興建寬城子車站（1899），並於日俄戰爭、第二次鴉片戰爭後，展開長春城、滿鐵附屬地、商埠地的劃分和建設，終於使長春成爲南滿鐵路沿線上的重要商業都市。〔註24〕

　　1932 年滿洲國成立，基於考量地理位置之選擇，經濟開發的情況，以及此地存在的中國勢力相對於奉天來得比較弱，有利於新政權之扶持與建立，於是先於同年 3 月 10 日宣布定都長春，又於 5 日後改長春爲新京，8 月 17 日又將新京改名爲新京特別市，直接劃歸滿洲國國務院管理，頗有將之視爲直轄市的意味。然而，操作滿洲事變爆發的關東軍，就如同滿洲國揮之不去的鬼影，操縱著滿洲國的一切政務，而新京一地之都市建設，也是在報請關東軍司令部後，方定案爲《大新京都市計劃》。

　　在日本關東軍的介入下，新京地區的觀光景點也處處透露日本風情，與強烈的政治意味，如新京神社、兒玉公園、關東軍司令部、大同廣場、國務院、新京銀座、日本橋公園等，此外，也偶有休憩性質爲重的淨月潭、新京ゴルフ場等。〔註25〕而李海參就曾以〈赴新京於山東丸作〉〔註26〕一詩，表達自己前往新京時的期待心情。

（五）哈爾濱

　　哈爾濱的都市建設，主要是在中俄密約簽訂之後，因著俄國在此興建鐵路，並將之視爲滿洲經營的根據地後開始有所發展。1903 年中東鐵路通車，大量俄國人與歐洲移民隨著鐵路進入哈爾濱，日俄戰後，包括美國、德國、波蘭、日本等國家，也看見此地交通之便利，僑民、銀行、各類企業等也紛紛進駐此地。1917 年俄國發生十月革命，隔年內戰爆發，大批俄國官兵、猶太人、與白俄人流亡哈爾濱，種種因素使得哈爾濱住民來源越來越多元，人口數也逐漸上升。在觀光發展上，因著此地所擁有之豐富歷史背景與複雜政治、國際關係，產生了許多與之相關的旅行景點，如興建有各國領事館與俄式商店的新市街，設有多國企業與商家之埠頭區，聚集流亡俄人的馬家溝，以及中國人眾多的傅家甸等；此外，爲紀念被安重根刺殺身亡的伊藤博文公

〔註24〕古川長市，〈滿洲國國都新京の都市計畫概要〉，《臺灣建築會誌》第 5 輯第 6 號，1933 年 11 月，頁 22～23。

〔註25〕眞鍋五郎，《滿洲都市案內》（大連：亞細亞出版協會，1941 年 2 月），頁 27 ～31。

〔註26〕李海參，〈赴新京於山東丸作〉，《南方》第 136 期，1941 年 8 月 15 日，頁 32。

胸像，以及追悼日俄戰爭中協助切斷俄國補給線的六志士碑；還有流貫哈爾濱地區的松花江都是各滿洲旅行案內〔註27〕中推薦的景點與名勝。如魏潤庵的「滿鮮吟草」系列漢詩中，就曾以〈六志士碑〉〔註28〕為題進行創作；李海參則在遊覽松花江後撰寫〈哈爾濱松花江紀游〉〔註29〕，抒發自己的國愁與鄉愁。

　　從以上滿洲地區五個重要的都市發展介紹中可以發現，這些都市的發展時間皆不長，多是在中日甲午戰爭、日俄戰爭之後，才開始進行現代化建設，建構為現代都市。但是，相繼發生的大規模戰爭、強權大國間的經濟滲透與政治角力，以及日本或直接或間接殖民經營，在這些土地上留下了殖民都市的外觀和制度，也引入了跨國商業行為、現代生活和多重異文化色彩。透過「滿洲國」政府與日本商業媒體的宣傳，五個都市被營造出不同特點，這些特點透過滿洲都市案內、滿洲旅行案內等形式的印刷媒體，形成一種商業旅遊行程，或吸引個人旅遊者，並因此開啟日本帝國或其他殖民地居民的「滿洲想像」。在 1932 年至 1937 年間，《臺灣日日新報》也曾多次以正面報導宣傳五地的訊息，譬如：〈調查團一行　視察旅順戰跡〉〔註30〕、〈滿蒙新國家成立と　我國對滿貿易の前途　出入荷は大連中心に激增せん　我が海運界には好影響〉〔註31〕、〈高雄よりの　大連天津向け　芭蕉輸出高〉〔註32〕、〈奉天の貿易　大飛躍　二億圓突破か〉〔註33〕、〈臺北柑橘多售大連新京　每月萬餘圓〉〔註34〕、〈新滿洲國理想の新首都　特別市・新京の施

〔註27〕諸如：眞鍋五郎，《滿洲都市案內》（大連：亞細亞出版協會，1941 年 2 月），頁 95～110；東亞旅行社，《滿支旅行案內》（東京：博文館，1942 年 8 月），頁 41～42 等書，都有相關旅遊景點與行程之介紹。

〔註28〕魏潤庵，〈六志士碑〉，《風月報》第 57 期，1938 年 1 月 30 日，頁 25。

〔註29〕李海參，〈哈爾濱松花江紀游〉，《詩報》第 258 期，1941 年 10 月 20 日，頁 7。

〔註30〕〈調查團一行　視察旅順戰跡〉，《臺灣日日新報》1932 年 5 月 28 日，日刊，第 8 版。

〔註31〕〈滿蒙新國家成立と　我國對滿貿易の前途　出入荷は大連中心に激增せん　我が海運界には好影響〉，《臺灣日日新報》1932 年 2 月 21 日，日刊，第 5 版。

〔註32〕〈高雄よりの　大連天津向け　芭蕉輸出高〉，《臺灣日日新報》1932 年 7 月 29 日，日刊，第 5 版。

〔註33〕〈奉天の貿易　大飛躍　二億圓突破か〉，《臺灣日日新報》1933 年 9 月 14 日，夕刊，第 1 版。

〔註34〕〈臺北柑橘多售大連新京　每月萬餘圓〉，《臺灣日日新報》1933 年 3 月 2 日，夕刊，第 4 版。

設　特別市制の機構　三處九科制度に整備〉〔註 35〕等相關新聞記事，臺灣商紳和文人，就在這樣的背景下，成爲接受和生產這種「滿洲想像」的主體之一。

二、臺灣與滿洲的交通往來

滿洲國成立後，滿洲地區的交通形式，可分爲：第一，串連歐亞的「中東鐵路」與「南滿鐵路」；第二，溝通其他海上國家的各式海運航線；以及第三，1932 年成立的「滿洲航空株式會社」所營運之空路。與臺灣人最爲相關的交通方式，則有：透過內臺航線抵達日本，再搭乘日滿連絡船轉往大連；或由臺灣直達大連後，再轉鐵路前往滿洲各地爲主；或是先抵達中國（譬如上海或天津），再轉鐵路或海運前往；或是由內臺航線抵達日本，再搭乘日鮮連絡船轉往朝鮮，再由朝鮮轉鐵路進入滿洲地區……等等。在《臺灣日日新報》上也曾有〈滿洲國の表玄關　大連と臺灣の連繫成る　——大連汽船の臺灣航路へ進出で——〉〔註 36〕、〈商郵兩社協定して大連直航路を開設　神州丸と中華丸で月三回　青果物輸出が目的〉〔註 37〕等報導臺滿間交通往來的新聞記事。

根據昭和 13 年（1938）版之《滿洲年鑑》的記錄，直接連繫大連與臺灣間的海運航線主要有 3 條，分別是大連汽船株式會社所經營的臺灣線，大阪商船株式會社經營之高雄天津線，以及近海郵船株式會社之高雄仁川線。大連汽船之臺灣線途經營口、大連、基隆、高雄，大阪商船之高雄天津線行經高雄、基隆、福州、上海、青島、大連、天津，而近海郵船航行之高雄仁川線則停靠高雄、基隆、大連、仁川、釜山等港口，前兩者航行於日本、滿洲、臺灣之間，後者則行駛於臺灣、日本、朝鮮三地。間接連繫臺滿兩地的航線則有 20 多條，其中由日本轉往大連者約佔一半，除了內臺連絡最爲頻繁的神戶與門司外，大阪、橫濱、名古屋、廣島、鹿兒島、長崎等地，也都爲日本轉乘至大連的重要港口。〔註 38〕抵達大連後，則可轉乘連絡大連與哈爾濱間

〔註 35〕〈新滿洲國理想の新首都　特別市・新京の施設　特別市制の機構　三處九科制度に整備〉，《臺灣日日新報》1933 年 5 月 19 日，日刊，第 6 版。
〔註 36〕〈滿洲國の表玄關　大連と臺灣の連繫成る　——大連汽船の臺灣航路へ進出で——〉，《臺灣日日新報》1932 年 12 月 25 日，日刊，第 6 版。
〔註 37〕〈商郵兩社協定して大連直航路を開設　神州丸と中華丸で月三回　青果物輸出が目的〉，《臺灣日日新報》1933 年 1 月 17 日，日刊，第 5 版。
〔註 38〕滿洲日日新聞社，《滿洲年鑑》（大連：滿洲日日新聞社，1937 年 11 月 18

的滿鐵超特急「あじあ（亞細亞號）」前往滿洲各地。〔註39〕

　　臺灣作家中，擁有滿洲經驗者並不多。葉榮鐘曾在1933年前往朝鮮進行地方自治情況考察時，有順道前往滿洲的規劃，惜因同行者葉清耀途中腦溢血而取消。〔註40〕賴和也曾於1939年間因患者感染傷寒，未依法定傳染病規則，向有關當局申報，遭到重罰與停業半年處分時，遂利用空閒，與昔日同窗楊雪峰前往日本，借住友人陳虛谷住所〔註41〕，後轉滿洲，並到北京遊歷〔註42〕。在少數擁有滿洲經驗的臺灣作家中，描寫自身前往滿洲地區之經過最為詳細者，可以鍾理和為參考，其中〈奔逃〉〔註43〕一文，詳細述及他與其妻鍾平妹二人由臺灣赴滿洲之情況。〈奔逃〉為鍾理和自傳性質濃厚之短篇小說，主要描述「我」與平妹從家中逃出，於高雄乘船往日本，再轉往滿洲，及途中兩人遭遇病痛的艱辛過程。小說中曾如此描寫兩人由高雄出發的過程，以及船上見聞：

> 小汽艇已在碼頭生火待發，我們搭乘的馬尼拉丸停在數百公尺處的港心，須靠汽艇接運。……
>
> 汽艇駛近輪船，人們棄艇爬上扶梯，船雖舊，據說從前是航行歐洲的，裡面設備一律洋式，看來還整潔有序。單身旅客有單人床，夫婦有雙人床，寬敞而舒適，不像日式大床鋪，旅客不分男女全擠在一堆的狹窄和紊亂，我暗自為平妹慶幸。
>
> 在嘈雜聲中，船開出了港，高雄不見了；壽山也逐漸向後退，一點一點地遠了，中央山脈祇有不規則的起伏。三小時後，臺灣島變成一條暗綠色的線，橫擺在東南一角。這條線越變越薄，越薄越模糊，終於在視野中隱逝，祇剩下藍色的天空和藍色的海。

　　　　　日），頁325。

〔註39〕滿洲日日新聞社，《滿洲年鑑》（大連：滿洲日日新聞社，1937年11月18日），頁534。

〔註40〕參見：葉榮鐘（著）；林莊生、葉芸芸（主編），《葉榮鐘日記（上）》（臺中：晨星出版社，2002年3月），頁65、71～73。

〔註41〕參見：虛谷，〈東京喜晤懶雲雪峰〉二首，《賴和全集（三）雜卷》（臺北：前衛出版社，2000年6月），頁125。

〔註42〕林瑞明（編），〈賴和先生年表〉，《賴和全集（三）雜卷》（臺北：前衛出版社，2000年6月），頁272。

〔註43〕鍾理和（著）；鍾怡彥（主編），〈奔逃〉，《新版鍾理和全集　第2冊　短篇小說卷（下）》（岡山：高雄縣政府文化局，2009年3月），頁17～30。

翌日黎明，船在旅客睡夢中駛進基隆港停泊，下午二時再起錨航行。

船行三十哩，過彭佳嶼。此去不再有陸地，舉目所見，盡是海水：……

陸地在哪裡？

世界在哪裡？……

……被拋出廣大而荒涼的世間的孤獨感，使我們更堅強、更緊密地結合在一起。〔註44〕

然而，當他們抵達日本門司，平妹卻病倒了。兩人「被困在旅館樓下六疊的房間裡，有日暮窮途之感」〔註45〕，爲了避免在半路就花光預備未來生活的錢，平妹未等病癒，就強撐虛弱的身體與「我」繼續前往滿洲：

我們吃罷晚飯，便匆匆渡海到對岸的下關。雖然離開船尚有一段時間，但乘船的人已把棧橋自頭到尾排成二條長長的蛇陣了。平妹死命咬緊下唇，用無限的精神力讓自己站穩。……行列停止時，我放下大皮箱讓她坐在上面休息。移動時，把大小二隻皮箱掛進一隻手裡，空出一隻手來攙扶她。

……

自排隊至上船需數小時，這數小時給我的苦楚和焦躁是無比之大。當我們走進船艙時，覺得自己好像已度過了無數世紀。豈知船裡的情況並不好過多少。雖然我們買的是二等艙位，但旅客擁擠得祇容人們在日式床鋪上坐而待旦。……

船十點開，翌日拂曉抵達釜山。下了船，又登上火車，火車的情況更壞、更擠；空氣污濁。我擔心平妹是否能平安度過最後一段旅程。走吧，走吧！火車呀！

到達「新天地」的奉天，是在第三天的早晨。三天來不眠不食，加上熱病和旅途的勞頓，平妹極度虛弱，面色灰青，眼睛深陷，眼圈四周有一層灰色的淡影。

〔註44〕 鍾理和（著）；鍾怡彥（主編），〈奔逃〉，《新版鍾理和全集　第2冊　短篇小說卷（下）》（岡山：高雄縣政府文化局，2009 年 3 月），頁 24～26。

〔註45〕 鍾理和（著）；鍾怡彥（主編），〈奔逃〉，《新版鍾理和全集　第2冊　短篇小說卷（下）》（岡山：高雄縣政府文化局，2009 年 3 月），頁 27。

　　……

　　薄霧散開，平妹舉首望我。「馬車呢？」

　　「平妹，你怎麼啦？」

　　「我——」她有氣無力地說：「我覺得很累。」

　　我覺得有物自胸中砰然落地。但我已無暇顧及這些。

　　我抱她上了馬車，向馬車夫吩咐：北陵！北陵！〔註46〕

以上兩大段的引文，鍾理和巨細靡遺地將兩人揮別臺灣，乘船邁向滿洲新天地的過程記錄下來。他與平妹的「滿洲奔逃」，先利用內臺航線，由高雄出發，抵基隆，航至日本門司。再運用內鮮航線，由門司至下關乘船前往朝鮮釜山。到達釜山後，又轉乘鐵路，由朝鮮鐵道接安奉鐵道進入奉天，在奉天當地以馬車為工具，前往北陵。完整展現一條臺灣前往滿洲的路徑圖，其間周折顛簸，可見一斑。

三、《臺灣日日新報》中的滿洲形象

　　從本節第一部分，述及滿洲各重要都市發展的過程中可以發現，日本帝國對滿洲地區的關注起意甚早，不僅如此，對於將滿洲地區的相關訊息透過《臺灣日日新報》向殖民地臺灣輸出的情況也是著力頗深。

　　觀察《臺灣日日新報》中與滿洲相關之報導，自 1896 年起，即有〈滿洲戰後の慘狀〉〔註47〕、〈露國滿洲境上の兵力〉〔註48〕、〈露國と滿洲〉〔註49〕、〈滿洲問題の經過〉〔註50〕等討論滿洲地區相關議題的新聞，這些報導、電報主要強調滿洲與俄羅斯、朝鮮與其他國家間的互動，以及此地所擁有之豐碩物產及貿易空間。在在顯現日本對於滿洲地區的重視，其實著眼於此一地區所能帶來的商業、礦業等經濟價值。

　　1930 年代後，滿洲地區依政權統轄情況區分為關東州與滿洲國，直接或

〔註46〕鍾理和（著）；鍾怡彥（主編），〈奔逃〉，《新版鍾理和全集　第2冊　短篇小說卷（下）》（岡山：高雄縣政府文化局，2009年3月），頁29～30。

〔註47〕〈滿洲戰後の慘狀〉，《臺灣日日新報》1896年11月10日，日刊，第3版。

〔註48〕〈露國滿洲境上の兵力〉，《臺灣日日新報》1898年5月15日，日刊，第3版。

〔註49〕〈露國と滿洲（上）〉、〈露國と滿洲（下）〉，《臺灣日日新報》1900年8月21日～8月22日，日刊，第1版。

〔註50〕〈滿洲問題の經過〉，《臺灣日日新報》1901年3月24日，日刊，第2版。

間接受到日本帝國勢力的介入與影響，其相關資訊持續經由《臺灣日日新報》的報導傳遞給臺灣的閱報者。其中，隨著滿洲國之發展漸趨穩定，日本帝國企圖將滿洲地區營造爲新天地，帶動東亞人口、商業、金融等面向的快速流動，而牽引出之「滿洲風潮」更是鋪天蓋地地透過報章新聞一波波向讀者襲來。統整當時的新聞報導，基本上可以發現四種報導模式。

　　第一，以「滿洲事變」爲中心進行報導。如前所述，當臺灣於 1895 年歸入日本統治，隔年，《臺灣日日新報》即開始對臺灣報導滿洲地區相關消息，根據柳書琴〈滿洲內在化與島都書寫：林輝焜《命運難違》的滿洲匿影及其潛輿論〉的研究指出，《臺灣日日新報》對臺灣輸出與滿洲地區相關消息的高峰大約有四波，第一波在 20 世紀初期，主要關注俄國在東北地區的勢力擴張情況；第二波在 1904～1905 年日俄戰爭期間；第三波出現於 1928 年東北政治情勢與國際關係緊張時期；第四波在 1931～1933 年「滿洲國」成立階段。1937 年後由於蘆溝橋事變（中日事變、日支事變）爆發，滿洲相關報導逐漸被華北、華中、華南等地之軍政消息取代，至 1941 年珍珠港事變時，太平洋戰火已越趨猛烈，滿洲報導則更加簡要。

　　雖然《臺灣日日新報》對於滿洲報導熱度由 20 世紀初之層層爬升，至 1937 年後逐漸下滑，但是從其報導內容仍可以觀察出「臺灣的滿洲事變相關報導以配合日本內地官方立場，傳遞內地或滿洲的日本人報紙言論爲主，雖編排於國際消息版陳，實可謂日本帝國權力所轄之殖民地、扶植政權、國際聯盟委任治理地、佔領區等諸『外地』之外地新聞一環。」〔註 51〕，也就是說，臺灣閱報者透過《臺灣日日新報》所接收到的滿洲訊息，其實是在「將滿洲地區視爲日本帝國統轄下的一部分」做爲前提，對滿洲事變與滿洲地區進行更進一步的理解，此種理解滿洲地區的情況，可以在以下將討論之其餘三種滿洲報導模式中獲得更深入的對照。

　　第二，以旅遊爲名，介紹滿洲資源與滿洲發展。這種報導模式密集出現於 1929 年至 1930 年間，撰文者爲鶴長生、武內生、竹內生等人。其報導標題諸如〈復活の可能性に富む　北滿の甜菜糖業　滿洲の旅から〉〔註 52〕、

〔註 51〕 柳書琴，〈滿洲內在化與島都書寫：林輝焜《命運難違》的滿洲匿影及其潛輿論〉，「2011 年度聯合國際學術大會：20 世紀語中文學研究及其典範的轉換」。韓國：首爾，韓國中語中文學會主辦，2011 年 10 月。

〔註 52〕 鶴長生，〈復活の可能性に富む　北滿の甜菜糖業　滿洲の旅から（四）〉，《臺灣日日新報》1929 年 11 月 26 日，日刊，第 3 版。

〈滿洲の旅／林產〉〔註53〕、〈滿洲の旅／製粉工業〉〔註54〕等。從這些報導的特色在於，其標題以「滿洲旅行」為標榜，內容部分則多介紹滿洲各項農、工相關產業的發展情況，並強調它們的未來性。然而當我們細觀這些產業，並運用經濟學的角度進行分析，會發現它們都屬於經濟發展中的初級產業（Primary Industries）與次級產業（Secondary Industries），也就是說，它們都是大量運用自然資源進行生產或加工而獲取產品的產業，是經濟活動中最基礎的發展項目，不僅勞力密集，更需依附三級產業（Tertiary Industries）以上，諸如商業與工業等消費性、服務性產業的發展，才能帶動其消費價值與消費市場。這些產業特性一方面顯示了「滿洲」透過《臺灣日日新報》進入臺灣閱報者視野時，所被賦予的「新天地」特色，另一方面也透露了日本帝國在直接或間接經營滿洲時，給於此地的經濟位階。

除了強調滿洲本地的經濟發展外，《臺灣日日新報》也透過報導滿洲輸入臺灣生產之茶、糖或其他物產的情況，強化臺灣與滿洲間的關係。從〈憧れの臺灣物產　滿洲國は大歡迎　本格的進出を待つしと　奉天商購所、商務總會の意向〉〔註55〕一文中，我們已可發現，自「滿洲國」成立後，與臺灣在經濟、商業方面的連結逐漸增加，諸如〈臺灣茶販路を　滿洲國に開拓　存外有望の見込〉〔註56〕、〈臺灣特產芭蕉蜜柑　對滿洲擴張有望　將來或凌駕內地市場〉〔註57〕、〈滿洲國は臺灣糖の　輸出市場として最も有望　現在の消費量は百三十萬擔　將來三百萬擔の輸出は可能か〉〔註58〕、〈鳳梨販路　今後在滿洲〉〔註59〕等有如商業宣傳式的報導，都將滿洲形塑

〔註53〕武內生，〈滿洲の旅／林產〉，《臺灣日日新報》1930年10月2日，日刊，第6版。

〔註54〕竹內生，〈滿洲の旅／製粉工業〉，《臺灣日日新報》1930年10月9日，日刊，第8版。

〔註55〕〈憧れの臺灣物產　滿洲國は大歡迎　本格的進出を待つしと　奉天商購所、商務總會の意向〉，《臺灣日日新報》1932年6月17日，夕刊，第1版。

〔註56〕〈臺灣茶販路を　滿洲國に開拓　存外有望の見込〉，《臺灣日日新報》1932年6月19日，日刊，第5版。

〔註57〕〈臺灣特產芭蕉蜜柑　對滿洲擴張有望　將來或凌駕內地市場〉，《臺灣日日新報》1932年9月17日，日刊，第8版。

〔註58〕〈滿洲國は臺灣糖の　輸出市場として最も有望　現在の消費量は百三十萬擔　將來三百萬擔の輸出は可能か〉，《臺灣日日新報》1932年10月17日，日刊，第3版。

〔註59〕〈鳳梨販路　今後在滿洲〉，《臺灣日日新報》1932年11月13日，夕刊，第

成爲一個有高度消費臺灣物產能力的輸出地。與不斷強調「滿洲國」被各國承認的政治相關新聞不同，甚至產生強烈衝突感的是，在這些強調臺滿兩地經濟往來的報導中，「滿洲國」的「國際地位」與「他國感」幾無所見，反而是以「與臺灣一同覆蓋於日本帝國消費圈之下」的樣貌出現於經濟相關報導中。

與此雷同，顯現滿洲政治地位其實附屬於日本帝國之下的報導，還有滿洲視察團、滿洲對外航運、滿洲移民等新聞消息。在視察團方面，細觀《臺灣日日新報》中報導至滿洲視察者來源主要有三種，一是英美等外國視察團，二是日本帝國高等官員所組成之視察團，三是由臺灣民間組成之產業、教育等視察團。這些視察團前往滿洲的目的雖不盡相同，但值得注意的是他們在《臺灣日日新報》中被報導的角度，以英美等外國視察團爲例，其報導往往簡要點出視察團出發的時間與行程，最後提到他們參訪滿洲國後將轉往日本的消息，巧妙的將「視察滿洲」與「訪問日本」兩件事結合在一起，隱微地營造出這些外國視察團在觀察滿洲的各項發展後，若考慮進一步合作，則都必須前往日本洽談的情況。而在對外航運上，也不斷將滿洲－臺灣－日本三者勾連在一起，儼然將三者在交通上的關係牽繫在同一個平臺。滿洲移民方面，自 1932 年起，透過《臺灣日日新報》上諸如〈拓務省內に　臨時拓殖事務局設置　滿洲國への我移植民の　指導獎勵を圖る爲〉﹝註 60﹞、〈集團移民計畫の　調查を行ふ　青年團員が滿洲視察〉﹝註 61﹞等報導，可以發現日本帝國當局對於將日本人民移居滿洲正推動一連串計畫，至 1933 年更有天理教民集體移居滿洲﹝註 62﹞，形成天理移民村的情形﹝註 63﹞。此外，諸如推動移民情緒，如〈卒業生好去滿洲〉﹝註 64﹞，或是訴求滿洲旅行之方便，如〈一枚の切符で　臺・滿間を連絡　滿洲國旅行者には大福音　實施期は

　　　4 版。

﹝註 60﹞　〈拓務省內に　臨時拓殖事務局設置　滿洲國への我移植民の　指導獎勵を圖る爲〉，《臺灣日日新報》1932 年 4 月 8 日，日刊，第 2 版。

﹝註 61﹞　〈集團移民計畫の　調查を行ふ　青年團員が滿洲視察〉，《臺灣日日新報》1932 年 9 月 10 日，夕刊，第 2 版。

﹝註 62﹞　〈天理教徒が滿洲に移民〉，《臺灣日日新報》1933 年 4 月 22 日，日刊，第 7 版。

﹝註 63﹞　〈滿洲天理移民村　十日ホテルで映寫〉，《臺灣日日新報》1935 年 8 月 10 日，夕刊，第 2 版。

﹝註 64﹞　〈卒業生好去滿洲〉，《臺灣日日新報》1932 年 4 月 28 日，日刊，第 4 版。

八、九月頃〉〔註65〕、〈一枚の通し切符で　滿洲國內を旅行　汽車でも飛行機でも望み次第　三月一日から實施〉〔註66〕等新聞，其報導的角度都常將臺灣與滿洲，甚至朝鮮並列報導，並一再將滿洲所處的背景置入「日本帝國統領下的東亞」來進行討論，幽微地顯現了「滿洲」詭異的政治地位與政治局勢。

第二節　《風月報》、《南方》、《詩報》中的滿洲想像與意象

在前節的討論中，我們已然整理了《臺灣日日新報》中所傳遞之親官方的滿洲形象，本節將把關注視線轉往民間，討論以陳逢源爲例之臺灣文化人，如何記錄旅行途中所見聞的滿洲，並介紹陳清輝、李海參、陳寄生等人在旅滿之前書寫的餞別詩與贈別詩；以及魏清德、李海參、靜園生等在旅滿途中撰寫的旅行詩，觀察其中對於滿洲一地的描述，以理解其在行前的滿洲想像和旅行過程中經營的滿洲意象。

一、臺灣文化人眼中的滿洲形象：以陳逢源《新支那素描》爲例

相較於《臺灣日日新報》中所傳遞之充滿官方色彩，亦幽微顯現滿洲詭譎之國際地位的滿洲形象，臺灣文化人親身前往滿洲後所撰寫的紀錄又是如何描繪此地區呢？在此筆者將以陳逢源於 1938 年左右往中國地區後於《新支那素描》〔註67〕一書中書寫滿洲相關的〈滿鮮一瞥〉爲例，討論臺灣文化人觀察滿洲角度與視線聚焦之處。

陳逢源，字南都，1893 年生，臺灣臺南人。據謝國興《亦儒亦商亦風流——陳逢源（1893～1982）》〔註68〕一書之分析與介紹，陳逢源早年任職三

〔註65〕〈一枚の切符で　臺・滿間を連絡　滿洲國旅行者には大福音　實施期は八、九月頃〉，《臺灣日日新報》，1936 年 5 月 30 日，日刊，第 7 版。

〔註66〕〈一枚の通し切符で　滿洲國內を旅行　汽車でも飛行機でも望み次第　三月一日から實施〉，《臺灣日日新報》1937 年 2 月 13 日，夕刊，第 2 版。

〔註67〕陳逢源《新支那素描》一書出版於 1939 年，其中收錄之文章囊括陳氏 1934 年與 1938 年分別前往南中國與北中國時的所見所聞，回臺後撰寫的論述文章，以及近 60 首漢詩作品，內容豐富可觀。

〔註68〕謝國興，《亦儒亦商亦風流——陳逢源（1893～1982）》（臺北：允晨文化，2002 年 8 月）。

井洋行，從事進出口貿易，後加入林獻堂、陳炘組織之大東信託公司，戰爭期間則爲臺灣信託公司經理。此外，他曾與林獻堂、蔣渭水等人共同成立臺灣文化協會，並任協會理事，後又與黃朝琴等人創辦《臺灣民報》，與吳三連等人創辦《臺灣新民報》。足見其在經濟、政治、文化層面皆有涉足與經營。

　　細究陳逢源此次旅行的時間爲 1938 年 9 月 28 日至 11 月 16 日，約 50天，「滿洲」是他於蘆溝橋事變後前往北中國遊歷的一部分，這段旅行中，他還曾前往上海、南京、北京與朝鮮等地，留下許多對於這些地點的觀察、評論與漢詩作品，而記錄滿洲旅行所見所聞的部分，集結於《新支那素描》中〈滿鮮一瞥〉部分。

　　〈滿鮮一瞥〉的章節共有 9 個部分，其中關於滿洲的敘述占幅 7 篇。從標題上即可發現，陳逢源關心的對象囊括滿鐵、滿洲國的人口移動、農業、工礦業、商業及重要都市之對比與介紹。其筆下之滿洲，多著重於介紹滿洲與日本間的關聯，舉例而言，他曾〈偉大な滿鐵〉一文中，說明「滿鐵不僅爲日本最大的株式會社，同時也是綜合的國策會社」〔註 69〕，並以「帝國の生命線」〔註 70〕形容滿洲與滿鐵。此外，他亦曾於〈滿洲國の人口と農業移民〉中，述及滿洲國成立對於日本進行農業移民的重要，更將「滿洲大量移民計畫」的內容羅列出來，以說明日本如何利用移民計畫，逐步使日本人口在「五族協和」中達到最大量〔註 71〕。而在滿洲對外貿易的部分，則多描寫滿洲與臺灣間的經濟關係，強調兩地因氣候不同，故特產物相異，而能互通有無的情況〔註 72〕，足見其觀察之重點不僅觀照滿洲之於日本的種種重要性，也注意到臺灣與滿洲間的商業互動。而在漢詩方面，他曾以大連、新京、哈爾濱、奉天太宗陵等地爲名進行創作，內容除驚豔這些地方的建設發展，

〔註 69〕原文爲：「滿鐵は日本最大の株式會社だけでなく、最近までは日本帝國の大陸出張所どして鐵道、港灣、旅館、工業、礦業及び製油以外に、滿鐵附屬地の地方行政、醫院、學校、新聞等の經營まで手を伸ばしてゐる綜合的國策會社であつた。」，出自陳逢源，《新支那素描》（臺北：臺灣新民報社，1939年 4 月 29 日），頁 181。

〔註 70〕陳逢源，《新支那素描》，臺北：臺灣新民報社，1939 年 4 月 29 日，頁 183～184。

〔註 71〕陳逢源，《新支那素描》，臺北：臺灣新民報社，1939 年 4 月 29 日，頁 184～185。

〔註 72〕陳逢源，《新支那素描》，臺北：臺灣新民報社，1939 年 4 月 29 日，頁 190～194。

也對政權興廢、時空流轉表達舊時已逝，應把握現在的情懷。

在藍士博〈從「差序」到「對立」：戰時期臺灣旅人陳逢源的中國遊記〉〔註73〕一文曾如此論述陳逢源在《新支那素描》中所表現出之書寫位置，他認爲陳逢源觀看中國，包括滿洲，乃是以「文化差序」的角度進行思考，也就是說，當陳逢源以帝國殖民地知識份子的身份前往正陷入日華戰火中之中國與滿洲時，他是以「近代文明」之先進與否來判定一地之文化位階之高低，而當這種「文明與否」的價值觀介入殖民主（日本）、受殖者（臺灣），與正被侵略者（中國、滿洲）之間時，身爲受殖者觀察正被侵略者的角度，就不能再以「親近殖民主」或「同情正被侵略者」的對立與衝突之二元關係進行解釋，反而應著重在其中可能存在之曖昧與複雜的情結和情緒。

而據筆者分析這些文章與漢詩，則認爲除了文化差序外，陳逢源面對滿洲，如前所述，其實更著重的是其經濟發展，以及「滿洲國政權」與「帝國日本政權」間互動，並且偶將「滿洲國」與「殖民地臺灣」進行各式比較的情況。在這些商業往來、政權互動的描寫下，陳逢源所記錄之滿洲形象缺乏了「獨立」性質，其被操作、介入的情況則於日本移民一年年有計畫之移入滿洲〔註74〕；滿洲工礦業發展建立於日本扶持〔註75〕；滿鐵的事業發展足以關係滿洲 6 萬人以上，撫順 20 萬人以上的生計〔註76〕等面向中，一步步被渲染出來。

二、《風月報》、《南方》、《詩報》的滿洲想像：以陳清輝、李海參、陳寄生爲例

除了陳逢源外，若以《風月報》、《南方》、《詩報》中之餞別詩、贈別詩，或旅行詩等詩歌作品進行觀察，則會發現與滿洲相關者並不多，其中若要述及行前餞別或贈別者更少。因此本段將以 1937 年左右張劍山、張耀南、張瀛洲三人餞別辜家大裕茶行經理陳清輝，1941 年李海參〈赴新京於山東丸作〉

〔註73〕藍士博，〈從「差序」到「對立」：戰時期臺灣旅人陳逢源的中國遊記〉，《第一任東亞新任研究員學術交流大會論文集》（韓國：東國大學，2010 年），頁 5～16。

〔註74〕陳逢源，《新支那素描》（臺北：臺灣新民報社，1939 年 4 月 29 日），頁 184～187。

〔註75〕陳逢源，《新支那素描》（臺北：臺灣新民報社，1939 年 4 月 29 日），頁 187～188。

〔註76〕陳逢源，《新支那素描》（臺北：臺灣新民報社，1939 年 4 月 29 日），頁 202。

〔註 77〕，以及同年興亞吟社創始人陳寄生〔註 78〕前往滿洲前所撰寫之贈別詩，及其友人撰寫之餞別詩等詩作爲例，探討戰爭期間臺灣商紳與文人於滿洲旅行、經商之前，所產生之「滿洲想像」內涵。

　　細觀〈送陳清輝君之大連〉系列詩，可略分爲兩種，一是祝禱旅人旅途之安全，並讚揚旅人經商之天份，二是先描寫餞別筵席之場景，其次著重宣揚陳清輝此行前往滿洲經商、銷售茶葉的目的。第一種以張劍山之作爲代表，第二種則可以張耀南、張瀛洲之作品爲例：

> 商略高超范蠡如。秋帆風飽海天舒。
>
> 送君今日無他語。惟有平安祝起居。（張劍山）〔註 79〕

> 漫辭今夕醉離筵。明發秋槎入大連。
>
> 臺茗年來消路廣。憑君到處善宣傳。（張耀南）〔註 80〕

> 良夜離筵啓。餞君出故疆。十年慚蟪屈。萬里羨鷹揚。
>
> 億中才偏捷。居奇術更長。應能酬夙志。梱載賦歸鄉。
>
> （張瀛洲）〔註 81〕

在張劍山的作品中，作者先以中國春秋時期，以經商致富之范蠡比擬陳清輝，不僅點明陳清輝此趟滿洲行的目的，也藉此祝福他能經商順利。次句起轉以想像旅人出發時之晴空萬里，表達自身的祝福，最後更將祝禱之語直白寫出，祈願友人在遠方起居平安。

〔註 77〕 李海參，〈赴新京於山東丸作〉，《南方》第 136 期，1941 年 8 月 15 日，頁 32。

〔註 78〕 陳寄生（1896～1942），東港人，通漢詩文，擅長經營農場，日治後期南臺灣著名的香蕉生產大戶，曾任冬庄協議會會員、地方保正、高雄州青果同業組合評議員、臺灣青果會社代議員、信用組合理事等職位。其父陳道南（1866～1914）爲清朝秀才，其弟陳敏生（1899～1963）於日治時期於林邊設有「敏生醫院」，陳寄生爲人性情豪爽有俠氣，平日喜歡臧否時事，而遭受日警嫉忌，編入危險份子之列。東港事件爆發後，他被逮捕入獄，目睹悲慘現狀竟憤恚而死。其友人許成章曾寫下〈哭靜園詞兄〉、〈荊杞歌〉兩首七古長詩悼念摯友英年殞命。參見：許成章《正名室詩存》，收入財團法人文學臺灣基金會策劃編輯，《許成章作品集2》（高雄：春暉出版社，2000 年），頁 1～2；顏菊瑩，〈蕭永東研究——以《三六九小報》爲探討文本〉，國立成功大學臺灣文學研究所碩士論文，2010 年，頁 36～37。

〔註 79〕 張劍山，〈送陳清輝君之大連〉，《風月報》第 47 期，1937 年 9 月 2 日，頁 17。

〔註 80〕 張耀南，〈送陳清輝君之大連〉，《風月報》第 47 期，1937 年 9 月 2 日，頁 17。

〔註 81〕 張瀛洲，〈送陳清輝君之大連〉，《風月報》第 47 期，1937 年 9 月 2 日，頁 17。

　　透過張劍山作品理解陳清輝此行之目的後，我們則可以以張耀南與張瀛洲之作觀察他們面對滿洲的想像。在張耀南的詩作中，首句略寫餞別宴的情景，次句進入重點，以「明發秋槎入大連」說明於餞別宴隔天，即是陳清輝遠行的日子，同時點明出發的季節爲秋天，交通方式爲船隻，航行終點爲大連，對照第一節曾述及之臺灣與滿洲的交通往來，可以得知陳清輝此行極有可能是搭乘由臺灣直達大連的船隻，此種船隻的票價通常較需轉運者爲高，將此訊息與陳清輝身爲辜家大裕茶行經理之身分予以比對，是可以相應的。此外，下句「臺茗年來消路廣。憑君到處善宣傳。」也再度說明陳清輝至滿洲，是爲了經營茶葉相關生意。相較於張耀南作品的平直，張瀛洲之作運用較多譬喻的手法，包括以「十年慚蠖屈」中的「蠖屈」表達自己的屈志不伸，以「萬里羨鷹揚」中之「鷹揚」顯現詩人對友人前往他鄉能如鷹高飛的想望等。然全詩之詩眼在於「應能酬夙志」一句，在詩人反覆書寫友人前往滿洲是如何獨具商業慧眼，其心志極爲令人稱羨之後，以此句總結。從「應能」與「夙志」二詞的使用裡，我們看見詩人與陳清輝深刻的情誼，若兩人無深切的相交與相知，又如何能理解此行對於陳清輝的意義？此外，若無對滿洲與臺灣兩地茶業往來密切之想像，也難以描繪進軍此地開拓茶葉經營版圖後，所可能帶來的豐饒收穫。

　　綜觀三人的詩作雖然體式不同，但欲傳達的意念則頗爲一致，皆是在表達離別之情外，強化對於旅人能前往滿洲經商之雄才大略的欣羨之情，面對「滿洲」與臺灣間的經貿往來也充滿期待和美好的想像。

　　而在陳清輝以推廣臺灣茶葉前進滿洲的例子之外，尚有臺南詩人李海參於 1940～1941 年左右前往滿洲新京，搭乘山東丸時的感觸之作：

> 梧桐下葉滿嵌城，快上新京萬里程。
> 風細銀檣閑鷺集，渡微滄海曉霞明。
> 溟茫水色浮金色，衝蕩船聲雜浪聲。
> 漫說蓬萊難得渡，遙遙我亦向新京。〔註82〕

李海參爲臺南人，亦曾以「臥霞」、「明中」爲名發表作品，爲臺南明仁吟社社員之一。由於目前對於李海參的相關研究尚少，因此關於此趟旅行的動機與行跡旅程，筆者僅多能以其與此行的系列詩作進行推測，並在後文論述其人在滿洲各都市旅行過中所呈現之滿洲意象時加以分析。

〔註82〕李海參，〈赴新京於山東丸作〉，《南方》第 136 期，1941 年 8 月 15 日，頁 32。

　　細觀此詩，從「梧桐下葉滿嵌城」一句，已可得知詩人離臺赴滿的時間約爲夏末秋初之際，在船上的時光，舉目所及均是「風細銀檣閒鷺集，渡微滄海曉霞明」與「溟茫水色浮金色」，耳中所聞則爲「衝蕩船聲雜浪聲」，文字中充滿了出遊的開朗與閒適。末段寫到「漫說蓬萊難得渡。遙遙我亦向新京」，則透過舊時傳說蓬萊仙島的難以登臨，比擬臺灣前往滿洲之不易。

　　在陳清輝前往滿洲經商，以及李海參懷抱期待心情前往滿洲之外，還有靜園生（亦稱靜園），也就是陳寄生，與曹恆捷、黃建懷二人一同至滿洲旅行前，其人與眾友人間臨別唱和、壯行擊缽之作也頗有特色。考究陳寄生等人此趟行旅滿洲，與陳清輝專抵滿洲、李海參遊歷滿鮮不同。陳寄生等人前往滿洲，乃是其中國遊歷旅途的一部分，故相關餞別詩與贈別詩所書寫之地點各有所指，刊登情況也散見於《南方》與《詩報》，故在本段中，筆者將先不論這系列作品中意指之地，而著重於書寫意圖，盡力將與滿洲較有關連者列舉出來，並分析討論，以利顯現滿洲在整體餞別創作中佔有之份量。

　　靜園生前往中國旅行的消息，最早刊登於 1941 年 7 月 4 日《詩報》的「翰墨因緣」欄位上，除了說明做爲興亞吟社副社長之陳寄生與幹事曹恆捷、黃建懷三人將遊中國（報導中以「大陸」稱之）外，並報導諸社員已於 6 月 22 日在事務所舉行壯行擊缽吟會，以「遠行」爲題做七言絕句漢詩多首，至夕陽西下之時才散會。〔註83〕而由陳寄生本人所創作之〈將之大陸留別諸吟友〉兩首，則分別以靜園與陳寄生之名，刊載於 1941 年 8 月 15 日的《南方》與 1941 年 7 月 22 日之《詩報》：

> 甚欲吟旌計遠程。長亭話別酒頻傾。
>
> 才非班馬難投筆。學異機雲敢抗衡。
>
> 爲愛風煙行直北。飽餐雪月入燕京。
>
> 誰云汽笛消魂處。第一關心是此聲。（靜園）〔註84〕
>
> 自笑嶙峋快此行。敢同鵬翮奮翱翔。
>
> 欲將駑馬馳沙漠。送看紅羊踏海桑。
>
> 謝世應懷高季廸。覓船空繫米襄陽。
>
> 奚奴作伴終何用。難把珠璣貯錦囊。（靜園）〔註85〕

〔註83〕〈翰墨因緣〉，《詩報》第 251 期，1941 年 7 月 4 日，頁 1。
〔註84〕靜園，〈將之大陸留別諸吟友〉，《南方》第 136 期，1941 年 8 月 15 日，頁 35。
〔註85〕靜園，〈將之大陸留別諸吟友〉，《南方》第 136 期，1941 年 8 月 15 日，頁 35。

甚欲吟旌計遠程。長亭話別酒頻傾。

才非班馬難投筆。學異機雲孰抗衡。

好玩煙霞行直北。飽餐風月入燕京。

誰云汽笛消魂處。第一關心是此聲。（陳寄生）〔註86〕

自笑嶙岣快此行。敢同鵬翮奮翱翔。

欲將駑馬馳沙漠。逆看紅羊踏海桑。

涉世應懷高季迪。放船空繫米襄陽。

奚奴伴我終何用。只把詩歌貯錦囊。（陳寄生）〔註87〕

觀察兩批詩作發表，韻腳相同，但文字使用略有不同，從詩題與內容來看，所敘述皆爲表述陳寄生前往滿洲前留別眾友之作。

在「甚欲吟旌計遠程」一首中，作者先以「甚欲吟旌計遠程。長亭話別酒頻傾。」二句鋪陳餞別會的場景。其次運用「班馬」，也就是中國漢代投筆從戎，後封定遠侯的班超，與曾言「窮當益堅、老當益壯」的伏波將軍馬援；以及「機雲」，即晉代以文名著世的陸機、陸雲爲典，說明自己既無爲國征戰、爲國奮勉的能力，也無才學能與其他文人抗衡，之所以有前往中國的意圖，僅是「爲愛風煙」，也是「好玩煙霞」，從漢詩傳統中運用「風煙」、「煙霞」的觀點進行分析，可以看出他此行的目的極有可能是爲了追求風月娛樂與聲色享受。末句「誰云汽笛消魂處。第一關心是此聲。」則以其他遊子聽來消魂傷感的輪船啓航汽笛爲襯，說出作者殷殷盼望的態度，顯現了詩人面對遠行的積極表述。

而「自笑嶙岣快此行」一詩中，詩人先以「自笑嶙岣快此行。敢同鵬翮奮翱翔。」二句自嘲自己前往中國過於期盼的心情，映襯出同行友人之遠行正如鵬鳥振飛。第三句起，「欲將駑馬馳沙漠。逆看紅羊踏海桑。」，表面上寫旅人想像自己遊歷過程中的興味與瀟灑，實際上是以「紅羊」代指戰亂，以「海桑」指稱時局變化之劇烈，說明自己想藉馳馬遠奔，不欲捲涉時局動盪。因此方有下一段「謝世應懷高季迪。覓船空繫米襄陽」（發表於《詩報》的作品的同題作品寫爲「涉世應懷高季迪。放船空繫米襄陽。」）之句。在這兩句中，詩人舉出了明代詩人高季迪，與宋代書畫家米襄陽爲例，說明自己的自我期許。在進一步賞析詩作前，必須先了解此段中所言之「高季迪」與

〔註86〕陳寄生，〈將之大陸留別諸吟友〉，《詩報》第252期，1941年7月22日，頁3。

〔註87〕陳寄生，〈將之大陸留別諸吟友〉，《詩報》第252期，1941年7月22日，頁3。

「米襄陽」的事蹟。高季迪，即明初十才子之一的高啓，曾於元末時避居吳淞青丘，明朝洪武元年（1368 年），應召入朝纂修《元史》，後婉拒戶部右侍郎之位，返鄉以教書爲生。1373 年，因蘇州知府魏觀案〔註88〕遭牽連而腰斬，後被視爲明初文人不願依附朝廷而招來殺身之禍的具體實例。米襄陽，即宋代書畫家米芾，由於原籍襄陽，故稱米襄陽。曾任廣東浛光縣尉、秘書省校書郎、內府書畫學博士、禮部員外郎和淮陽權知軍州事等職，他曾希望在官場、社會上有所貢獻與付出，但卻是屢遭外放、白簡逐出，最後回到書畫之中，以遣寂寥，終以書畫著世。

從上兩個例子可以發現，兩人都是爲了堅持理想而導致仕途困苦之人，因此詩人用此二人爲典，隱然也以此自比，與上句「欲將駑馬馳沙漠。逆看紅羊踏海桑。」中傳達之不願捲入時局之義串聯，說明自己的心志當如高啓、米芾，既然不能認同當局者，也不願屈就依附，那就遠離這一切，專心於文學藝術之創作，「只把詩歌貯錦囊」。由此可見作者對於此行其實在遊賞風月的行徑下，懷抱著「遠離混亂現實」的心情。

而其他人的餞別詩又是如何應對陳寄生此般心境呢？經筆者觀察，約可分成 2 種，一爲順應詩人遠離現實，轉赴他地之感，二爲積極鼓勵詩人應力求振作，在大陸旅行中尋覓新契機。

（一）順應詩人遠離現實，轉赴他地舒緩心情

在這一類的詩中，創作者多先順應書寫旅人告別臺灣親友而產生的離別之情，而後說明旅人才學廣博，應懷抱雄心壯志；最後和緩勸說此行仍大有可爲，勿愁眉不展。以下將列舉張篁川、陳志淵之作品予以分析討論：

〔註88〕魏觀，字杞山，蒲圻人。元季隱居蒲山。太祖下武昌，聘授國子助教，再遷浙江按察司僉事。吳元年，遷兩淮都轉運使。入爲起居註。奉命偕吳琳以幣帛求遺賢於四方。洪武元年，建大本堂，命侍太子說書及授諸王經。未幾，又命偕文原吉、詹同、吳輔、趙壽等分行天下，訪求遺才，所舉多擢用。三年，轉太常卿，考訂諸祀典。稱旨，改侍讀學士，尋遷祭酒。明年坐考祀孔子禮不以時奏，謫知龍南縣，旋召爲禮部主事。五年，廷臣薦觀才，出知蘇州府。前守陳寧苛刻，人呼「陳烙鐵」。觀盡改寧所爲，以明教化、正風俗爲治。建黌舍。聘周南老、王行、徐用誠，與教授貢穎之定儀式；王彝、高啓、張羽訂經史；耆民周壽誼、楊茂、林文友行鄉飲酒禮。政化大行，課績爲天下最。明年擢四川行省參知政事。未行，以部民乞留，命還任。1373～1374 年間，魏觀擔任蘇州知府，覺得早期被張士誠遷至都水行司之官府狹窄，不便辦公，於是還治舊基。又浚錦帆涇，興水利。遭蔡本譖觀興既滅之基。帝使御史張度廉其事，遂被誅。參見：《明史》卷 140。

縱轡中原不計程，長亭無分酒杯傾。

過江人物陳同甫，濟世文章薛道衡。

歐亞重開新戰局，煙雲已復舊燕京。

都門此去秋將近，好聽蕭蕭易水聲。

未容投筆事戎行，健翮多君萬里翔，

奇氣直堪吞泰華，新詩無碍寫滄桑。

長風破浪追宗愨，落日揮戈待魯陽，

珍重壓裝驚海若，歸來錦字滿奚囊。（張篁川）〔註89〕

知心人欲試鵬程，詩共推敲酒共傾。

放浪三蘇堪比擬，懷才二陸可爭衡。

鞭揚北土兼東土，筆載新京與舊京。

吩咐前途休客氣，銅琶鐵板響聲聲。

直難計較作隨行，指點双清送去翔。

逐鹿無嫌留大陸，觀櫻不厭滯扶桑。

探幽可涉三韓水，乘興休辭一漢陽。

有好河山深寄語，珠璣次第塞奚囊。（陳志淵）〔註90〕

觀察張篁川與陳志淵的詩作，在刊出時可能因爲版面與印刷關係，壓縮爲七言律詩的樣子，但從韻腳進行分析，並將這批作品與前述陳寄生刊登於《詩報》與《南方》的〈將之大陸留別諸吟友〉一詩交互對照，可以發現他們書寫的作品應該分別爲兩首七言律詩，是唱和陳寄生的創作。

在張篁川的作品中，詩人以「過江人物陳同甫，濟世文章薛道衡。」二句，書寫南宋懷抱經世濟民，反對偏安定命之志的陳同甫，與隋代才華橫溢，頗具政治遠見的薛道衡爲例比擬陳寄生的才學與志向，同時也亦隱然以兩人耿直不屈的性格終致淒涼悲切的下場勸慰他面對「歐亞重開新戰局，煙雲已復舊燕京。」的時局。詩作的後半段則再度以「奇氣直堪吞泰華，新詩無碍寫滄桑。」說明旅人氣節高如華山，滄桑心情更可供漢詩創作，以此鼓勵陳寄生，並用南朝宗愨有願乘長風，破萬里浪的志向，和《淮南子‧覽冥

〔註89〕張篁川，〈送寄生詞兄漫遊燕京即次留別原韻〉，《詩報》第 252 期，1941 年 7 月 22 日，頁 3～4。

〔註90〕陳志淵，〈和靜園宗兄游大陸留別瑤韻〉，《詩報》第 252 期，1941 年 7 月 22 日，頁 5。

訓》中魯陽公與韓構大戰至黃昏，危急之際竟能揮戈使太陽倒退，恢復光
明，終戰勝敵人的典故，鼓勵旅人應在危困中力求振作、奮勇向前。「珍重壓
裝驚海若」一句更是不僅期待友人出遊能「壓裝」，也就是整理好行囊，更是
希望他能充實自己，以求「驚海若」〔註 91〕，即是以求見識日廣後，有爲人
所知的一天。

在陳志淵的詩作裡，詩人以「放浪三蘇堪比擬，懷才二陸可爭衡。」中
之三蘇與二陸，即宋代與晉代各具風骨之文學家，蘇洵、蘇軾、蘇轍與陸機、
陸雲，推崇陳寄生的性情與才華。「鞭揚北土兼東土，筆載新京與舊京。」則
在推崇旅人之外，點出他此行的兩大目的地：新京與北京，並認爲就算前途
紛紜擾攘，旅人如「銅琶鐵板」〔註 92〕般，具豪邁激昂風格的文章也應該要
續寫不輟。後以「直難計較作隨行，指點双清送去翔。」二句告訴旅人，雖
然自己無法同行，但仍希望他能在「双清」，即思想與行爲都不染俗塵的情況
下，勇敢離開，只要懷著「逐鹿無嫌留大陸，觀櫻不厭滯扶桑。探幽可涉三
韓水，乘興休辭一漢陽」的開闊心胸，終能得嘗所願，實踐理想。

除了張篁川與陳志淵的鼓勵外，逸民、建懷、靜峰等人也在興亞吟社爲
陳寄生三人舉辦餞別吟會時之「遠遊」系列作品中表達自身對旅人遠行的理
解與期許：

> 從行志大歌鴻鵠（筆者註：應爲「鵠」），欲別情鍾賦鷺鷗。
>
> 擊水三千鵬舉翮，逍遙不遜一莊周。（逸民）〔註 93〕
>
> 忍別騷壇餞鷺鷗，繫囊遙赴志悠悠。

〔註 91〕 海若，出自《莊子・秋水》：「秋水時至，百川灌河。涇流之大，兩涘渚崖之
　　　　間，不辯牛馬。於是焉河伯欣然自喜，以天下之美爲盡在己。順流而東行，
　　　　至於北海，東面而視，不見水端。於是焉河伯始旋其面目，望洋向若而嘆曰：
　　　　「野語有之曰：『聞道百，以爲莫己若者。』我之謂也。且夫我嘗聞少仲尼之
　　　　聞，而輕伯夷之義者，始吾弗信。今我睹子之難窮也，吾非至於子之門則殆
　　　　矣，吾長見笑於大方之家。」北海若曰：「井蛙不可以語於海者，拘於虛也；
　　　　夏蟲不可以語於冰者，篤於時也；曲士不可以語於道者，束於教也。今爾出
　　　　於崖涘，觀於大海，乃知爾醜，爾將可與語大理矣。……」，海若，爲北海海
　　　　神之名。
〔註 92〕 典出：宋・俞文豹《吹劍續錄》：「柳郎中詞，只好十七八女孩兒執紅牙拍板，
　　　　唱『楊柳岸曉風殘月』；學士詞，須關西大漢，銅琵琶，鐵錚板，唱『大江東
　　　　去』。」此處所言「柳郎中」指的是柳永；「學士」指的是蘇軾。
〔註 93〕 逸民，〈遠遊〉，《南方》第 136 期，1941 年 8 月 15 日，頁 36；《詩報》第 252
　　　　期，1941 年 7 月 22 日，頁 14。

鵬飛萬里前途闊，跨海揚帆望滿洲。（逸民）〔註94〕

好將琴劍隨千里，未弭烽煙徧五洲。

抱有雄心探禹穴，憑君眼力說來由。（建懷）〔註95〕

冒雨衝風入滿洲，平安日日寄書郵。

奚囊不盡新詩料。稍倚湖西話莫愁。（靜峰）〔註96〕

逸民「從行志大歌鴻鵠」、「忍別騷壇餞鷺鷗」與建懷「好將琴劍隨千里」三首詩，皆是以理解旅人之遠大胸懷爲書寫重心，說明旅人面對硝煙四起的年代，選擇離開臺灣，告別詩社諸友，是爲了繼續奮鬥自己的前途，因此詩人不僅欽佩其雄心壯志，更誠摯祝福他在遠方逍遙自得，得酬夙志。

　　靜峰「冒雨衝風入滿洲」一首，則是運用「冒雨衝風」此種既寫景，也寫情的方式，一面帶出詩人想像旅人前往滿洲時可能遇到的氣候，另一面也寫出時局紛亂，如同風雨飄搖的情狀，以寄望友人「平安日日寄書郵」，來描寫自己對於他前往滿洲的不安和擔憂。然下句「奚囊不盡新詩料。稍倚湖西話莫愁。」則又將這些擔憂轉爲信任，相信友人在遠方能舒心並多加創作，看著美好風景而不再憂愁。與逸民、建懷之作相比，靜峰之作中所透露出朋友之間的溫馨關懷之情較濃，而逸民、建懷之作則較強調對旅人志向的理解，並希望他在借遠行以寬懷的同時，也不要忘記自己的初心。

（二）鼓勵詩人力圖振作，於旅行中尋覓新契機

　　相較於第一類的詩作，此類型中的作品所顯現的積極度更高，創作者引入「興亞」、「共榮圈」、「東亞方建設」、「錐脫囊中」等概念，具體說明時局提供給旅人可以努力的方向，認爲旅人在此概念下前進大陸，必能獲得更多機會，一展長才。以下以陳文石、古意堂主人、高雲鶴、吳初步、薛玉田、張蒲園等人之詩作進行討論：

萬卷書行萬里程，追陪無自只心傾。

鯤鵬變化談莊叟，鸚鵡才華賦禰衡。

〔註94〕逸民，〈遠遊〉，《南方》第136期，1941年8月15日，頁36；《詩報》第252期，1941年7月22日，頁14。

〔註95〕建懷，〈遠遊〉，《南方》第136期，1941年8月15日，頁36；《詩報》第252期，1941年7月22日，頁14。

〔註96〕靜峰，〈遠遊〉，《南方》第136期，1941年8月15日，頁36；《詩報》第252期，1941年7月22日，頁14。

玉帛干戈修此日，樓臺第宅煥新京。
共榮圈裡籌堪運，願向當塗發大聲。

高飛鴻鵠喜成行，得借扶搖快遠翔。
漫向中流歌擊楫，有懷故里敬維桑。

移蕉好拓當銷地，雪藕先驅可畏陽。
文字江山深借助，珠璣餉我啓詩囊。（陳文石）〔註 97〕

送君去又數歸程，心事方期促膝傾。
欲令迷途人早返，豈辭友道策平衡。

山川連繁親三國，風日晴和過兩京。
我亦有情行未得，車舟鳴笛惱人聲。

瀟洒長天鶴一行，飛遊日滿盼迴翔。
共榮圈裡論兄弟，逆旅書中慰梓桑。

眼界特開寬大陸，葵心偏自向朝陽。
同文願使干戈息，興亞詩篇滿錦囊。（古意堂主人）〔註 98〕

萬里人行萬里程，先生壯志早心傾。
豪懷肯用金錢買，才調無煩玉尺衡。

既許攜琴遊北里，何妨帶劍入南京。
莫愁大地烽烟急，興亞雍和已發聲。

也同雁陣列成行，地闊天空任遠翔。
建設只應觀市井，清遊莫漫感滄桑。

秦江筝冷聽新月，漢水檣高掛夕陽。
風景憑君多記取，好收錦綉入吟囊。（高雲鶴）〔註 99〕

壯志輸君萬里程，燕雲回首總心傾。
儘將佳句收經笥，好把人才付玉衡。

〔註 97〕陳文石，〈靜園兄將遊大陸即次留別原韻〉，《詩報》第 253 期，1941 年 8 月 2 日，頁 2。

〔註 98〕古意堂主人，〈和寄生詞兄遊大陸原韻〉，《詩報》第 259 期，1941 年 11 月 1 日，頁 6。

〔註 99〕高雲鶴，〈步寄生兄遊大陸原韻〉，《詩報》第 254 期，1941 年 8 月 21 日，頁 6。

千載黃金空市骨，一時焦土又名京。

黍離莫寓興亡嘆，記取天壇聽鳥聲。

濤翻巨艦無憂後，天闊飛機儘可翔。

適志何妨樂山水，逢人不必問農桑。

應知禹貢徵交趾，至竟虞亡為下陽。

唇齒形成新發足，佇看穎脫處錐囊。（吳步初）〔註100〕

雄飛萬重羨鵬程，三疊陽關別思傾。

花月秦淮堪領畧，風雲薊北任權衡。

青山如畫迎仙客，彩筆題詩遍帝京。

預料奚囊收錦繡，歸來我欲聽吟聲。

同舟李郭喜成行，破浪欣看彩鷁翔。

去國漫從縈蝶夢，歸家有待事蠶桑。

烏衣巷口多斜日，鴨綠江頭覯豔陽。

踏遍中原才思振，君真脫穎處錐囊。（薛玉田）〔註101〕

鵬摶莫嘆許多程，小別烹茶當酒傾。

一劍尚堪追定遠，千言應許疏匡衡。

難同攜手遊三晉，任抱豪懷覽二京。

東亞即今方建設，民情風俗總新聲。

一去幽州狹雁行，待邀鷗鷺共飛翔。

西天不渡慈航筏，南海休栽老佛桑。

別緒多情繫楊柳，臨岐有夢繞漁陽，

此遊眼莫傷時淚，旅次吟詩盛錦囊。（張蒲園）〔註102〕

綜觀這些作品，與前述張篁川、陳志淵之詩作一樣，同樣因為版面與印刷之故，有將兩首七言律詩合併成一首七言排律形式刊出的現象。但是，若我們能從韻腳使用的情況進行分析，則會發現這批詩人的作品，應從一首七言排

〔註100〕吳步初，〈送寄生詞友之大陸即次留別原韻〉，《詩報》第 254 期，1941 年 8 月 21 日，頁 6。

〔註101〕薛玉田，〈送寄生詞友之大陸即次留別原韻〉，《詩報》第 254 期，1941 年 8 月 21 日，頁 6。

〔註102〕張蒲園，〈和靜園詞兄留別韻〉，《詩報》第 254 期，1941 年 8 月 21 日，頁 10。

律區分爲兩首七言律詩，同樣爲唱和陳寄生的創作。

觀察這批詩作，除了第一首的首聯兩句皆是簡述對旅人之難捨離情外，自第二聯起，分別於陳文石與張蒲園之作品中，以《莊子·逍遙遊》中所言之具有變化能力的大魚（鯤）與大鳥（鵬）〔註103〕、以及書寫詞章華美之〈鸚鵡賦〉的禰衡、曾任投筆從戎，後官拜定遠侯的班超、以及讀書不倦，學問淵博的匡衡等例子，比喻陳寄生志向遠大，文武雙全，才華洋溢。此後，又以比擬戰爭蜂起、國家危難之際的「玉帛干戈」、「大地烽烟急」、「風雲薊北」、「黍離」等詞指稱當時的時空背景。而吳初步所言「千載黃金空市骨，一時焦土又名京」一句，則以千里馬雖成白骨，但仍會爲人收購；以及大都市雖經戰火摧殘，之後還會再度繁榮等，述說只要凡事只要本質美好，就算經歷困厄，最後終會柳暗花明的例子，積極勸告陳寄生不應爲時運不濟就自怨自艾，而該相信自己終能受人青睞；而高雲鶴作品之「既許攜琴遊北里，何妨帶劍入南京」、「建設只應觀市井，清遊莫漫感滄桑」四句詩，以及吳初步之「佇看穎脫處錐囊」、薛玉田之「君眞脫穎處錐囊」，亦在鼓勵旅人多方嘗試，莫爲過去失意所困，則必有囊錐露穎的一天。

然而，在囊錐露穎的背後，值得我們注意的是這些詩中所帶出的東亞背景，從陳文石的「共榮圈裡籌堪運」、古意堂主人所言之「共榮圈裡論兄弟」、「同文願使干戈息，興亞詩篇滿錦囊」，至高雲鶴的「莫愁大地烽烟急，興亞雍和已發聲」，和張蒲園「東亞即今方建設，民情風俗總新聲」等句，都說明了陳寄生前往中國旅行的1941年，此時的中國、臺灣與日本間，是籠罩於「大東亞共榮圈」的概念之下而產生各種連動關係的，承續此概念，我們能理解的是此時之滿洲、北京與南京皆以受到日本帝國或直接或間接的政治、軍事介入，期間需要大量「和漢兼通」的中間人，或於其扶植政權中爲官，或居中任通譯，然而，由於陳寄生等人之生平目前研究尚少，對於他們此次前往中國的動機與目的也還需要更多文獻或史料交互驗證，但就本段所討論之餞別與贈別詩觀之，極有可能是陳寄生原懷抱某種政治或社會理想，但在臺灣不得伸展，在落寞之下前往中國，而眾友人在惋惜陳寄生之才華，並有感於當時「前進大陸」之氛圍下，認爲若能於此行另求出路，或許有一展抱負的

〔註103〕出自：《莊子·逍遙遊》：「北冥有魚，其名爲鯤；鯤之大，不知其幾千里也！化而爲鳥，其名爲鵬；鵬之背，不知其幾千里也！怒而飛，其翼若垂天之雲。」

機會，故在詩中多加撫慰與勸進。

　　然而，就本段落欲討論之「滿洲想像」來說，陳寄生相關之餞別與贈別詩中對於想像滿洲的表現相當模糊，多著重於前往「大陸」動機，並以大量用典隱含此行具有：「逃避現實混亂局勢」，或是「理想不得抒發只能遠行」的意涵。雖也有多名詩人以「魯陽揮戈」、「興亞」、「共榮圈」、「東亞方建設」等語鼓勵陳寄生在危困中力圖振作，但可見的是，對「滿洲」本身的書寫狀況極少。

　　綜觀本節在各行前之餞別詩、贈別詩的分析整理中，我們可以發現，這些詩作對於「滿洲」一地的書寫與印象其實非常不明顯，除了部分詩作會將旅行者的旅行目的加以說明，或以大量典故予以描寫外，其餘對於滿洲的想像，多夾雜在詩人對旅行者個人的旅行動機之發想，和離別情誼的表述之中，而無清楚的書寫。更輔以旅人，諸如陳寄生者，前往滿洲並非定點旅行，是故餞別詩與贈別詩中對於旅行地點的書寫情況就更加混雜、凌亂、破碎，難以分析。以這些詩作對照《臺灣日日新報》中頗具系統宣傳之滿洲形象，僅在「想像滿洲可為臺灣商業拓展之地，強化臺滿兩地聯繫」的部分有些許延續，其餘則或純粹想像遠行之愉悅，或以「大陸烽火連天，旅者應投入興亞運動」等議題進行抒發，顯現這些餞別者對於「滿洲」、「大陸」之間的分野與認知似乎並不是那麼壁壘分明，在一定程度上顯示了「滿洲」時常做為這些旅人「大陸旅行」轉運點的特色。

　　但就整體遠行的目的性與動機來說，仍可看出此時期旅人們離臺前往滿洲、大陸所懷抱的想像，主要有「想像能於外地另得發展」，或「想像藉遠行逃避現實混亂情境」兩大類。這些想像和第二章論述臺灣旅人對於東京之想像有所不同，第二章中論及的東京想像，主要為「想像東京遍布櫻花」，以及「想像東京在工商發展上可供借鑑」，這兩種想像不論是從想像本身觀之，或是從詩人創作進行分析，都較為具象，而本章所言之「想像在外地能另得發展」與「想像此行能逃避現實」等滿洲想像較為抽象，且常常遮蔽與掩蓋於種種典故之中，或是因為此時詩人們前往滿洲通常僅是其大陸旅行下的一部分，而非單一旅行標的，是故目標感不顯，或是隱藏在符合國策之「興亞」概念之下。

　　此外，若將這些想像與當時日本政府以國策鼓吹「滿洲新天地」的概念交互比較，也可發現日本帝國鼓勵「移民滿洲新天地」，基本上是站在為了日

本拓展農工收益，以及藉移民達到侵略的目的，此種意圖與一般百姓自發前
往滿洲，所懷抱之「哪裡可以生存就往哪裡去」的想法，以及如本章討論之
台灣商紳懷抱壯遊行旅以開拓眼界的態度大有不同，而本段落討論之滿洲旅
行前的餞別與贈別漢詩，正顯現了帝國欲傳達之概念與人民心中想望間的落
差情況的一種面向。

三、《風月報》、《南方》、《詩報》的滿洲意象：以魏清德、李海參、靜園生爲例

在理解戰爭期臺灣商紳與文人在面對自己或友人前往滿洲與大陸前，對
於這些地方的感發與想像後，本段將把觀察視線拉回滿洲，以曾於《風月
報》、《南方》刊登旅滿相關漢詩的魏清德（旅行時間爲 1935 年）、李海參
（旅行時間爲 1940～1941 年左右），以及曾在《南方》發表遊大陸行前贈別
詩，後於《詩報》發表中國旅行漢詩的靜園生（旅行時間爲 1941 年），挑選
其中與滿洲相關的作品爲例，以此三人爲中心，以其作品中出現之旅順、大
連、奉天、新京、哈爾濱等都市進行討論、分析，最後再綜論整體顯現之滿
洲意象。

（一）魏清德：大連－奉天－新京

魏清德此行前往滿洲，主要是應同爲新竹人的滿洲國外交總長謝介石之
邀，抵達此地，整趟行程除了行旅滿洲外，也曾前往朝鮮，並創作〈滿鮮吟
草〉系列詩。在此系列詩中，提及滿洲相關的作品，曾以大連、奉天與新京
三地入詩，分別針對當地景色，歷史景點，以及與友交際等主題進行書寫：

> 築港偏思不凍求。處心積慮計何周。
> 頻年薦食同封豕。一敗虧功苦沐猴。
> 黃海濤聲依舊壯。碧胡氛氣黯然收。
> 十千買醉西崗子。聽撥鯤絃譜莫愁。
> （魏清德〈大連〉）〔註104〕

> 老虎灘前夜色昏。滿蒙大陸此關門。
> 樓船跋浪時來去。人貨隨潮日吐吞。
> 北接濱江連朔漠。西臨渤海望中原。

〔註104〕魏潤菴，〈大連〉，《風月報》第 51 期，1937 年 11 月 1 日，頁 29。

暖風吹送胡藤樹。五月街頭綠陰繁。

（魏清德〈大連〉）〔註105〕

三百年來舊北陵。眼中城郭尚觚稜。

風松有籟鳴遐邇。石獸無言閱廢興。

隆業山前雲鶴唳。大明樓後鼎龍昇。

感時莫問神榆樹。未必榮枯事可憑。

（魏清德〈北陵〉）〔註106〕

少帥當年此閱軍。徒誇精銳若雲屯。

那知得土皆狐鼠。貽笑生兒是犬豚。

零落遺骸纏蔓草。蕭條敗壘弔平原。

古來設險須兼德。刼後停車取次論。

（魏清德〈北大營〉）〔註107〕

學殖東西檀美名。五年遊宦滯新京。

鱸魚未遂歸吳計。蔡藋偏深報滿情。

返塞關山愁遠阻。故人樽酒喜同傾。

重逢此後知何日。臨發登車百感生。

（魏清德〈新京重晤林小眉感賦〉）〔註108〕

男兒到處爲家住。莫問平津與滿洲。

鶴俸惟知求稱職。鳶肩何用夢封侯。

客中枉駕情逾切。塞外題詩氣更遒。

同我終宵談契闊。頻揩病眼話從頭。

（魏清德〈王韞石君〉）〔註109〕

首先觀察魏清德〈大連〉兩首，在這兩首詩中，詩人是站在國際租借都市的角度進行描繪，他在理解俄國、大連與日本之間的歷史糾葛，以及明白此地處於多國勢力角逐與競爭的前提下，書寫此地的歷史現實。

〔註105〕魏潤菴，〈大連〉，《風月報》第 51 期，1937 年 11 月 1 日，頁 29。
〔註106〕魏潤菴，〈北陵〉，《風月報》第 52 期，1937 年 11 月 15 日，頁 24。
〔註107〕魏潤菴，〈北大營〉，《風月報》第 52 期，1937 年 11 月 15 日，頁 24。
〔註108〕魏潤菴，〈新京重晤林小眉感賦〉，《風月報》第 51 期，1937 年 11 月 1 日，頁 29。
〔註109〕魏潤菴，〈王韞石君〉，《風月報》第 55 期，1938 年 1 月 1 日，頁 29。

　　「築港偏思不凍求」一詩，在首句就先點名大連港「冬日不凍」的特色，以接下句「處心積慮計何周」，說明此特色即是俄國費盡心機，反覆思量企圖取得此地的原因。頷聯「頻年薦食同封豕。一敗虧功苦沐猴。」先運用《左傳·定公四年》：「吳爲封豕長蛇，以薦食上國。」的典故，以當時中國春秋時期吳國如大豬貪得無厭，如長蛇殘暴無道，屢屢侵略他國之例，比擬俄國連年侵略大連之事；後說日俄戰爭後，俄國一朝戰敗，其過去沐猴而冠的面目便全盤表現出來。頸聯「黃海濤聲依舊壯。碧胡氛氣黯然收。」一段，以大連港面對之黃海，面對歷史的翻雲覆雨，仍然濤聲雄偉，此類自然界的互久不變，對應上有著藍眼睛的胡人，氣勢卻已不如當年，這種人事的瞬息萬變，之間所顯現的強烈對比，開展出此詩的宏壯氛圍。正當全詩氣勢抵達高峰，詩人卻又以「十千買醉西崗子。聽撥鯤絃譜莫愁。」的舉重若輕，總結全詩，彷彿世間一切紛擾，都在詩人的買醉與聽絃中煙消雲散，此種大開大闔的豪邁氣度，成爲魏清德「滿鮮吟草」系列詩的特色。

　　「老虎灘前夜色昏」一詩承繼這種氣度，以籠罩於濛濛夜色中的老虎灘，說出此地作爲「滿蒙大陸此關門」的重要地理位置。下段「樓船跋浪時來去。人貨隨潮日吐吞。」與「北接濱江連朔漠。西臨渤海望中原。」則更進一步在商業上以船隻往來似浪潮頻繁、人貨進出如潮水滾滾，另在地理上陳述此地北接中國東北廣大腹地，西臨渤海面對京津重地等書寫，描繪具體又氣勢恢弘地帶出大連一地之所以可以成爲「關門」要地的條件。末句「暖風吹送胡藤樹。五月街頭綠陰繁。」從廣闊的地理版圖，回到定點的大連街頭，書寫五月時節的大連，處處暖風吹送，綠葉繁蔭，一片祥和溫暖之景。

　　其次討論魏清德書寫奉天的相關作品，〈北陵〉與〈北大營〉。「北陵」本稱昭陵，1927 年奉天省政府將昭陵及其周邊土地開闢爲「北陵公園」，是清王朝第二代開國君主皇太極與其后博爾濟吉特氏的陵墓。從指涉範圍來說，「北陵」應指稱以昭陵爲中心，由昭陵，及陵區正中一條南北筆直之道路「神道」爲縱軸，延伸其南北形成中軸線，並畫分陵前、陵寢、陵後三部分，以及周遭園林建築等，共 330 萬平方公尺；而「昭陵」，則指陵地建築本體，共 18 萬平方公尺。

　　〈北陵〉一詩，首聯「三百年來舊北陵，眼中城郭尚船稜」從詩人之眼出發，以北陵設立時間的長久，與陵墓上之宮闕稜角猶存，表現出北陵的歷

史悠久與滄桑。頷聯「風松有籟鳴迢遞，石獸無言閱廢興」由眼見之景轉耳聞之音，描繪此地靜松因風動而產生松鳴、樹立於陵墓左右的石獸無言靜立的客觀景象。頸聯「隆業山前雲鶴唳。大明樓後鼎龍昇」，以穿視角度，兼用鶴唳雲天、鼎湖龍去等書寫帝王逝去的典故，點描出「大明樓－昭陵－隆業山」三者，在陵園中由前到後的相對位置。末聯「感時莫問神榆樹。未必榮枯事可憑」，則在景色書寫後，帶到了詩人的感懷，然而，詩句寫到「莫問神榆樹」與「未必榮枯事可憑」，卻又將這些感懷壓抑至「不論」、「無可憑」的不予置評，顯示詩人有意噤聲的態度。

〈北大營〉一詩中所描寫的地點，是自清代便成立，後為張作霖、張學良訓練奉系軍閥的基地。本詩首句「少帥當年此閱軍」與「精銳若雲屯」先直白點出此地的風光過往，然而「徒誇」二字卻又對前言的風光形成譏諷，後段「那知得土皆狐鼠。貽笑生兒是犬豚。」，「那知得土皆狐鼠」應有錯字，全句應是「那知得士皆狐鼠」，是站在精銳如雲之上，進一步說出這些精銳多僅是狐群鼠輩。第三聯「零落遺骸纏蔓草。蕭條敗壘弔平原」則扣緊前句，說明這樣的軍隊，最終只落得屍骨掩蓋於荒煙蔓草，凋敝城壘也僅能留給後人憑弔。在這樣的前車之鑑中，詩人得到了「古來設險須兼德」的警醒，也就是說，想要依賴武力征服他人者，往往也需要有良好的品德，延伸此義，則是說以德服人者，會比以武服人者來的長久。隱隱然將張作霖、張學良在北大營的經營，與後來的征戰、落敗，進行檢討和思慮。

當詩人的行旅一路往北，抵達新京後，其作品主題由描寫景色轉為與友人相會，創作〈新京重晤林小眉感賦〉和〈王韜石君〉兩首。

〈新京重晤林小眉感賦〉一詩，從詩名即可得知，本詩是魏清德在新京與板橋林家子弟，時任滿洲國外交部政務司歐美科科長的林小眉（1893～1940，1932 年赴滿，1940 年亡於奉天）見面時所作。首聯「學殖東西檀美名。五年遊宦滯新京」，先讚揚林小眉 19 歲遊學英國，通英、日、法等語文，才華橫溢，後又曾於上海、北京經商，廣遊歐陸，頗為人稱道，後述其以在這些經歷後，於新京任官近 5 年。頷聯「鱸魚未遂歸吳計。蓴藿偏深報滿情」，借用《晉書‧張翰傳》〔註110〕中述及張翰被齊王冏徵招為大司馬東曹

〔註110〕《晉書‧張翰傳》：齊王冏辟（翰）為大司馬東曹掾……，翰因見秋風起，乃思吳中菰菜、蓴羹、鱸魚膾，曰：「人生貴得適志，何為羈宦數千里，以要名爵乎？」遂命駕而歸。

掾，但張翰見秋風起，思念吳中家鄉菰菜、蓴羹、鱸魚膾等菜色，心生「人生在世，應追求稱心自在，何必爲功名爵位而羈留千里之外？」之感，遂辭官返家之例；以及清代初年曾於河南省淇縣立「殷朝六七賢聖君故都」之碑，企圖以淇縣昔日爲殷末故都的地方榮輝，凝聚人心，鼓吹文化建設以興百業的蔡藎之例，說明林小眉爲了發揮所長，強忍思鄉之情，協助滿洲國有所建樹。頸聯「返塞關山愁遠阻。故人樽酒喜同傾」承接上句，講述林小眉返鄉不易，難得在異地遇見故人，故兩人把酒爲歡，直到臨別登車仍有無限感觸。

〈王韞石〔註111〕君〉一詩，首段「男兒到處爲家住。莫問平津與滿洲」，詩人先以正面語氣訴說王韞石志在四方的個性，與他往海外發展、四處歷練的情況。下段「鶴俸惟知求稱職。鳶肩何用夢封侯」，前以唐代稱幕府的官俸，後亦泛指官俸的「鶴俸」一詞，說明王韞石在滿洲就任官職，也只是領人薪水爲人做事，僅求稱職而已；後以如鳶夾翅聳肩的「鳶肩」，形容王韞石在此地任職的卑微，與難以就任高位的辛酸，展現詩人對王韞石的同情與憐憫。第三聯「客中枉駕情逾切。塞外題詩氣更遒」，則由同情憐憫轉爲感謝與鼓勵，爲詩人感謝王韞石在旅中情意眞切的招待，同時也鼓勵王韞石人在塞外，雖環境不佳，但要努力轉換心境，所謂的「氣更遒」，不僅是稱讚王韞石的詩歌創作遒勁有力，也委婉提醒他在心情上要更加剛強。末聯「同我終宵談契闊。頻揩病眼話從頭」則是透過書寫兩人徹夜談心，一同回想過往種種，將兩人情誼直接且深刻的描繪出來。

綜觀魏清德書寫滿洲的詩作，若是以書寫當地特色爲主要內容者，總是先以大歷史、大地理，或是其眼見的歷史現況爲首要描繪對象，末段則收束於充滿異國情調的小街景，或是世事無可憑的小感懷；若是以書寫朋友交際者，則是先推崇、書寫友人在爲人處事或學經歷上的特質，後寫兩人互動的情景爲內容。從魏清德書寫發生於大連、奉天的歷史事件的細膩，與描繪兩地地理環境的流暢，可以理解魏氏應是一個對於「滿洲」的歷史背景認知相當清楚、敏銳的人；但是，在這些描寫大歷史、大地理之後，滿洲之於他到底有何意義？當他看見這些歷史現場，或是身在滿洲的朋友觸發他哪些感觸？他都未曾在詩作中明說，隱約流露出魏清德有意與之保持距離

〔註111〕王韞石，臺南人，在《臺灣實業界》1933年6月號〈滿洲で活躍の臺灣關係者〉一文中，曾記載此人時任滿洲國庶務科屬官。

的態度。

（二）李海參：奉天－新京－哈爾濱

除了有意與滿洲保持距離，未曾言明自身感受的魏清德外，尚有以遊樂、流連風月之情景爲主要書寫內容的李海參〔註112〕：

> 佳人含笑似凝脂。嬝娜娉婷好療飢。
> 我愛身輕堪舞掌。誰憐春瘦懶修眉。
> 佇看金屋藏嬌日。喜見蓮花出水時。
> 若得鴛鴦成綺夢。疎簾細雨伴吟詩。
> （臥霞〈奉天宴賓樓席上贈明珠〉）〔註113〕

> 勞人僕僕京塵裡。三十韶光逝水流。
> 客地逢君如隔世。他鄉携手共登樓。
> 看花豪飲千杯酒。醉月能消萬斛愁。
> 惆悵明朝分袂後。有誰同賞菊花秋。
> （臥霞〈新京席上呈行桂其鴻兄〉）〔註114〕

> 邂逅新京等聚萍。鄉親何幸眼垂青。
> 萬花樓上花如錦。綠綺琴翻不忍聽。
> （明中〈新京席上呈行桂其鴻兄〉）〔註115〕

> 自感年來事不煩。有心共覓舊巢痕。
> 新翻眉樣張郎筆。頻送秋波債女魂。
> 滿座春風人共醉。一庭花影酒盈樽。
> 騷壇回憶當時盛。今日斯文有幾存。
> （李海參〈游新京行桂詞兄招飲鳳英女士家席上口占〉）〔註116〕

〔註112〕李海參，生卒年不詳，臺南新橋國小第二屆畢業生名冊中可見此人，因此推測爲臺南人。除了本名外，亦曾以臥霞、明中等筆名於《風月報》、《詩報》等刊物發表作品。

〔註113〕臥霞，〈奉天宴賓樓席上贈明珠〉，《詩報》第260號，1941年11月7日，頁8。

〔註114〕臥霞，〈新京席上呈行桂其鴻兄〉，《風月報》121期，1941年1月1日，頁28。

〔註115〕明中，〈新京席上呈行桂其鴻兄〉，《風月報》121期，1941年1月1日，頁28。

〔註116〕李海參，〈游新京行桂詞兄招飲鳳英女士家席上口占〉，《詩報》第260號，1941年11月7日，頁8。

周遊日滿記斯秋。省內濱江會友儔。
佳景如描摩詰畫。謠歌似帶杜陵愁。
松花江上斟清酒。楊柳橋邊繫短舟。
自是匡時男子志。忘機爭忍狎沙鷗。
　　（明中〈哈爾濱松花江紀游〉）〔註117〕

乘興清游萬里遙。元龍豪氣未凌霄。
泛舟喜玩吉林月。鼓棹欣聽哈爾潮。
兔魄光輝今古感。漁燈閃爍水天搖。
騷人韻事今宵最。對酒吟詩碧玉簫。
　　（李海參〈哈爾濱松花江中秋夜即事〉）〔註118〕

李海參的詩作，主要由奉天描寫至哈爾濱，依照書寫內容與情感表達，可以發現旅人行旅奉天與新京爲一種類型，至哈爾濱又轉爲另一種類型。細觀奉天與新京的作品，多在宴席上所作，贈詩或呈詩對象或爲風月女子，或爲其友。以〈奉天宴賓樓席上贈明珠〉爲例，詩人即以「佳人含笑似凝脂。嫋娜娉婷好療飢。我愛身輕堪舞掌。誰憐春瘦懶修眉」等句，描寫宴席上歡場女子的笑容、姿態、才藝，〈游新京行桂詞兄招飲鳳英女士家席上口占〉一詩，亦以「新翻眉樣張郎筆。頻送秋波債女魂。滿座春風人共醉。一庭花影酒盈樽」等句描寫鳳英明亮清澈的眼神，以及談笑風生的魅力。

　　〈新京席上呈行桂其鴻兄〉二詩，「勞人僕僕京塵裡」一首爲詩人李海參在外地重遇舊時好友，雙方開席歡宴時的創作，詩作中，詩人自述旅途中的風塵僕僕，難得在客地與好友相聚，雙方一同登臨高樓懷想故鄉，然而鄉愁何解，即使「看花豪飲千杯酒。醉月能消萬斛愁」，也不能消除內心眞正的惆悵。「邂逅新京等聚萍」一首，詩人以「聚萍」、「鄉親何幸眼垂青」等句，描寫開席歡宴時，與往日相識的臺灣女在萬花樓相遇之景，兩個臺灣人在異鄉的風月地重會，其間的愁緒與哀傷，濃縮於詩人對於其琴音的「不忍聽」中。

　　隨著詩人進入哈爾濱，撰寫〈哈爾濱松花江紀游〉、〈哈爾濱松花江中秋夜即事〉二詩，與前詩中展現的遊戲歡場，以及爲淪落風塵的臺灣女所表現的同情相較，出現了一絲不同的心志。

〔註117〕明中，〈哈爾濱松花江紀游〉，《風月報》第123期，1941年2月1日，頁26。
〔註118〕李海參，〈哈爾濱松花江中秋夜即事〉，《詩報》第260號，1941年11月7日，頁8。

　　〈哈爾濱松花江紀游〉一首，詩人先以「周遊日滿記斯秋。省內濱江會友儔」說明自己是在秋天來到哈爾濱，並在這裡與許多朋友會面。下一段「佳景如描摩詰畫。謠歌似帶杜陵愁」，以唐代王維之畫比擬哈爾濱的風景優美，又以唐代杜甫之詩形容此地歌謠所含藏的憂愁。之所以選擇王維，是因為王維素來於山水畫鑽研頗深，其水墨山水，善用渲染之法，用筆簡單奔放，講求清淡、含蓄、悠遠的特質，更為一絕，比擬哈爾濱白水黑山的風景，十分貼近。杜甫之詩的特色在於寫實性與藝術感兼具，作品常懷戰亂憂思，以及人們流離失所的傷感，以此形容哈爾濱一地民間歌謠，也隱隱帶出此地人民的家國之思。頸聯與末聯言道「松花江上斟清酒。楊柳橋邊繫短舟。自是匡時男子志。忘機爭忍狎沙鷗」，先由情轉景，將上一段中對風景與人民間互動的情感，轉回詩人自身於松花江上飲酒、橋邊繫短舟的行為，展現出詩人由放到收，沉浸於美景與歌聲中的舒坦，而後又由景轉情，說出自己過往懷抱之匡正時政的志向，到了今日，也只能轉為與沙鷗親近，隱居離世的行為。

　　〈哈爾濱松花江中秋夜即事〉一首，雖然從刊出時間觀之，與上一首〈哈爾濱松花江紀游〉好像不是同一時間之作品，但從創作內容與詩名言道「記斯秋」與「中秋夜即事」觀察，兩首可能是同一時間所作。〈哈爾濱松花江中秋夜即事〉一詩，「乘興清游萬里遙。元龍豪氣未凌霄」一句點出詩人之所以會千里迢迢抵達此地遊玩，主要是因為「乘興而來」。「元龍豪氣」一詞運用《三國誌‧魏志‧陳登傳》中，陳登字元龍，其性格豪邁之典故比擬詩人自身，然「未凌霄」一句卻又削弱了詩句前半段所言的豪氣，在乘興而來與未凌霄之豪氣間，詩人製造了一種不能言說的落差。且從此聯之後，全詩後段「泛舟喜玩吉林月。鼓棹欣聽哈爾潮。兔魄光輝今古感。漁燈閃爍水天搖。騷人韻事今宵最。對酒吟詩碧玉簫」就全面轉為寫景，純粹書寫詩人在江上賞玩水中月，耳聽潮水聲，眼觀頂上月，感受水天交融，搖晃擺盪的美景，並且認為今夜在江面的視覺享受，以及與友相對飲酒、吟詩、以簫聲相和，是古今騷人墨客最嚮往的事。這些看似淡然悠遠，與自然交融而自得其樂的行徑，與首聯欲說還休的豪氣形成了一種對應，細究其間關係，隱然有詩人豪氣因故不得伸展，只好轉而追求自然之美，企望能與之融為一體，以安頓身心的心情轉折。

　　觀諸李海參自奉天的遊戲風月；新京的與友相會，引起思鄉之情，以及在煙花之地重遇舊相識的不忍與不捨；乃至哈爾濱時藉由王維與杜甫之典帶

出自己的憂思等詩作，可以看出他的情緒變化，其實是越往北方，越見愁緒。特別是新京相關的漢詩，夾在奉天相關作品的全然玩樂，以及哈爾濱相關創作的放逐志向之間，書寫詩人與友人短暫見面又要離別，和眼見臺灣女至新京淪落煙花的情景，隱然訴說了自己原本的躊躇滿志，到了新京卻破滅，以至促使他遠走哈爾濱，轉向追求隱身自然，以安頓自身的強烈變化。

（三）靜園生：旅順－奉天－哈爾濱

對於滿洲都市的描繪情態，除了頗富距離感的魏清德，以及由狎妓遊樂，到投身自然的李海參外，還有走過戰地遺跡的旅順，歷史現場的奉天，最後沉靜於哈爾濱夜晚江景的靜園生：

> 據險當前似虎蟠，參觀戰跡益心寒。
> 塹壕力掘通天嶺，砲壘堅深入地盤。
> 鐵血三千轟赤坂，貔貅十萬壓雞冠。
> 果然英勇成無敵，一擊匈奴計已殫。
> （靜園生〈遊旅順東雞冠山〉）〔註119〕

> 一上昭陵生遠愁，熙朝興廢感悠悠。
> 紅塵萬丈紛飛處，天下何人識故侯。
> （靜園生〈於奉天謁北陵〉）〔註120〕

> 參拜欣來到北陵，山前山後亂啼鶯。
> 睡獅未醒成頑石，翁丈無靈變棘荊。
> 畫閣空遺青鳥淚，銅臺已散美人聲。
> 鞠躬頂禮將何往，盡向忠魂塔上行。
> 詩註：陵今為行人游玩絕無嚴肅之氣分鞠躬頂禮皆向忠魂塔上參拜
> 而已忠魂塔是我帝國熱烈征滿之戰亡勇士所祀處也
> （靜園生〈於奉天謁北陵〉）〔註121〕

> 客夜無聊獨舉杯。松花江畔小徘徊。
> 垂楊也解天涯恨。縷縷隨風拂面來。
> （靜園生〈松花江夜游〉）〔註122〕

〔註119〕靜園生，〈遊旅順東雞冠山〉，《詩報》第256號，1941年9月22日，頁24。
〔註120〕靜園生，〈於奉天謁北陵〉，《詩報》第256號，1941年9月22日，頁24。
〔註121〕靜園生，〈於奉天謁北陵〉，《詩報》第256號，1941年9月22日，頁24。
〔註122〕靜園生，〈松花江夜游〉，《詩報》第256號，1941年9月22日，頁24。

月冷寒江一水清。漁灯點點傍船明。

舟人重訴前朝事。折戟沉沙恨未平。

　　　（靜園生〈松花江夜游〉）〔註123〕

〈遊旅順東雞冠山〉一詩，描寫的是日俄戰爭中最慘烈，也是最後爭奪戰的東雞冠山之役的發生地。此役為一場圍城戰，其上之堡壘為 1900 年俄國所建立，1904 年日俄戰爭爆發，俄國陸軍兵力超過日本 10 倍以上，兩國軍力懸殊，在此地展開一場浴血大戰。由於東雞冠山堡壘地勢高，外部由混凝土與鵝卵石構成，十分堅固，內部由指揮部、彈藥庫、暗道、暗堡、壕溝等部分組成，結構複雜，日軍採用衝鋒、砲擊等方式破壞都效果不彰，最後靠著開挖通道，進而由內部逼近與爆破的戰術，輔以使用毒氣，鞏固已得陣地，攻佔堡壘，贏得勝利。在此背景下，觀察靜園生〈遊旅順東雞冠山〉一詩可以發現，詩人先以「据險當前似虎蟠，參觀戰跡益心寒」，以龍蟠虎踞形容此地的險要，並表達自身參訪此地的心情，後以「塹壕力掘通天嶺，砲壘堅深入地盤。」描寫尚存的戰爭遺跡，最後於頸聯與末聯以「鐵血三千轟赤坂，豼貅十萬壓雞冠。果然英勇成無敵，一擊匈奴計已殫。」說明戰爭事件，也就是說，全詩的敘述手法以評價感受為先，再描寫歷史現場，後回想歷史事件。然而，此類敘述手法與一般敘事詩，先書寫歷史現場，以懷想歷史事件，最後抒發詩人感受的書寫模式有些不同。細究全詩，詩人除了在全詩第二句抒發一句「心寒」之外，其餘詩句皆著力摹寫東雞冠山的險峻地理、戰地遺跡的震懾人心，以及對於日軍於此役中雖居劣勢，但仍驍勇雄壯，一舉擊潰敵人的折服與推崇。在此層層疊疊對於日軍的崇敬之語下，全詩第二句的「心寒」顯得格外奇異與不協調，不禁打開讀者的揣想，思考詩人到底在心寒什麼？為何心寒？

接下來分析其創作〈於奉天謁北陵〉兩首，「一上昭陵生遠愁」一首，寫的是詩人身處已滅亡之大清帝國的帝王陵墓，思想起古往今來的朝代興廢，不由得生起「遠愁」與「感悠悠」，最後更以「紅塵萬丈紛飛處，天下何人識故侯」的詰問語氣，將詩人之愁與詩人之感推到高峰。

「參拜欣來到北陵」一首，詩人透過「山前山後亂啼鶯。睡獅未醒成頑石，翁丈無靈變棘荊」等描寫北陵內之景色、雕塑以及林木的詩句，將敘述內容擴大，除了昭陵建築本體外，進一步將整體北陵公園納入摹寫範圍。並

〔註123〕靜園生，〈松花江夜游〉，《詩報》第 256 號，1941 年 9 月 22 日，頁 24。

以「畫閣空遺青鳥淚，銅臺已散美人聲」等具有亡國意涵的詩句，說明清王朝無力可回天的結局。末段「鞠躬頂禮將何往，盡向忠魂塔上行。」一面回扣前詩「天下何人識故侯」的詰問，以及本詩第一句「參拜欣來到北陵」，輔以詩註中言道：「陵今爲行人游玩絕無嚴肅之氣分」，都說明了如今來到北陵參拜的人們，並非爲了過往的君王，而是爲了今日日本帝國因征滿而陣亡的英靈。期間所傳遞出的時代更替、政權轉移等感受，詩人雖未言明，卻在其所描寫的「北陵」所背負時代意義，和「忠魂塔」所象徵的帝國權威間，幽微地透露出來。

〈松花江夜游〉兩首，前半段都以書寫旅人客夜無聊，獨自於松花江畔散步的寂寞心情，然第一首第三句「垂楊也解天涯恨」與「舟人重訴前朝事」卻點出詩人何以寂寞憔悴，是因爲內心含有「天涯恨」，雖然此恨在第四句中，隱然隨著微風吹動垂楊，而煙消雲散，但若觀第二首下半聯，卻會發現，這個「恨」似乎與舟人所訴之「前朝事」有關聯，而這個前朝事雖然已經是折戟沉沙，掩埋於時間流逝，但對詩人來說仍難以平復。由於目前對於靜園生的研究尚不全，若要解釋詩人在此二詩中傳達出的天涯之恨與傷懷之情，與清廷無力保全臺灣，以致臺灣割讓予日本，或是身至滿洲，眼看滿洲如同淪入他人之手，又見日本帝國發動侵華行動……等等時局情勢相關，可能稍嫌強硬。但若將此二詩對照靜園生旅滿行前創作，我們可以理解的是，詩人的滿腹委屈與有志難伸，到了異地仍無法紓解，深深爲此所苦。

回顧靜園生對於滿洲各都市的漢詩創作，可以發現詩人在哈爾濱前的作品，總是耗費筆墨，用力描繪或刻意敘述日本遺留的戰爭遺跡，或是新建立的戰爭紀念建築，對於自身的感受，總是極少言明，只有偶然出現的不協和音隱隱透露著端倪，直到其抵達哈爾濱，創作了〈松花江夜游〉，在大江大河之間，與漁燈舟人錯身相識，才開啓他一些些情緒的出口。

綜觀此段落討論之魏清德、李海參與靜園生書寫滿洲都市的漢詩作品，對於各都市都開展出各自的特色，如旅順被描寫爲戰蹟遺址重地；大連爲國際租借都市；奉天多歷史建築，易觸動詩人的歷史感懷；新京爲詩人與友人相聚之地；哈爾濱則表面書寫白水黑山，實則是旅人藉此撫慰內心痛苦。此外，從他們的詩作所表現之情緒，也隱隱然有由南往北的變化，從旅順、大連到奉天，詩人除了描繪都市特色外，還會於創作中書寫一些難以言明，但卻是有思有感的詞彙。然而，當行旅新京時，他們的作品都轉爲單純描寫與

友人會面的情景，和純粹懷想過往的情誼，對於新京一地的建設、風景隻字未提。隨著足跡漸北，詩人們抵達哈爾濱，詩作中的情感又開始震動；與其他地點的詩作相比，哈爾濱相關的作品相對可見詩人的情緒，特別是當他們在此大山大河間偶然遇見底層的中國人，與之對談，互訴心事的時刻，更是將其一直隱藏於內心深處的感慨勾引而出。這些變化，可能與此五都市於當時特殊的歷史背景下，受到關東州與「滿洲國」的控管強弱有關。不論如何，我們可以看見的是，行旅滿洲對旅人來說並非放鬆、抒懷，也沒有達到實現理想的目標，反而在各景點的遊歷中看見日本帝國勢力對此地的影響與經營，所有的一切都需歸依帝國所望，否則就如故侯已逝，難以受到重視。總而言之，「旅滿漢詩」所呈現的「滿洲意象」其實是帝國無所不在的介入，以及有志之士的希冀破滅，詩人僅能以與友相會、與景相融逃避現實壓力，紓緩精神困頓。

第三節　臺灣視野下的滿洲形象、想像、意象比較

　　第一節整理《臺灣日日新報》中之滿洲報導所營造的「官方滿洲形象」，以及第二節第一部分簡述陳逢源《新支那素描》中所書寫的「民間滿洲形象」；第二部分論述張劍山、張耀南、張瀛洲與李海參、陳寄生等人所撰寫的滿洲行旅前之餞別詩、贈別詩所呈現之「滿洲想像」；以及第三部分分析魏清德、李海參、靜園生之旅滿漢詩中的「滿洲意象」，我們可以進行以下三種比較：一、《臺灣日日新報》新聞記事與陳逢源〈滿鮮一瞥〉之滿洲形象差異；二、滿洲相關新聞記事、行前想像與旅行意象的分殊；三、鍾理和小說中的滿洲夢與旅滿漢詩中之行前想像、旅行意象之關係。

一、《臺灣日日新報》新聞記事與陳逢源〈滿鮮一瞥〉之滿洲形象差異

　　由本章第一節第三部分所整理之《臺灣日日新報》向殖民地臺灣輸出有關滿洲的報導類型與其訊息內容可以發現，這些報導主要分為經濟與國際兩大面向，從數量觀之，關於滿洲經濟輸出、物產開發的報導較多且連續；國際部分較少，內容也較簡單，多以報導某國承認滿洲國，或某國官員至滿洲國視察為核心。透過這些報導，我們會發現滿洲擁有遼闊的土地，豐厚的自然資源，並且具開展商業與工業的潛力，但透過這些報導所述說的自然特色

與產業特性，則又會發現，《臺灣日日新報》所營造出的滿洲形象，其實深深受到帝國經營視角的影響，在帝國經營的視角底下，滿洲的鬱鬱蔥蔥和經貿繁榮，都是被畫入帝國消費圈下才有的成果，而新聞報導中所出現的「臺滿貿易」，也難見滿洲的「獨立」特質，反而是再度強化了滿洲實質附屬於帝國之下，經濟位階與政治位階都幾乎等同殖民地臺灣的情況。

　　由上段所言，我們可以理解的是，在滿洲事變發生後，與滿洲國成立之時，《臺灣日日新報》的文字報導反反覆覆以「外地」之姿報導滿洲。然而，值得關注，並與上述文字報導一面宣揚日本戰績，一面又打著滿洲國爲中國人主政之政權的弔詭現象，則在滿洲事變前，與滿洲事變正發生的同時，《臺灣日日新報》刊登之「滿洲事變畫報」、「滿洲戰時畫報」、「滿洲戰局畫報」系列以照片爲主的圖像報導之中。這些圖像報導從 1931 年 9 月起出現，至 1932 年 2 月爲止，從刊登日本如何派駐憲兵隊協助維持治安〔註124〕，日本兵士在奉天進行道路工程〔註125〕、士兵們於雪地中行軍（見下圖一）〔註126〕，到日本軍士於山海關發動迫擊砲演習〔註127〕，進行突擊〔註128〕等戰地照片和詳細的進攻路線圖（見下圖二）〔註129〕：

圖一

〔註124〕參見：《臺灣日日新報》1931 年 9 月 28 日，日刊，第 7 版。
〔註125〕參見：《臺灣日日新報》1931 年 10 月 15 日，夕刊，第 2 版。
〔註126〕參見：《臺灣日日新報》1931 年 12 月 23 日，夕刊，第 2 版。
〔註127〕參見：《臺灣日日新報》1931 年 12 月 27 日，夕刊，第 2 版。
〔註128〕參見：《臺灣日日新報》1932 年 2 月 10 日，日刊，第 6 版。
〔註129〕參見：《臺灣日日新報》1932 年 2 月 10 日，日刊，第 6 版。

圖二

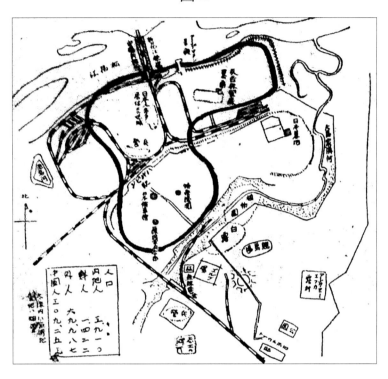

以營造「滿洲國之所以可以建立，皆是因爲日本的協助」此一形象，然而，當滿洲國成立，《臺灣日日新報》又以近整版篇幅介紹此一「新國家建設」（見圖三）〔註130〕，這篇「寫眞通信」中，不僅將滿洲稱爲「新國家」，更特意將括馬占山、臧式毅、張景惠、熙洽、趙欣伯等，一批具中國人身分的「新國家建設首腦」以及「獨立國家起草委員長」，的照片刊登出來，用以顯示「新國家滿洲」的領導者爲中國人，日本協助建國的付出到此大功告成。然而，值得我們觀察的是，在這篇寫眞報導中，卻在「新國家の建設・滿洲」旁放置了「砲煙彈雨の地・上海」的大幅軍事照片，而且這些大幅軍事照片，正重重地壓在新國家滿洲領導人的照片之上。透過這種版面配置，我們隱約可以感覺到，雖然日本企圖以具中國身分之滿洲領導者的圖像傳達日本對滿洲並無侵略野心，以安撫恐懼滿洲被納入帝國版圖者的擔憂，然而，透過上海陷入槍林彈雨的軍事圖片，帝國也隱隱然地宣示自身武力，威嚇動盪人心。也就是說，日本帝國透過《臺灣日日新報》所堆砌出的滿洲形象，在文字報

〔註130〕參見：《臺灣日日新報》1932 年 2 月 25 日，日刊，第 4 版。

導上，一面利用各國承認滿洲國獨立，來強調滿洲的獨立性，另一面又利用經濟、貿易相關報導將其納入「日本統領下的東亞」之中；在圖像報導上，也一面透過宣揚中國人身分的滿洲官員掩飾日本企圖佔領滿洲野心；另一面又藉由攻掠上海的行動說明日本具備征服滿洲的軍事實力，不論在文字或圖像上，都是以雙面操作的手法，遮掩日本企圖收納滿洲地區進入帝國版圖的慾望。

圖三

　　與《臺灣日日新報》上所經營之具有官方色彩的滿洲形象相比，陳逢源《新支那素描》中關於滿洲的描寫或可以做為民間書寫滿洲形象的代表之一。如前文所述，陳逢源《新支那素描》一書關於滿洲的書寫集中在〈滿鮮一瞥〉部分，其中對於滿洲與滿鐵的密切關係，滿洲國移民情況，農、工、商、鑛業的發展，以及重要都市，諸如大連、新京等的對比與介紹。細觀這些內容，介紹性質相當濃厚，也常運用許多滿洲國統計，滿鐵調查部的調查資料等，以利讀者更加具體了解其所描述的情況，如在〈滿洲國的人口與農業移民〉和〈工鑛業的飛躍與農民的生計困難〉中都曾引用具體數據，以表明日本帝國對滿洲經營之汲汲營營的相關敘述：

　　康德四年末の總人口三千六百六十七萬人に對し、漢民族が其の八割以上を占めてゐる二千九百七十三萬人、滿洲族が其の一割二分弱の四百三十五萬人、其の次きは蒙古族の九十八萬人、朝鮮の九十四萬人、日本の四十二萬人、回族の十九萬人、其の他の六萬人どいふ割合である。……かくの如く五族協和の主導者たる日本人の數が餘りに少數であるのだど、日本國內人口過剩の解決策に加ふるに、ソ聯に對する國防的見地に立脚して、滿洲國の成立ど共に早くも農業移民の必要が國策どして登場して來た譯だ。……滿洲大量移民計畫の內容は、昭和十二年より二十個年間に百萬戶（五百萬人）の日本農民を移住し、之を便宜上四期に分かち、五個年を一期どして第一期十萬戶、第二期二十萬戶、第三期三十萬戶、第四期四十萬戶、合計百萬戶の移民を滿洲へ送らんどするものであるが、此の百萬戶計畫に併行する青少年移民の入植によつて、二十年後の日本人が滿洲國推定總人口五千萬人の一割を占め以て五族の中核たらしめんどするにある。〔註131〕

　　滿洲農民の生活困難に關し、滿鐵調查部の調查報告によれば、一部の大農以外は南滿洲に於て概ね收支不足の狀態にあり、而し一個年一人當りの生活費は、南滿洲北部に於て大農四十八圓、中農四十圓、小農二十六圓、北滿洲南部に於て大農四十一圓、中農二十二圓六十錢、小農三十七圓どいふ動物的慘めきである。……か

〔註131〕陳逢源，《新支那素描》，臺北：臺灣新民報社，1939 年 4 月 29 日，頁 184
　　　～185。

くの如く滿洲の農村は、國際資本主義ど半封建的重壓の下に極め
て惠まれざる事情にあるので、滿洲國政府に於ては一方農業の改
良增産を計畫化する傍ら、昭和十二年農事合作社制度を創立し以
て農民生活の改善を圖らんどしてゐるが、滿洲國の工鑛業が劃期
的躍進を遂行しつつあるに反し、滿洲人口の八割を占めてゐる農
民生活を如何に更生すべきかは、滿洲國に課せられたる一大同題
たるを失はないであらう。〔註132〕

以上的引文中，陳逢源引用了各項統計數據，說明全滿洲國共 3667 萬人中，
有八成是漢民族，主張五族諧和的日本人卻只有 42 萬人，較蒙古、朝鮮人還
少，基於此項弱勢，加上為解決日本國內人口過剩的問題，以及國防所需，
故日本當局開展滿洲大量移民計畫。另外，他藉滿鐵調查報告，說明滿洲農
民生活困苦的情況，並指出雖然滿洲國正大規模發展工鑛業，但對於務農比
例占全人口比例近八成的滿洲國來說，要如何輔導人民，是滿洲國面臨的重
大課題。

　　從這些敘述，我們可以發現，陳逢源運用了滿洲國官方的統計資料，說
明滿洲國內遭遇的農工轉型間的問題，與日本意圖經由移民達到殖民的傾
向，在其他的篇章中，更將滿洲國貿易逆差嚴重，也就是進口貿易值遠大於
出口貿易值，顯示此地對外來物品的需求量，遠大於自身產品輸出，極有可
能造成嚴重財政赤字的情況予以描述；此外，也將臺灣與滿洲頻繁進行茶葉
貿易，諸如：三井物產，三菱商事、南興茶行、文山茶行、文裕茶行、錦記
茶行、臺北州滿洲向茶出荷組合等商家一一點名，說明這些茶行與臺灣官民
需要注意的是，若未來滿洲國施行統制經濟，如何確保滿洲市場的輸出，將
是需要未雨綢繆的問題。從以上列舉《新支那素描》中關於滿洲的相關敘述，
可以發現，在陳逢源筆下的滿洲與滿洲國，正面臨許多《臺灣日日新報》上
不曾言明的困境，而從他描寫新京的都市景觀，最後發出「やはり歷史ど文
化のない所は、何どなく植民地らしい氣分が漂つてゐる。（果然是沒有歷史
與文化的地方，不知何故地竟充滿殖民地般的氛圍）」〔註133〕的感嘆，更是明
確將此地其實具有顯著殖民色彩，對來自日本帝國另一個殖民地的知識分子

〔註132〕陳逢源，《新支那素描》，臺北：臺灣新民報社，1939 年 4 月 29 日，頁 189
　　　　～190。
〔註133〕陳逢源，《新支那素描》（臺北：臺灣新民報社，1939 年 4 月 29 日），頁 197
　　　　～198。

而言，強烈感受到此地殖民氣氛的心境完整的書寫出來。

　　因此，當我們將《臺灣日日新報》中所營造的具有雙面特質之滿洲形象，與陳逢源《新支那素描》中所呈現之滿洲形象進行比較，則會發現陳逢源站在運用滿洲內部資料，理解日本對滿洲所懷抱的終極目標之上，平直書寫了滿洲所面對的情況，這些情況往往較《臺灣日日新報》中強化「滿洲等同臺灣，如同日本之殖民地」的相關報導中，所言道的滿洲經濟繁榮、物產豐饒的美好形象，來的更加具體而真實，繁複使用滿洲官方統計資料與滿鐵調查資料，更隱隱然有以官方資料對應官方報刊報導的用心。從兩者對滿洲形象敘述的落差，可以看出《臺灣日日新報》中關於滿洲的報導內容取向，確實在「宣揚滿洲獨立事實」與「在經濟層面收編滿洲」的兩面手法間，強化滿洲作為新投資標的、新開發天地的特色；然陳逢源《新支那素描》卻透過當地官方統計資料，戳破這些美好的假象，官方與民間對滿洲一地的形象描繪，於此間顯露出巨大的鴻溝。

二、滿洲相關新聞記事、行前想像與旅行意象的分殊

　　除了將《臺灣日日新報》上所呈現之官方滿洲形象與陳逢源《新支那素描》中顯現之民間滿洲形象與以對比，以了解兩者間之差異外，我們還可以將《臺灣日日新報》報導的「官方滿洲形象」，與臺灣商紳前往滿洲之前由其友人撰寫的餞別詩，和商紳自撰之贈別詩所呈現的「滿洲想像」，以及他們抵達滿洲後書寫之旅滿漢詩中描繪的「滿洲意象」進行比較。

　　如上所述，《臺灣日日新報》中之報導常將滿洲置於「日本統領下之東亞」與「大東亞」的脈絡下予以介紹、宣傳，並在報導中時常提及滿洲與臺灣間的頻繁往來，同時也強調滿洲作為新天地，深受各界矚目的美好形象。而觀察臺灣商紳前往滿洲之前，由其友人撰寫的餞別詩，如陳清輝意欲至滿洲進行茶葉生意之拓展，由其友人張劍山、張耀南、張瀛洲等三人所書寫之詩，則會發現，他們也注意到「臺茗年來消路廣」，與《臺灣日日新報》報導兩地貿易繁榮之情相符。而在李海滄、陳寄生等人的餞別詩與贈別詩中，則多寫對滿洲寄予足以逃避現實之想像，或是設想離臺赴滿後能得到更多實踐抱負的機會。這些想像的來由，雖然在《臺灣日日新報》中並不如滿洲國於東亞地區之經貿往來頻繁的消息顯著，但從「新國」成立，擔任外交部長的謝介石，就任外交部政務司歐美科科長的林景仁，任滿洲國駐「中華民國」通商

代表部高等官的黃清塗，於經濟部任參事官的黃亭卿，於滿洲國法院擔任法官的林鳳麟，於滿洲國產業調查局任職的陳嘉樹……等臺灣人前往滿洲國並獲得發展的消息，或多或少曾於報上刊登，特別是謝介石獲當局者青睞，為臺灣人中獲得最高官職者，當其於 1935 年返臺為子婚配時，亦曾造成一波轟動，在《臺灣日日新報》上亦多有報導，同時謝介石亦趁此趟返臺邀約鄉人魏清德至滿洲國遊歷，因而成就《滿鮮吟草》一書。這些臺灣人在滿洲登高位，獲重用的情況，或多或少影響了如李海參、陳寄生之輩對於滿洲所懷抱之嚮往，由此可見，這批旅滿行前餞別詩與贈別詩，和第二章所言之行旅東京之前的餞別詩與贈別詩一般，多承續《臺灣日日新報》上對旅人將行目的地相關的正向報導，同樣存有正面、美好的想像。

　　然而，若轉個方向思考臺灣商紳抵達滿洲後書寫的旅遊詩，則會發現另種光景。以本章論及之魏清德、李海參、靜園生的漢詩創作而言，可以發現，這些漢詩基本上都沿著滿鐵沿線上之大都市進行創作，為滿洲（包括關東州與滿洲國）最重要的五大都市，滿洲一地的意象分布在正面描寫旅順為戰蹟重地；大連為貿易重鎮；奉天有北陵、忠魂塔，易觸動詩人的歷史感懷上；而作為「滿洲國都」的新京不見都市景觀描繪，卻多寫詩人與友人相聚之景；哈爾濱則以不如縱情山水的放蕩，掩飾詩人自身的壓抑。在詩人情緒表達方面，也有隨著行旅足跡越北，越見其對於此地所思所感的真實面目。

　　種種的敘述，相對於前文所言，《臺灣日日新報》中對於滿洲諸多美好形象的塑造，以及臺灣商紳及其友人於遠赴滿洲之前所撰寫的贈別詩與餞別詩中所言，認為滿洲或在消極面可供遠離臺灣混亂現實，或於積極面可讓旅人追求自我理想的實踐，我們卻在這批旅滿漢詩裡看見，旅人們原本對於滿洲所懷抱的各式正向想像，不僅沒有實現，反而只見更深的逃避、更深的感觸，原有的理念追求，也在這些重重疊疊，由帝國建立起來的權力象徵中消融、崩解。

　　透過三者的比較，我們可以發現，《臺灣日日新報》中除了部分對國際強調滿洲國之獨立性之相關報導外，其餘大多都以「大東亞下的滿洲」為前提宣傳滿洲作為新投資目標、新開發園地、新機會開放之所在，鼓吹各方人士進入滿洲，對臺灣人於滿洲的待遇，也等同日本人，以企有更多「身分為日本人」者進入滿洲，或為官、或開拓、或求學，增加日人在滿洲的人口數。

從臺灣商紳旅滿之前由親友書寫的餞別詩、旅人自撰的贈別詩來看，也多承接著這樣的想法，有著正向的寄託，認為在戰爭時期，東亞處於「興亞」、「共榮圈」、「東亞方建設」的氣氛下，認為抵達滿洲，最壞可以遠離臺灣諸多紛擾，最好則增加自己的機會，求得一官半職，得償宿願，抑或是在商業上開發商品新出路，增加新據點，擴展商品市場。然而，當詩人們登上滿洲土地，實際踏足滿洲後，卻僅在這裡重複感受帝國勢力的籠罩與覆蓋，旅人的想望於此破滅。

此外，若我們將這些旅滿漢詩與《臺灣日日新報》中的滿洲報導，以及臺灣商紳的行前餞別詩、贈別詩並置比較，還會發現，帝國在戰爭期不斷宣傳的「興亞」運動，和不斷倡導的「共榮圈」概念，也在這些滿洲旅行詩所呈現的夢想破滅、理想消殞中，顯現了它們的侷限；同時，滿洲的「新天地」形象，也在這些旅滿詩作中對滿洲都市只見戰蹟，除了戰蹟之外便不斷岔題，不正面描寫的書寫策略下，凸顯了它的虛幻與空洞。或許，正因為此種種原因，使得本章一開始引用之〈江山樓雅集席上賦呈林小眉先生〉系列詩，都刻意忽略林景仁在滿洲國任職的情況，轉而回歸詩人自身之能力，僅就其人在文學和學識上的才華橫溢多加讚揚，就此點觀之，也算在一定程度上達到將滿洲背景化，虛幻化的效果。

三、鍾理和小說中的滿洲夢與旅滿漢詩中之行前想像、旅行意象之關係

除了《臺灣日日新報》的報導外，關於滿洲風潮席捲臺灣社會的程度，於鍾理和小說〈奔逃〉中的一段可見一二：

> 「滿州」，對於日本來說，是塊新天地，這新天地以地廣人稀所造成的真空，大量吸引著日本帝國的臣民，想發大財和做大官的野心家，都想到那裡去顯顯身手。移民的怒潮透過那條連結著日本、朝鮮，和南滿鐵路的大動脈，以排山倒海之勢直向那裡猛撲。每班船和每班火車，都堆積得幾無立錐之地。〔註134〕

在這段的敘述中，鍾理和運用平直卻生動的筆觸將滿洲作為新天地，大量吸引人潮的盛況，細膩的描繪出來，同時也將人們前仆後繼，源源不絕往滿洲

〔註134〕鍾理和（著）；鍾怡彥（主編），〈奔逃〉，《新版鍾理和全集　第2冊　短篇小說卷（下）》（岡山：高雄縣政府文化局，2009年3月），頁17。

移動的景貌，進行深刻的刻畫。

　　而比鍾理和更早，於 1933 年刊出，將故事背景設定於滿洲事變爆發之下的林輝焜《命運難違》，則透過故事人物間的對話，諸如「去滿洲國當流浪漢挺麻煩的，乾脆來滿洲咖啡館逍遙。」、「那個是去賺錢的滿洲，這裡可是來花錢的『滿洲』啊！」、「與其花大筆的旅費去滿洲賺錢，到頭來落到流浪漢的地步讓人看笑話，我情願來這裡的『滿洲』的好。」，這些充滿反諷味道的對白，顯露出時人對於前往滿洲賺錢所懷抱的想像與態度。

　　這些書寫不僅活潑生動，更與時局密切結合，包括點出當時「日本政界和軍部以滿洲經營爲唯一的活路」〔註135〕，同時也在大眾傳播媒體對於滿洲地區諸多正向、極積的宣傳與影響下，形成了「與本土日刊報紙輿論焦點『社說』之間的互文關係」〔註136〕。當我們將這些書寫滿洲熱潮的臺灣小說，與臺灣商紳前往滿洲之前與其友人撰寫的餞別詩與贈別詩相比，則會發現，它們同樣對滿洲流露出正向、美好的想像，但是，餞別漢詩與贈別漢詩創作中所表現出對「滿洲想像」的積極面，可能是受到漢詩做爲文類，以及文人間交往密切，因此更加了解旅人前往滿洲之內部原因，故較小說敘述更加強調旅人原本就才華橫溢，德不孤必有鄰，認爲旅人必能因爲固有的才幹獲得青睞並受到重用，缺乏小說文類中所呈現之濃厚的機會主義色彩。

　　但從詩人們抵滿後創作之旅滿漢詩的意象塑造，以及臺灣作家生活於滿洲所書寫的小說中，也都歷歷可見對滿洲的失望。承前所述，臺灣商紳抵達滿洲後撰寫的旅行詩，多以滿洲最重要的五大都市爲書寫對象，但是在內容上，卻在表面上以繁複的戰爭意象說明帝國於滿洲的赫赫功績，以掩飾自身感觸，即使不以戰爭景點爲重心，也轉而書寫旅行地的人情往來與山水風景，對於這些地點的新式建設、現代化景貌全然不提，由旅順到新京更是越往北，詩歌表達越壓抑，直至抵達哈爾濱，才見詩人直述「天涯恨」表述心中悵然，儼然將「滿洲的新氣象」，「興亞的總動員」，以忽視和岔題的書寫策略予以消解。而類似的情緒，在鍾理和小說〈柳蔭〉中也曾出現，小說中曾寫道：

〔註135〕參見：金良守，〈鍾理和的滿洲經驗和朝鮮人〉，《臺灣文學的東亞思考》（臺北：行政院文化建設委員會，2007 年 7 月），頁 244。

〔註136〕參見：柳書琴，〈滿洲內在化與島都書寫：林輝焜《命運難違》的滿洲區影及其潛典論〉，「2011 年度聯合國際學術大會：20 世紀中語中文學研究及其典範的轉換」。韓國：首爾，韓國中語中文學會主辦，2011 年 10 月。

在那向，渾囂而騷擾的奉天市，在風沙中，橫陳著它那像暴發戶一時來不及修飾的，齷齪的狼藉的姿態。在西邊，那是鐵西區，工廠的煙突張開了千百個口，在吐著污濁而混沌的粘巴巴的煤煙，染黑了那裡半個天空。把視線抬起，在上面，極東的天空展現了大陸性的邊闊、深湛，和悠遠，渾圓地籠蓋著廣漠的遼東平野。

朴信駿在切著不知第幾片柳樹葉，一邊以清湛而透明的眼睛，不轉瞬地、水平地，而且緘默地注視北方，那不潔的奉天市。在市郊的綠茸茸的草野上，有幾個像花的，白的和黃的點──幾隻野犬，在大量傾注的燦爛的日光下，奔跑著、嬉戲著，像皮球滾轉著。

「你看，那煤煙和塵土！」

他說，彷彿口中吹進沙粒似的皺著眉。

「──這是永遠不潔的都市！」

於是他一邊切著柳葉，一邊給我講述這永遠被煤煙，雲，和塵土隱埋著的「不潔的都市」，卻以怎樣難於置信的速率，在膨脹起來。它的人口的增加率，曾有一日一萬人的紀錄。──它好比是一所堆棧，門打開了，什麼東西都流進去：流氓和紳士，破爛和黃金，理想和狂妄。

「你怎麼知道呢？」

我張大了眼睛問他。

「有鐵道局的統計呀！」

朴信駿簡單地說──

「這是驚人的數字。可是我並不喜歡這個都市，有一天，我必定會離開它。」

在數分間的沈默之後，我們的談話轉到各人來滿州的動機的自白。

「我猜得到，」我半開玩笑地說：「你是來發掘理想和希望，是吧？」我這樣說那是因為我想到了當時人們像怒潮般地湧向這塊新闢的天地。那幾乎是盲目而瘋狂的。

「可是剛剛相反，我是來埋葬我的理想」他說。〔註137〕

〔註137〕鍾理和（著）；鍾怡彥（主編），〈柳蔭〉，《新版鍾理和全集 第2冊 短篇小說卷（下）》（岡山：高雄縣政府文化局，2009年3月）。

從這段引文中，我們可以看見作家面對奉天充滿因急速開發，四處飄散著「煤煙和塵土」而感受到「不潔」的描述，同時也對於此地人口快速流動，不管甚麼全都隨之而入感到巨大的失落，引文最末，朴信駿的「我是來埋葬我的理想」又何嘗不是作家自我剖白，表述自己對滿洲徹底的失望呢？除了〈柳蔭〉之外，尚有〈泰東旅館〉、〈門〉，以及〈地球之黴〉等小說，也都是鍾理和運用自己在奉天的生活經驗書寫而成，從〈門〉一文，原題〈絕望〉，後一度改成〈落葉〉來看，更可見作家在此地的失意與挫折。

　　將鍾理和小說中所描寫的滿洲形象，與前文分析的魏清德、李海參、靜園生等人之作所表達之在滿洲的感受交互比較，可以發現魏清德與李海參的作品，皆呈現了一種對滿洲保持距離的態度，魏清德採取的方式，是在描繪都市之大歷史、大地理的背景後，以個人懷抱的小體會，在此環境中進行的小觀察作結，呈現由大時空壓縮至小個體，或是單純描寫所見，但不對此表示評價的距離感；李海參則是透過各種宴飲場合，撰寫與歡場女子的談笑、與他鄉重聚朋儕的共飲，略過自己原本到滿洲的目的，直到他抵達哈爾濱，才微微透露了一些無法完成匡時之志，以及轉換心情，追求忘機自然的改變。在靜園生與鍾理和方面，則皆是藉由與社會底層聲音的對話、互動，帶出自己內心對於滿洲的不滿和失望。我們或許不能直接且肯定的說，臺灣商紳透過旅滿漢詩所表達出的失落與失望，和鍾理和經由小說描寫的失意與挫折，是源於同樣的生活因素，面臨同樣的生存困境，但是，可以理解的是，他們當初之所以會選擇離臺赴滿，都是因爲對滿洲懷抱著極大的理想，認爲此地必可以提供他們一個遠離臺灣，獲得更好生存機會的可能，抑或是揣想著壯遊滿洲以開拓眼界的心情，然而，當漢詩人發現滿洲竟無處不是帝國經營、打造的痕跡；當鍾理和發現所謂滿洲的豐饒都不可能屬於殖民地出身者，兩者在懷抱希望而離開臺灣，與遠赴滿洲卻徹底失望之間，體會到的強烈落差，巨大鴻溝，都是一樣憤慨、難以平復的。

第四章　舊國方開新國運：前進「南京」

前　言

> 眞成仗劍出關行。擬到南京次北京。
> 舊國方開新國運。暮年還抱少年情。
> 祇思君子有三畏。敢說驚人欲一鳴。
> 宮闕五雲今日在。微官肯許夜巡更。
> ——謝雪漁〈雪漁先生將有南京之行詩以送之　次韻〉[註1]

　　此詩爲謝雪漁（1871～1953）於1939年左右欲前往南京前，魏清德先撰〈雪漁先生將有南京之行詩以送之〉一詩相送，後謝雪漁步其韻相和之作。根據《風月報》第93期刊出以〈雪漁社兄既有長次兩郎在華活動不日又將携三四兩子續入金陵就職先此賦詩壯行〉爲名之詩作，說明謝雪漁此趟前往南京的原因，除了因其長子、次子均在中國活動，有意探訪他們外，還欲帶其三子與四子至南京就職，雖然此趟行旅後因謝雪漁身染暑熱，臥病在床而不得成行，但我們仍可以從詩中體會其對於此時的中國，特別是「南京」所懷抱的積極態度。

　　「舊國方開新國運。暮年還抱少年情。」一句，可說是全詩關鍵。在這段詩中，詩人先以「舊國」指出南京做爲六朝古都的歷史特殊性，後以「新國運」指稱南京成立的「中華民國維新政府」延續了中國過去朝代於南京建都的歷史，儼然將受日本帝國扶植而成立之「中華民國維新政府」，與傳統中

[註1] 謝雪漁，〈雪漁先生將有南京之行詩以送之　次韻〉，《風月報》第93期，1939年9月1日，頁29。

國的朝代更迭嫁接，形成日、中合流的歷史走向。此外，從「舊國」、「新國」的對比，也隱隱然有將「中華民國維新政府」之前統治的中國視爲「舊中國」，「中華民國維新政府」統領的中國視爲「新中國」之態。而在此「新中國」的吸引下，詩人即使已有年歲，仍懷著少年般的血氣和熱情，興奮地期待前往「新中國」，其首都「南京」更是詩人此行的重要目的地。

　　觀諸中國史，南京做爲一朝首都極有淵源，從越王勾踐築「越城」；楚國定都，稱金陵邑，至西元1368年明太祖朱元璋登基定都，改名應天府，後遷都北京，改名爲南京，歷經東吳、東晉、南朝、南唐等朝代，被稱爲六朝古都。都市名稱也由金陵、秣陵、揚州、丹陽、江乘、湖熟、建業、建康、江寧、昇州、白下、上元，以至集慶、應天、天京、南京等，更改40多次，至中華民國成立，雖戰亂不斷，但也同樣定都南京，開啓中國歷史的新頁。然自1937年7月蘆溝橋事變（日方稱「支那事變」）後，日本帝國勢力步步進逼，同年12月南京淪陷，在日本帝國扶植下，經過1937年12月成立之「南京自治委員會」，1938年3月成立之「中華民國維新政府」（後文將以「南京維新政府」稱之），終於在1940年3月以「中國國民黨副總裁」、「中華民國第四任行政院長」汪精衛〔註2〕爲主席，建立與蔣介石於重慶同名的政權──「中

〔註2〕 汪精衛（1883.5.4～1944.11.10），名兆銘，字季新，號精衛，中國廣東人。幼讀私塾，1898年入廣州學堂，1902年中廣州鄉試，1904年考取官費留學，東渡日本就讀東京法政專門學校。留日期間，他加入同盟會，與孫中山至各地活動，並協助孫中山成立同盟會南洋分會，因辯才無礙與行事幹練受到孫中山器重。1910年初，因謀刺清王朝攝政王載灃失敗而下獄問死，後改判終身監禁，於辛亥革命後獲釋。1914年與妻子陳璧君同赴法國里昂大學攻讀社會學與文學，1919年應孫中山之召返國任職廣東政府。1924年當選國民黨中央執行委員，並任宣傳部部長，後隨孫中山北上，直至孫中山於北京逝世，他也隨侍在側，並手錄其遺囑。1925年7月，廣州國民政府改組，汪精衛出任國民政府主席，兼軍事委員會主席，地位受到位居黃埔軍校校長、國民革命第一軍軍長的蔣介石的挑戰，1926年中山艦事件後，兩人政見分歧，汪精衛離開廣州遠赴法國，蔣介石任國民黨中央軍事委員會主席與國民黨中央常委主席。1928年蔣介石中原大戰勝利後，權力日大，1929年汪精衛回國，與桂系軍隊聯合同抗蔣介石，卻因張學良易幟，歸順蔣介石而失敗。1931年5月粵、桂等反蔣介石各派在廣州另組國民政府，與南京國民政府對峙，汪兆銘出任領袖。9月初，廣州政府開始北伐，然而幾天後九一八事變爆發，粵系、寧系軍隊合流，合組以孫科爲首的政府。1932年一二八事變後，孫科辭職，汪精衛出任行政院長，抗日態度堅決，然因多次無法指揮蔣介石的人馬，先由軍轉政，後辭職前往歐洲。1933年3月回國復職，始主張對日進行和平交涉。11月汪精衛遇刺，獲救後往歐洲養傷，同年，主和派的外交部副部

華民國國民政府」（後文將以「汪精衛南京國民政府」指稱），而這段時間的南京，在兩岸的相關研究中，多以「汪偽政權」或「南京淪陷區」視之。

　　過去對於中國近代史中的「南京」研究，多停留在中華民國政府定都南京時期（1927～1937），抑或是延伸至日本攻克南京，發生南京大屠殺事件爲止，至於南京成爲「南京淪陷區」（1937～1945），日本如何在此培植、利用扶植政權──「汪精衛南京國民政府」統領中國各淪陷區的詳細情形，目前在專論部分，僅有吳學誠的碩士論文〈汪偽政權與日本關係之研究〉〔註3〕，邵銘煌的博士論文〈汪偽政權之建立及覆亡〉〔註4〕，以及經盛鴻《南京淪陷

　　　　長唐有壬亦遭暗殺身亡，自此國民黨內部對日強硬派躍升主流。1937 年 1 月汪精衛回國，並未擔任任何職位。直至 7 月蘆溝橋事變爆發，國民黨召開臨時全國代表大會，蔣介石被選爲國民黨總裁，汪精衛爲副總裁，仍主張對日親善，鼓吹「和平運動」。1938 年 8～9 月間，周佛海的代表梅思平與日本首相近衛的代表松本重治在香港談判，日方提出「不要領土，不要賠款，兩年內撤軍」，支持汪精衛的和平運動。同年 12 月，汪精衛與周佛海、高宗武等人離開重慶，借道雲南昆明搭機抵達越南河內，12 月 29 日汪精衛發出《致中央常務委員會國防最高會議書》和「艷電」（29 日電報代碼爲「艷」），內文言道：日本「對於中國無領土之要求」、「尊重中國之主權」，能使中國「完成其獨立」，以「互相善鄰友好、共同防共和經濟合作」三原則，「與日本政府交換誠意，以期恢復和平」。並認爲這樣做「不但北方各省可以保全，即抗戰以來淪陷各地亦可收復，而主權及行政之獨立完整，亦得以保持」。然而由於近衛內閣數天後（1939 年 1 月 4 日）突然辭職，以及雲南軍閥龍雲並未如約支持汪精衛，和平運動失敗。1939 年 1 月 1 日，國民黨中央執委會臨時會議一致決議，開除汪兆銘的國民黨黨籍和一切公職。3 月，汪精衛和其友人在河內多次遇刺，日本派人營救，5 月 8 日汪精衛抵達上海。1940 年 3 月 30 日在金陵建立由日本扶持的「中華民國國民政府」，汪精衛任行政院長兼國民政府主席、中央政治委員會最高國防會議主席，並合併華北王克敏的「華北臨時政府」和長江下游的梁鴻志「中華民國維新政府」。1943 年汪精衛以「中華民國國民政府」名義，參與由日本主導的大東亞會議。年底，汪精衛健康惡化，1944 年 3 月赴日治療；11 月 10 日病逝於日本名古屋帝國大學（今名古屋大學）醫院；11 月 23 日遵其遺願歸葬國民黨總理孫文之側，南京中山陵西南的梅花山。參見：《最新支那要人傳》（東京：朝日新聞社，1941 年）；復旦大學歷史系中國近代史教研組，《中國近代對外關係史資料選輯（1840～1941 年）》（上海：上海人民出版社，1977 年）；汪新、劉紅，《南京國民政府軍政要員錄》（北京：春秋出版社，1988 年 9 月），頁 125～129；林思雲，〈真實的汪精衛〉，http://www.edubridge.com/erxiantang/l2/wangjingwei_linsiyun.htm（2012 年 5 月 15 日閱覽，原文於 2000 年撰寫）。

〔註 3〕吳學誠，〈汪偽政權與日本關係之研究〉，文化大學日本研究所碩士論文，1980 年。

〔註 4〕邵銘煌，〈汪偽政權之建立及覆亡〉，文化大學歷史研究所博士論文，1990 年。

八年史》〔註5〕有系統性介紹；另有楊韻平的碩士論文〈汪政權與朝鮮華僑（1940～1945）──東亞秩序之研究〉〔註6〕，針對特定議題進行申論，其餘討論散見於各研究論集、期刊論文、會議論文之中。在這些專書與論文中，對於汪政權本身的歷史定位，多視其爲漢奸、傀儡政權；而對於在此時期具有南京經驗的臺灣作家，也多以小說家爲例，就其原鄉認同或祖國認同進行討論〔註7〕。基於這些研究成果，本章企圖進一步討論的是，當南京於1937年12月淪陷，歷經「南京自治委員會」、「南京維新政府」，1940年3月30日「汪精衛南京國民政府」成立，以迄日本戰敗投降，反應官方立場的《臺灣日日新報》如何對臺灣人傳播、塑造南京的形象？具有漢詩寫作能力的臺灣商紳、記者，一旦前往南京，對於這個隸屬汪精衛爲首之「南京國民政府」的「南京」，其行前想像爲何？當他們實際抵達南京後，在所創作的旅行漢詩中，又以那些意象表現南京？以上爲本章探討重點。〔註8〕

第一節　1937年起的南京形象：以《臺灣日日新報》爲例

自1937年南京淪陷後，便與臺灣、朝鮮、滿洲、北京等地一同劃入日本帝國政治力與帝國論述的影響統轄範圍，從相繼而起的扶植政權中可見，日本帝國對此地的政治、軍事介入愈見顯著，雖然自「汪精衛南京國民政府」成立後，與日本簽訂了〈日華基本條約〉、「附屬議定書」，表面上互相承認兩

〔註5〕 經盛鴻，《南京淪陷八年史》，北京：社會科學文獻出版社，2005年7月。

〔註6〕 楊韻平，〈汪政權與朝鮮華僑（1940～1945）──東亞秩序之研究〉，臺灣師範大學歷史研究所碩士論文，2004年。

〔註7〕 譬如，張惠珍，〈紀實與虛構：鍾理和、吳濁流的中國之旅與原鄉認同〉，《臺北大學中文學報》第3期，2007年9月，頁29～66。

〔註8〕 目前與中國淪陷區相關的先行研究中，主要以華北淪陷區爲大宗，譬如：張泉，《淪陷時期北京文學八年》（中國和平出版社，1994年10月）；張泉，《抗戰時期的華北文學》（貴陽：貴州教育出版社，2005年1月）；陳玲玲，〈華北淪陷時張深切的民族認同〉，《抗日戰爭時期淪陷區史料與研究》（南昌：江西百花洲文藝出版社，2008年11月）；張同樂，《華北淪陷區日僞政權研究》（上海：三聯書店，2012年5月）。其次爲上海淪陷區，譬如：王軍，《上海淪陷時期《萬象》雜誌研究》（吉林：人民出版社，2008年5月）；李相銀，《上海淪陷時期文學期刊研究》（上海：三聯書店，2009年4月）等。對於南京淪陷時期的文學情況、文人往來、以及以漢詩形式描述南京的相關研究，十分罕見。

國皆爲合法政權，並在互惠平等的原則下彼此提攜；實質上，此「國民政府」的內政、外交時時受到日本的掣肘與介入。

筆者將試圖從下列三個角度：一、南京都市發展史；二、臺灣與南京的交通往來；三、《臺灣日日新報》中的南京形象，進行討論。並參酌東文雄所著《鮮滿支大陸視察旅行案內》〔註9〕，大日本雄辯會講談社編纂之《新支那寫眞大觀》〔註10〕、市來義道編纂的《南京》〔註11〕等書，討論南京在歷史上的發展過程。其次，以此地淪陷後爲重點，陳述臺灣與南京間的交通情況。最後，歸納《臺灣日日新報》1937～1945 年間的南京相關報導，以了解日本官方透過報紙傳遞之南京形象及其塑造方式。

一、南京都市發展史

南京做爲一國首都的歷史，最早可溯及戰國時楚武王（一說楚威王）滅越後，在此地埋金以鎮王氣，並在石頭山興建金陵邑開始，南京的別稱「金陵」因此得名。秦代時，金陵邑改名爲秣陵縣。

東漢末年，雄霸江東地區的孫權於西元 211 年先將行政中心遷至南京，在金陵邑舊地修築石頭城，並改秣陵爲建業，後又於西元 229 年建立東吳，遷都於此。西晉滅吳後，於西元 282 年改建業爲建鄴，西元 313 年又改爲建康。西晉滅亡後，中原士族相繼南渡，西元 317 年司馬睿以建康爲都城，建立東晉。西元 420 年，東晉滅亡，南朝宋、齊、梁、陳相繼在建康建都，與東吳、東晉合稱六朝，此 350 年餘間，南京的文化與政經發展抵達歷史上第一波高峰。

然而，南朝梁武帝時期爆發歷時三年多的侯景之亂，不僅南朝士族傷亡慘重，南朝社會也形成重大危機，侯景圍城期間，人民或病或亡，「橫屍重遝，血汁漂流，無復行路」〔註12〕，據《南史·侯景傳》中所言，經此亂後的建業「千里煙絕，人跡罕見，白骨成聚，如丘隴焉」，此後南朝陳面臨隋軍進攻，國勢業已大不如前，建康城中的宮苑城邑也多遭毀壞，隨著隋代將首都遷至長安（今爲陝西西安），改此地爲蔣州，南京的地位也因此下降，至唐代才又

〔註 9〕 東文雄，《鮮滿支大陸視察旅行案內》（東京：東學社，1939 年 6 月）。
〔註10〕 大日本雄辯會講談社，《新支那寫眞大觀》（東京：大日本雄辯會講談社，1939 年 12 月）。
〔註11〕 市來義道，《南京》（南京：南京日本商工會議所，1941 年 9 月）。
〔註12〕 參見：《魏書·島夷蕭衍傳》。

逐步發展起來。

唐代時，先是在此設江寧郡，後置昇州，後再改為金陵府。南唐時，南京再度成為首都，修建金陵城，稱江寧府，宋代後的南京都市，即多是在南唐金陵城的格局上擴建而成。宋代時，在此設昇州，北宋時期稱江寧府，南宋時期又改為建業府，作為宋代行都，元朝時又改為集慶路。〔註13〕

1356 年朱元璋攻佔集慶，改為應天府，1368 年明朝建立，以應天府為京師，再度大興土木擴建城邑，南京至此成為全國政治、經濟、文化中心。然 1402 年發生靖難，朱棣經此難後登基為建文帝，於 1421 年遷都北京，將應天府改為南京，作為留都，但仍在南京保留六部等政治機關，將之視為太子練習管理朝政的所在。明代中葉，南京人口達 120 萬人，為當時世界上最大的都城，其發展之繁榮昌盛，是為南京都市歷史上第二波高峰。

1644 年李自成攻陷北京，明崇禎皇帝自殺，由福王朱由崧在南京建立南明，1645 年南京亦遭清軍攻克，改稱江寧府。清代時，江寧是管轄江蘇、安徽、江西三省的兩江總督駐守地，也是江蘇省省會，更建有江寧織造廠，以供應皇家絲織品的需求，足見其在政治、經濟上的重要性。1853 年爆發太平天國之亂，太平軍攻陷江寧，改為天京，後雖經曾國藩帶領之湘軍平定，但連年戰亂與殺伐中，南京城市又幾乎遭毀壞殆盡，以至於南京雖在 1858 年的《天津條約》中被列為通商口岸，卻到 1899 年才正式開闢商埠於長江下關，1906 年滬寧鐵路開通、1912 年津浦鐵路完工，南京作為南北鐵路要道和東西水路交會的交通樞紐特性才又再次彰顯出來。1910 年 6 月，由兩江總督監南洋大臣端方推動，展覽全國農工商產品的「南洋勸業會」亦在南京盛大舉辦。〔註14〕

1911 年辛亥革命，1912 年中華民國臨時政府成立，孫中山就任大總統，改江寧府為南京府，後又改為南京，並定都於此，雖然一度發生袁世凱將民國首都遷往北京的事件，但在 1927 年國民政府正式於南京成立，定都南京，並設置南京特別市起，南京的首都地位又再次受到提升與重視。並於 1929 年至 1937 年展開了大規模首都建設規劃〔註15〕，此建設奠定了近代南京的都市格局。

〔註13〕市來義道，《南京》（南京：南京日本商工會議所，1941 年 9 月），頁 27～32。
〔註14〕市來義道，《南京》（南京：南京日本商工會議所，1941 年 9 月），頁 28。
〔註15〕關於此首都建設相關內容，可參考：王俊雄，〈國民政府時期南京首都計畫之研究〉，國立成功大學建築學系博士論文，2002 年。

　　1937 年 7 月蘆溝橋事變（支那事變）爆發，8 月上海松滬會戰後，南京
開始受到猛烈的空襲與轟炸。同年 12 月南京淪陷後，日本帝國爲了控制以南
京與上海爲中心的華中淪陷區，先是於 1937 年 12 月成立以陶錫三爲會長的
「南京市自治委員會」，而後又於 1938 年 3 月建立以梁鴻志爲首的「中華民
國維新政府」，最後終於 1940 年 3 月組建以汪精衛爲核心的「中華民國國
民政府」，收編南京的維新政府與北平的臨時政府，統轄日本的中國佔領區，
以對抗蔣介石的重慶國民政府。此外，日本當局更在「汪精衛南京國民政府」
成立的同一日，舉行「還都」儀式，以宣揚「汪精衛南京國民政府」的合法
性與獨立性，「南京」至此不僅爲統領中國淪陷區的中央政府，亦是日本帝國
在中國扶植政權的政治、軍事中心。〔註16〕

二、臺灣與南京的交通往來

　　如上所述，南京在中國歷史上占有重要地位，多次成爲各朝代的首都，
就連日本侵略中國期間，也將「攻陷南京」視爲重要的作戰目標。當南京陷
落後，相繼成立的扶植政權宣告此地成爲日本帝國的中國佔領地之一，被編
入日本「大東亞共榮圈」的影響範圍，而與日本殖民地臺灣、朝鮮，以及另
一個扶植政權「滿洲國」發生關聯。在這樣的大背景下，南京淪陷期間與臺
灣的交通往來情況爲何，即本段討論重心。

　　東文雄《鮮滿支大陸視察旅行案內》〔註17〕、市來義道編纂的《南京》
〔註18〕都提及，南京對外開港通商，主要始於 1858 年的《天津條約》，明治

〔註16〕經盛鴻，《南京淪陷八年史》（北京：社會科學文獻出版社，2005 年 7 月）。值
　　　　得注意的是，日本在汪精衛南京國民政府成立後，積極爭取南京協助戰爭，
　　　　因此在各種場合都極力提升南京代表者的地位，譬如，在大東亞文學者大會
　　　　中，南京代表的地位就有高於一般殖民地或其他扶植政權代表的情況，相關
　　　　論述可參考：柳書琴，〈「外地」的沒落：臺灣代表們的第一次大東亞文學者
　　　　大會〉，「第一屆臺灣研究世界大會」，臺灣：臺北，中央研究院主辦，2012
　　　　年 4 月。另外，關於日本對中國淪陷區施行文學統制的相關情況，可參考：
　　　　施淑，〈大東亞文學共榮圈──《華文大阪每日》與日本在華占領區的文學統
　　　　制〉，《新地文學》第 1 期，2007 年 9 月，頁 41～72；〈文藝復興與文學進路
　　　　（上）──《華文大阪每日》與日本在華占領區的文學統制〉，《新地文學》
　　　　第 4 期，2008 年 6 月，頁 41～37；〈文藝復興與文學進路（下）──《華文
　　　　大阪每日》與日本在華占領區的文學統制〉，《新地文學》第 5 期，2008 年 9
　　　　月，頁 53～60。
〔註17〕東文雄，《鮮滿支大陸視察旅行案內》（東京：東學社，1939 年 6 月）。
〔註18〕市來義道，《南京》（南京：南京日本商工會議所，1941 年 9 月）。

政府與南京間的渡航往來，則始於 1898 年 1 月。隨著日本在中國的勢力擴張，越來越多人遠渡重洋到異地尋求出路，日本開始控管前往中國佔領地的人數、品質與目的。南京淪陷後，此管制仍然存在，欲前往南京，及其它中國佔領地者皆需向出發地之警察機關報備，並附上「渡支理由證明書」與「防疫關係證明書」等資料，申請「渡航證明」後，方可成行。

1937 年南京淪陷後，臺灣欲前往南京者，往復南京的路途相當周折，常需要多次的轉乘，更換不同運輸方式，才能抵達目的地。基本上，主要可歸納爲以下三種方式：

（一）臺灣－日本－（滿洲或朝鮮）－上海－南京

由臺灣搭乘內臺航線至日本，抵日本後分空路與海路兩條路線。空路部分，可由東京、大阪、福岡等地搭乘大日本航空會社的客機前往上海。海路部分，一可由長崎、神戶搭乘東亞海運之神戶丸、長崎丸、上海丸，或日本郵船會社之船隻赴上海；二可透過日滿聯絡船，或日鮮聯絡船抵達滿洲或朝鮮，之後再換乘火車或海運前往上海。不論透過空路或海路，當旅人至上海後，可選擇南京－浦口之內河航線、中華航空株式會社之飛機，或是搭乘火車，進入南京。

（二）臺灣－滿洲或朝鮮－上海－南京

由臺灣乘大連汽船的大連丸、奉天丸，或青島丸等船隻抵滿洲或朝鮮，再轉搭火車或海運抵達上海，再如前述方式，選擇內河航線、飛機或火車，進入南京。

（三）臺灣－上海－南京

由臺灣乘船進抵上海，同樣可選擇內河航線、飛機或火車，進入南京。

綜合以上各方式可見，臺灣與南京間的交通往來並無直達之法，常需在東亞各都市間轉乘多種交通運輸，不論是航空、海運、抑或鐵路，才能抵達目標。繁複的交通方式一方面說明了由臺灣前往南京之舟車勞頓，另一方面卻也點出南京作爲交通要衝，連結各種交通運輸方式的機動性與便利性。詳細的空路與鐵路運輸線路如下：

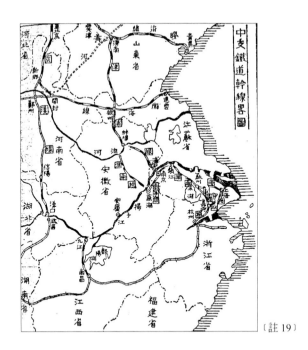

〔註19〕

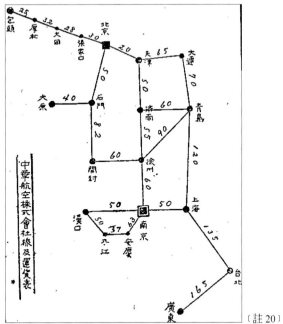

〔註20〕

〔註19〕附錄（一），〈中支鐵道幹線略圖〉，《南京》（南京：南京日本商工會議所，1941
　　　 年9月），頁4。

〔註20〕附錄（一），〈中華航空株式會社線及運貨表〉，《南京》（南京：南京日本商工
　　　 會議所，1941年9月），頁5。

　　除了透過當時交通網絡的重建，歸納前往南京的途徑之外，我們也可以透過1937年後從臺灣前往南京的旅人們或其友人所撰寫餞別詩或旅行詩，實際了解他們如何想像，或描述這段交通行旅的過程。略舉陳氏清提〔註21〕之作爲例：

> 遠會夫君去意堅。檣頭風飽錦帆船。
>
> 金陵埔里迢迢路。兩地睽違各一天。（陳氏清提）〔註22〕

這首詩，是陳氏清提送別欲往南京尋夫的表姊艷梅之作。詩中以「檣頭風飽錦帆船」說明艷梅此行至南京的方式是乘船，並祝福表姊此趟前往南京尋夫的路途一帆風順，詩句只有大略書寫艷梅搭乘船隻的情景，並未提及乘船抵達上海後的轉乘情況，因此更詳細者另可參考吳萱草〈入南京〉、陳道南〈乘飛龍快車入南京〉，以及吳濁流〈赴南京乘快車過蘇州〉等漢詩作品：

> 囊書按劍入南京。歷盡山川不計程。
>
> 但藉舟車隨處便。更勞鷗鷺下關迎。
>
> 六朝勝景資吟料。十色名花助酒舷。
>
> 江北江南新劫後。暫時托足石頭城。（吳萱草）〔註23〕
>
> 久慕金陵舊帝京。飛龍駕馭趁風輕。
>
> 朱明霸業銷沉盡。懷古能無憤憑生。（陳道南）〔註24〕
>
> 快車破曉向南征。滿眼烽煙十里桯。
>
> 借問楓橋何處是。姑蘇城外獨留情。（吳濁流）〔註25〕

從這些作品中，我們可以發現「火車」是詩人們前往南京的過程中，最常選擇的交通方式，其次是船隻，終點站則在南京下關驛。詩作中對於火車之「快」，多以「飛龍」、「快車」比擬，帶有神奇之姿和新鮮感，透過前後詩句對南京歷史、文化的描繪，詩人們將現代化的火車與充滿歷史感的南京串聯在一起。

〔註21〕陳氏清提，生平不詳，但從其作品於《詩報》刊出時，署名「陳氏清提」，可知應爲女性詩人。

〔註22〕陳氏清提，〈送表姊艷梅之南京〉，《詩報》第212號，1939年11月17日，頁21。

〔註23〕吳萱草，〈入南京〉，《詩報》第251號，1941年7月4日，頁21。

〔註24〕陳道南，〈乘飛龍快車入南京〉，《詩報》第272號，1942年5月20日，頁19。

〔註25〕吳濁流，〈赴南京乘快車過蘇州〉，《詩報》第312號，1944年3月20日，頁22。

　　將交通型態作爲重點加以描繪者，則可以吳萱草〈自南京乘飛機至上海〉一詩爲代表：

　　　　海陸游行更駕空。恍馳天馬勢橫雄。
　　　　扶搖直上青雲裏。昂縱眞臨碧漢中。
　　　　休說御風追列子。不須縮地慕壺公。
　　　　秣陵城驛申江渡。百里飄然頃刻通。（吳萱草）〔註26〕

從詩題可知，此乃作者由南京搭機至上海之作。這首書寫吳萱草由南京出發，乘飛機至上海的作品，補充了南京在陸運、河運之外於空運方面的情況。細觀本詩，首句即以「海陸游行更駕空」說明詩人在經過海路與陸路旅行後，嘗試更令他印象深刻的空路旅行，恍惚間，他彷彿乘上了天馬，氣勢宏偉地在青雲間穿梭。下半段，吳萱草寫到「休說御風追列子。不須縮地慕壺公。秣陵城驛申江渡。百里飄然頃刻通。」，以列子御風而行的故事，「化遠爲近」神仙之術的壺公等典故，說明飛機航行快速，縮短遙遠路程的神奇效能，點出南京與上海間的距離因「飛機」此一現代化交通工具之興起，片刻即可相通，宛若將古時候的神話傳說落實於現實世界之中。

　　透過這些東文雄《鮮滿支大陸視察旅行案內》、市來義道編纂的《南京》等史料，與陳氏清提、吳萱草、陳道南、吳濁流等人詩作，我們可以發現，當南京淪陷後，其與臺灣間的交通往來雖稱不上便利、快速，但是仍可透過多種交通運輸方式的連接。也就是說，旅人們只要能先抵達中國土地，透過內陸河運、海運、空運、火車，都可以連結南京。在地理位置上，南京較上海稍居內陸，但是由於黃浦江的廣大河面可容納一萬噸以上的大船航行，加上津浦鐵路、滬寧鐵路，以及中華航空株式會社之客機往來頻繁，使得此地的對外聯通暢便，對於西進漢口、九江，或北進北京、青島也都是極佳的轉運點。

三、《臺灣日日新報》中的南京形象

　　透過前段敘述，我們已經了解南京城市的歷史發展，以及此地自 1937 年淪陷後，與臺灣的交通往來情況，接下來筆者將以《臺灣日日新報》爲分析對象，歸納此份具有官方色彩的報刊如何塑造南京淪陷後的都市形象。

〔註26〕吳萱草，〈自南京乘飛機至上海〉，《詩報》第 260 號，1941 年 11 月 17 日，頁 24。

　　《臺灣日日新報》早在 1898 年，南京尚屬清帝國轄地時起，就已出現與南京相關的報導，包括報導南京地方官員招募新兵的情況〔註 27〕，以及由日本派遣至南京的留學生學習情形〔註 28〕。稍後，舉凡 1900 年南京同文書院的開院〔註 29〕，1905 年滬寧鐵路的動工〔註 30〕，1909 年南京博覽會舉辦盛況〔註 31〕，以及此博覽會與日本間的關係〔註 32〕，都是《臺灣日日新報》報導重點。至於 1911 年辛亥革命爆發，《臺灣日日新報》報導不輟，以「革命黨暴動彙報」〔註 33〕、「清國革命彙報」〔註 34〕爲總標題，進行相關小篇新聞報導，將南京之新政府動態一波波輸入臺灣島內。續後孫文在南京就任大總統後，與袁世凱和諸軍閥間的種種戰事、軍情，也透過該報傳播進入臺灣閱報者的視野之中。

　　1925 年 7 月國民政府正式成立，關於南京的新聞逐漸從學生排日運動〔註 35〕、拒絕日貨〔註 36〕、動盪不安〔註 37〕、軍閥進出〔註 38〕等消息，轉爲

〔註 27〕 〈極東問題　南京總督の新兵募集〉，《臺灣日報》，1898 年 1 月 25 日，日刊，第 4 版。

〔註 28〕 〈湖北及南京の留學生〉，《臺灣新報》，1899 年 1 月 17 日，日刊，第 4 版。

〔註 29〕 〈南京同文書院開院式〉，《臺灣日日新報》，1900 年 6 月 16 日，日刊，第 1 版。

〔註 30〕 〈南京鐵道起工式〉，《臺灣日日新報》，1905 年 4 月 28 日，日刊，第 1 版。

〔註 31〕 〈南京博覽會〉，《臺灣日日新報》，1909 年 8 月 5 日，日刊，第 2 版；〈南京博覽會近況〉，《臺灣日日新報》，1905 年 5 月 26 日，日刊，第 3 版；〈南京博覽會案內（上）〉，《臺灣日日新報》，1910 年 6 月 8 日，日刊，第 4 版；〈南京博覽會案內（下）〉，《臺灣日日新報》，1910 年 6 月 9 日，日刊，第 4 版。

〔註 32〕 〈南京博覽會と日本〉，《臺灣日日新報》，1910 年 2 月 5 日，日刊，第 3 版。

〔註 33〕 〈革命黨暴動彙報〉，《臺灣日日新報》，1911 年 10 月 25 日～1911 年 11 月 6 日，日刊，第 1、2 版，共 11 篇。

〔註 34〕 〈清國革命彙報〉，《臺灣日日新報》，1911 年 11 月 10 日～1911 年 12 月 12 日，日刊，第 1、2、4 版，共 65 篇。

〔註 35〕 〈學生の排日運動〉，《臺灣日日新報》，1918 年 7 月 23 日，日刊，第 2 版；〈學生運動排日〉，《臺灣日日新報》，1918 年 7 月 24 日，日刊，第 5 版。

〔註 36〕 〈南京日貨排斥近況〉，《臺灣日日新報》，1919 年 5 月 28 日，日刊，第 4 版；〈南京排斥日貨〉，《臺灣日日新報》，1919 年 5 月 28 日，日刊，第 5 版；〈南京亦排日貨〉，《臺灣日日新報》，1919 年 12 月 13 日，日刊，第 5 版。

〔註 37〕 〈南京不安に陷る〉，《臺灣日日新報》，1920 年 11 月 8 日，日刊，第 2 版；〈南京輿情不安〉，《臺灣日日新報》，1920 年 11 月 9 日，日刊，第 5 版；〈南京人心恟恟たり〉，《臺灣日日新報》，1921 年 8 月 23 日，日刊，第 2 版。

〔註 38〕 〈吳佩孚赴南京〉，《臺灣日日新報》，1924 年 11 月 6 日，日刊，第 4 版；〈孫傳芳黨於南京〉，《臺灣日日新報》，1924 年 12 月 24 日，日刊，第 4 版；〈盧

民心漸趨平靜〔註39〕，1926 年更有以「南京已成政治中心」〔註40〕爲標題的
報導，說明中國地區雖軍閥各據爲王，但南京已儼然有成爲新政府之中心的
地位。1927 年時，更刊登「南京下關略圖」，表現該報對此地的調查：

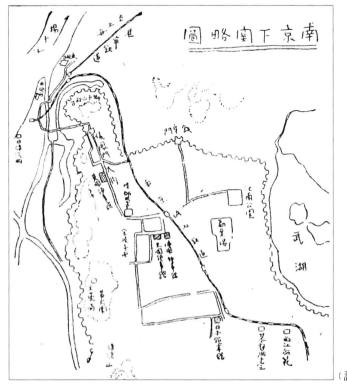

〔註41〕

　　而在 1931 年《三六九小報》中則有陳雲汀發表〈首都南遷感作〉〔註42〕，
表達臺灣漢詩人對此時局訊息的敏銳接收情況，以及面對南京重新成爲國民
政府首都時，臺灣方面的理解與態度。

　　　　　永祥將來南京〉，《臺灣日日新報》，1924 年 12 月 30 日，日刊，第 4 版。
〔註39〕　〈南京民心漸歸平靜〉，《臺灣日日新報》，1925 年 9 月 28 日，夕刊，第 4 版；
　　　　　〈南京市內平靜〉，《臺灣日日新報》，1925 年 10 月 23 日，夕刊，第 1 版。
〔註40〕　〈南京已成政治中心〉，《臺灣日日新報》，1926 年 6 月 17 日，日刊，第 4
　　　　　版。
〔註41〕　〈南京下關略圖〉，《臺灣日日新報》，1927 年 3 月 28 日，夕刊，第 2 版。
〔註42〕　陳雲汀，〈首都南遷感作〉，《三六九小報》第 106 號，1931 年 9 月 3 日，第 4
　　　　　頁。全詩如下：「武昌舉義逐胡兒，廿載紛紛創國基。都建金陵原有定，軍興
　　　　　東粵欲何爲。民心厭亂思圖治，漢鼎持迴應轉移。自是江南風氣好，繁華又
　　　　　見六朝時。」

　　1937 年 12 月南京淪陷後，日本陸軍首要面臨的就是在入城式後，應以何種姿態現身在關注此地局勢的人們面前。透過《臺灣日日新報》，我們可以發現，在 1937 年 12 月 24 日中，即出現了以〈國民政府と絕緣し　南京に自治委員會　委員長は陶錫山氏〉〔註43〕為標題的新聞，以「抗日容共的國民政府已經滅絕，親日防共的新政權——南京自治委員會已經成立」為主要內容，儼然將新成立的「南京自治委員會」取代遷都重慶的蔣介石國民政府。1938 年 3 月 20 日至 27 日，則接連出現以「中支新政權」〔註44〕、「中支新政府」，〔註45〕甚至是「中國維新政府」〔註46〕為標題，報導南京當地舉辦新政權成立式的新聞。同年 3 月 29 日更直接以「新國家成立」〔註47〕指稱這個「南京維新政府」，幾乎有將此「維新政府」標舉為「新中國政權」的含意。由新聞記事顯示，《臺灣日日新報》對於南京政權的敘述以「新政權」之姿表現淪陷後的南京政府，有意淡化日本帝國在攻略南京後介入此地政治的行為。

　　然而，與此意圖相違背的是，《臺灣日日新報》才於 1937 年 12 月 6 日報導南京淪陷的新聞，9 日就以近五分之一的版面刊登「南京陷落大祝賀の提燈行列と旗行列　島都の實施要領決る」〔註48〕，亦即慶祝南京陷落舉行提燈、祝賀活動的訊息。在這篇訊息中，不僅詳細分配揮舞祝賀旗與提燈的人員組成，連集合地點、遊行路線都有明確的規劃，可見總督府對於「南京陷落」一事及其宣傳效應的高度重視，而在此活動中的被動員者，也在參加活動的同時，以身體行為感受、體認「攻克南京」之於日本帝國的重要性，及其背後所代表的意義。當殖民地臺灣人被總督府動員參與「慶祝南京陷落」活動時，「南京」實質上是日本帝國另一個延伸統治領域的特質，就在此間被

〔註43〕　〈國民政府と絕緣し　南京に自治委員會　委員長は陶錫山氏〉，《臺灣日日新報》，1937 年 12 月 24 日，日刊，第 1 版。
〔註44〕　〈中支に新政權　近く南京で成立式〉，《臺灣日日新報》，1938 年 3 月 20 日，夕刊，第 1 版。
〔註45〕　〈中支新政府は　廿六日頃結成式　南京で華華しく〉，《臺灣日日新報》，1938 年 3 月 23 日，日刊，第 1 版。
〔註46〕　〈中國維新政府　盛大な結成式　二十八日に南京で〉，《臺灣日日新報》，1938 年 3 月 27 日，夕刊，第 1 版。
〔註47〕　〈新國家を樹立　南京で歷史的大式典　けふの吉日をトして〉，《臺灣日日新報》，1938 年 3 月 29 日，夕刊，第 1 版。
〔註48〕　〈南京陷落大祝賀の提燈行列と旗行列　島都の實施要領決る〉，《臺灣日日新報》，1937 年 12 月 9 日，日刊，第 7 版。

傳播了出去。

《臺灣日日新報》連載的森岡生〈中支那見聞記〉〔註49〕（1938/11/20～1938/12/11，共 14 回），則以軟性報導的方式，爲閱報者營造了一幅日本人稱呼的「中支那」旅行地圖。作者身爲隨軍記者，由基隆港出發，經過近一日半的航程，沿揚子江、黃浦江抵達上海。該文描述了南京淪陷後，日本人激增的上海，討論臺灣與上海間的航路往來、法幣問題、以及臺灣和此地的青果業貿易情勢；第 7 回介紹由上海乘火車入南京的經過，並述及沿線各站曾發生之激烈戰事；第 8 回起，作者已進入南京，在於筆下南京城是一個外觀雄偉卻近代化不足的都市，而在其後的文章中，亦以光華門與雨花臺的戰蹟巡禮，新建之中山陵與明陵爲參觀重心；最後收束在「舊政府時代時，爲蔣介石等要人出入之所；今日爲新政府「重要人士來往之處」之南京最大餐廳——太平洋飯店」的介紹。

綜觀全文，森岡生站在日本人和日本帝國的立場，以現代性與戰爭角度，剖析南京發展和歷史。在他筆下的南京，中國的歷史感十分淡薄，取而代之的是徒有雄偉建築卻缺乏近代化建設的批評，以及對於戰爭的肯定。森岡認爲，戰爭促使新舊政權變遷，日本人進駐，太平洋飯店等上流社交場所由於日本味漸濃，使作者聯想起故鄉淺草……等等。這類敘述無視南京過往在中國朝代下的輝煌歷史，僅將此地過往的文化光輝以城郭之高大恢弘一筆帶過，以期待南京的現代化，陳述南京如今滲入的日本情調，掩蓋它與中國文化間的連結。

除軟性報導外，一如筆者於前述幾章所言，欲將一個地區的特色或形象，直接且深刻地傳達給另一個地區的人，最迅速的方式就是透過圖像建立形象，《臺灣日日新報》南京相關之報導也呈現同樣現象。

《臺灣日日新報》中南京相關圖像，以照片爲主，譬如爲彰顯「日支提攜」而進行的盛大孫文移靈式，即以中山陵之圖片表現（見下圖一）。1937 年1 月，汪精衛仍爲國民黨重要幹部，於法國養病期間返回南京爲國民黨內部進行磋商，與當時國民政府主席林森合影（見下圖二）。這些照片輔以報導，都足以爲未曾前往南京，或對未諳南京政局者，增加印象。

〔註49〕 森岡生，〈中支那見聞記〉，《臺灣日日新報》，1938 年 11 月 20 日～1938 年 12月 11 日，日刊，第 2 版，共 14 回。

圖一〔註 50〕

圖二〔註 51〕

　　南京淪陷日軍「南京入城式」中軍容浩大的影像（見下圖三），以及英姿
勃勃的日軍司令官和支那傷兵刻意擺放在一起的照片（見下圖四），也在在有
向臺灣閱報者宣揚日本帝國威勢的效果：

〔註 50〕　〈新支那の聖地　孫文陵と移靈式〉，《臺灣日日新報》，1929 年 6 月 1 日，夕
　　　　　刊，第 1 版。
〔註 51〕　〈汪精衛氏が南京入り〉，《臺灣日日新報》，1937 年 1 月 24 日，日刊，第 7
　　　　　版。

圖三〔註52〕　　　　　　　　　　圖四〔註53〕

　　這些相片顯示出的日華親善與日軍驍勇形象，經由編輯有意的排版、出刊後的大量傳播、閱報者圖文的對照閱讀，其結果是南京政權「新政權化」、「獨立國家化」的特質被一步步消解，帝國威勢和日軍在南京的赫赫戰功不斷強化，這樣的印象被輸入臺灣，進入臺灣人的理解之中。

　　早在 1910 年代，《臺灣日日新報》上即已刊登一些欲往南京的臺灣旅人與友人相送之作，除此以外也有臺灣人與南京人士的往來唱酬之作。譬如，

〔註52〕　〈輝く皇軍の南京入城式〉，《臺灣日日新報》，1937 年 12 月 22 日，日刊，第
　　　　　7 版。
〔註53〕　〈皇軍の恩威南京に輝く〉，《臺灣日日新報》，1937 年 12 月 23 日，夕刊，第
　　　　　2 版。

羅維屏所撰的〈和作型詞兄遊東南京留別韻〉〔註 54〕，以及鄭鵬雲〈和家模山詞兄觀光名古屋共進會及南京博覽會瑤韻〉〔註 55〕，都以「六朝金粉」形容南京。南京淪陷後，由記者魏清德所選定刊登之與南京相關的漢詩作品，如 1938 年 12 月刊登的吳萱草〈釣翁君〔註 56〕自南京來信書此寄之〉〔註 57〕，首先以「大陸風雲欣際會」將 1938 年處於各種勢力和政情交鋒的南京點出，下句「鵬遊萬里初酬志。老驥多年始展才」，更運用鵬飛萬里與老驥伏櫪的典故，將王大俊於 1937 年至南京後終於得嘗夙志，自己亦期盼一展長才的心情抒發出來。1939 年林毓川〈送外甥欽鐘再之上海南京〉〔註 58〕亦以「朝市歸新主，繁華復舊形」，說明此時南京已歸新政權掌握，經過變亂後的商業，也恢復了舊時的繁盛。同年，潤庵生，也就是魏清德，也在〈瀛社長謝雪漁先生將有南京之行詩以送之〉〔註 59〕一詩中，以「懸知龍虎興王地」一句，指

〔註 54〕 羅維屏，〈和作型詞兄遊東南京留別韻〉，《臺灣日日新報》，1910 年 5 月 28 日，日刊，第 1 版。

〔註 55〕 鄭鵬雲，〈和家模山詞兄觀光名古屋共進會及南京博覽會瑤韻〉，《臺灣日日新報》，1910 年 6 月 11 日，日刊，第 1 版。

〔註 56〕 釣翁君，應為王大俊（1886～1941（1942）），字一軒，號釣翁，臺南北門鄉人，與王炳南、吳萱草並為「嶼江吟社」、「白鷗吟社」三臺柱，亦是「北門三王」之一，1937 年蘆溝橋事變後遠遊中國，一說於 1941 年客死南京。一說於 1942 年死於上海。

〔註 57〕 吳萱草，〈釣翁君自南京來信書此寄之〉，《臺灣日日新報》，1938 年 12 月 11 日，夕刊，第 4 版。全詩如下：「梅花嶺上枝一開。消息遙傳最快哉。大陸風雲欣際會。乘時人物共登臺。鵬遊萬里初酬志。老驥多年始展才。漫憶嶼江閒釣水。功名富貴迫君來。」，同詩亦於 1939 年 1 月 1 日刊登於《風月報》第 77 期，頁 29，題名為〈釣翁哥自南京來信賦贈〉。

〔註 58〕 林毓川，〈送外甥欽鐘再之上海南京〉，《臺灣日日新報》，1939 年 6 月 8 日，夕刊，第 4 版。全詩如下：「戒嚴聞稍緩，滬上汝曾經。朝市歸新主，繁華復舊形。商機防忽逸，鄉土去無停。深得陶朱法，經營趁壯齡。」同詩亦於收於林鍾英《梅鶴齋吟草》，題名為〈送外甥文安再之上海南京〉。

〔註 59〕 潤庵生，〈瀛社長謝雪漁先生將有南京之行詩以送之〉，《臺灣日日新報》，1939 年 6 月 23 日，日刊，第 8 版。全詩如下：「渡海兒先負弩行。還攜二子向南京。懸知龍虎興王地。無限沙蟲歷○情。滿野哀鴻方待哺。過關老馬許重鳴。微才我愧非安石。一任青氈歲月更。」，其中「無限沙蟲歷○情」的缺字不似因報刊翻印而漫漶，反而比較像是原有某字但被刪除。同詩亦於 1939 年 9 月 1 日刊登於《風月報》第 93 期，頁 29，但內容略有改動：「幹蠱兒先負弩行。暮年載筆入南京。懸知龍虎興王地。無限沙蟲戀劫情。滿野哀鴻方待哺。過關老馬許重鳴。微才我愧輸安石。一任青氈歲月更。」此二詩間的字句更動，原詩與重刊詩間的缺補字情況，尚待更多研究予以討論。

出南京在此時重新成爲王都所在。南京相關詩作的刊載，詩句詞彙與各式南京相關新聞記事的呼應，都可能帶給臺灣閱報者——「南京爲一新興政權」，臺灣與此一新政權社會頻繁、交流日增的印象。

第二節　《風月報》、《南方》、《詩報》中的南京想像　　　　與意象

在第一節中，我們已然針對南京的歷史發展、此地淪陷後與臺灣間的交通往來，以及具官方色彩之《臺灣日日新報》對臺灣閱報者所傳遞出的南京形象進行梳理。接下來，筆者將首先以1937年謝雪漁〈日華英雌傳〉爲例，討論戰爭期臺灣作家對南京的描寫；其次，以《風月報》、《南方》、《詩報》刊登謝雪漁、武全、蘇鴻飛等人前往南京前，友人撰寫的餞別詩和旅人自撰的贈別詩，討論臺灣商紳與文人對於南京一地的想像情況；最後，以謝雪漁、吳萱草實際抵達南京後撰寫的旅行詩，探討其中對於南京的意象塑造，藉此歸納臺灣商紳與文人如何書寫南京，以及他們對南京的理解情況與內容。

一、1937年作家筆下的南京形象：以謝雪漁〈日華英雌傳〉爲例

1937年7月，距離南京淪陷尚有5個月，謝雪漁在《風月報》第45期開始連載以出身南京的李麗君爲主角的〈日華英雌傳〉〔註60〕，通篇小說由《風月報》第45期（1937.7.20）連載至第76期（1938.12.1），共29回。內容描寫出身南京的李麗君如何在南京生存、發展，因其於南京播音局之優異表現，受南京總領事前川剛之妻前川壽子之邀，聘爲家庭教師，東渡東京，繼而在東京發生一連串不平凡的事蹟，最終於其子大新入贅前川家，其母陳氏歿後，遁入崑崙山修行，不知所終。前6回（1937.7.20～1937.11.1）描寫主角李麗君之身世、經歷和生活情景時多次述及南京，此後相關敘述減少，不過在李麗君回顧過往時亦有簡略描寫。

將《日華英雌傳》前6回的刊出時間與當時中國重大時事予以對照，則會發現此篇小說第1回正好刊登於1937年7月7日蘆溝橋事變發生後的兩個星期，顯示作者撰述此篇小說之背景與動機，與當時激變之東亞時局似有某些關聯。因此，分析該小說中關於南京的書寫，或可理解謝雪漁於此敏感時

〔註60〕謝雪漁，〈日華英雌傳〉，《風月報》第45期～第75期，1937年7月20日～1938年12月1日，共29回。

局中對於南京一地的認識，及所塑之南京形象。

謝雪漁在〈日華英雌傳〉第1回首句，如此言道：

> 李麗君者，生於南京近郊。
>
> 一小農村，在明洪武帝御陵東畔。〔註61〕

作者開宗明義說明故事主角生於「南京」，並以「明洪武帝御陵」，即南京紫金山明孝陵，為李麗君生長的南京強化其歷史淵源。後來，李麗君因其兄浪生之故遷居南京城中，除了開啓她不平凡的一生故事外，也開啓小說中作者謝雪漁對南京城內各式建設、流通刊物、時間理解、現代化用品等敘述。

順著李麗君的成長過程，8歲入南京小學，3年全科畢業，11歲入中學，14歲入大學，17歲大學畢業，已可發現在謝雪漁的小說設定中，清末民初的南京已有各級學校制度，也就是說，在謝氏筆下的南京，在教育方面已經進入了近代化教育制度的階段，甚至可以在校長的允許下，「依超班進級特例」〔註62〕，即依循「跳級」制度，越級修讀課程，以期提早完成學業。除此之外，從李麗君任職、求職的過程，歷經《南京日報》女記者，《女性時代雜誌》編輯，以及「南京播音局」播音員等資歷，我們也可發現南京的大眾傳播產業似乎十分發達，小說中幾度敘述：

> 李麗君此初回播音，……由傳聲機，落於環球瀰漫之大氣中，越海踰山，入於無數家庭主婦之耳埰娓娓動聽。〔註63〕
>
> 彼（指李麗君）曾為南京日報女記者，擔任婦界關係記事，交際甚廣。文筆縱橫，詞華綺麗，直欲壓倒鬚眉。不但君（指王翔）聞其名，此間文士之有聲者，殆無不與之交遊。〔註64〕
>
> 那沈健倉與林敦夫兩人，均是李麗君為女性時代，星期發刊雜誌總編輯，所屬青年記者。雜誌女性時代之編輯局，為他三人活動天地，兩人俱滿腔熱血，搜集材料，幫助編輯。其雜誌發行，深為婦界所歡迎，部數經萬餘。〔註65〕
>
> 林敦夫自外來，……行到堂中，笑容可掬。趨前握手，曰閱南京日

〔註61〕謝雪漁，〈日華英雌傳〉，《風月報》第45期，1937年7月20日，頁7。
〔註62〕謝雪漁，〈日華英雌傳〉，《風月報》第45期，1937年7月20日，頁7。
〔註63〕謝雪漁，〈日華英雌傳〉，《風月報》第46期，1937年8月10日，頁9。
〔註64〕謝雪漁，〈日華英雌傳〉，《風月報》第46期，1937年8月10日，頁9。
〔註65〕謝雪漁，〈日華英雌傳〉，《風月報》第46期，1937年8月10日，頁9。

報，載云先生（指李麗君）就職播音局，每日聞關係家庭妙論，幾
次欲到局請見，恐涉嫌疑，是以趑趄不前。〔註66〕

這些刊物與傳播業的流通不僅十分廣泛，影響力也極大，不僅僅傳播時局消
息，也能促成人與人之交遊網絡。故事中述及女主角李麗君之所以有機會，
應南京總領事之妻前川壽子之邀爲家庭教師的經過時，曾如此寫道：

　　……時李麗君經營雜誌，對於女界縱談利弊，筆鋒尖銳，詞旨正當，
壽子曾購取玩索，深爲感服。欲一見其人，未有機會。雜誌廢刊，
壽子以爲支那女界，失一明燈。後麗君入播音局，每日聞其言論，
或爲平易，或爲高深，平易者可解，高深者則或解或不解。與前川
商議，欲聘麗君爲家庭教師。……〔註67〕

女主角李麗君赴日就任前川家家庭教師的機緣，也是因爲南京一地的傳播業
興盛，深入眾人生活，其思想與言論爲閱讀者與收聽者吸收，受眾想要與之
親近而有此機會。

　　此外，我們還可以從小說人物的活動地點、使用物品，觀察〈日華英雌
傳〉建構出的南京形象。小說中曾直接描寫，或間接透過李麗君之口及其與
他人往來過程說出南京城內的各種建設和都市感：

　　……況經落花生油時代，變爲石油時代，今又變爲電光時代。世界
文明，科學發達。燈之放光力，源資於水。五行說家，曰水剋火，
今則水生火矣。……以爲人工發電之法，可作不夜城電力之燈，可
以普照。……〔註68〕

　　……至新花樓時，沈健倉早待於門前，……欸客小廝，先持兩杯珈
琲來，敦夫仍不至。麗君飲完珈琲，見敦夫仍無影。乃曰：「敦夫
爽約矣。」以腕錶示健倉曰：「汝約談敍五分間，今已七分餘
矣。……」……那新花樓正當繁華地點，麗君入於人波之中……
〔註69〕

麗君行近公園，頓思及老母與兒子。遂到公園前露店〔註70〕，欲買

〔註66〕謝雪漁，〈日華英雌傳〉，《風月報》第51期，1937年11月1日，頁6。
〔註67〕謝雪漁，〈日華英雌傳〉，《風月報》第52期，1937年11月11日，頁8。
〔註68〕謝雪漁，〈日華英雌傳〉，《風月報》第45期，1937年7月20日，頁7。
〔註69〕謝雪漁，〈日華英雌傳〉，《風月報》第47期，1937年9月2日，頁8～9。
〔註70〕露店，指的是攤販，由日文「ろてん」而來。

些時果與糖糕，歸與母及子食之。……時涼秋九月，金風動樹，落
葉繽紛，游客漸稀。只有冷燄電燈，光落園中，照他双影。〔註71〕

翌早麗君照常往局理務，接到武道館請帖。因值該館創立滿三年之
期，廣延全國能武者屆時參列祝賀會。……〔註72〕

謝雪漁筆下的南京，是一個充斥各種新式建物，如新花樓、播音局、武道館
等；新式空間，如公園；新式物品，如珈琲、腕錶；運用水力發電，電燈眾
多，人口繁盛的城市，具備許多外顯的現代化建設，人們也融入由這些現代
化建設與現代化物品所組成的生活。然而，若我們將觀察的重心，轉入小說
人物的生活細節，譬如說，其居住的地點──「家」，仍是「舉手推扉，銅環
有聲」〔註73〕的大門，屬於舊式的房屋建築，就會發現，作為〈日華英雌傳〉
女主角李麗君所生長背景的南京，其實是一個新舊交混，尚在吸收現代文明
的新興都市。

　　綜觀〈日華英雌傳〉，雖然其本質是欲藉由出身南京的女主角李麗君，與
眾來自日本之女配角們的交際、相處，以及透過李麗君之不平凡的經歷，言
出日華親善、東亞和平之重要，現今研究也曾以「女體與國體」的角度，分
析此篇小說的隱喻與時代意義〔註74〕。然當我們以小說中之背景都市作為觀
察重心，探討時當日本侵略中國、蘆溝橋事變爆發的特殊時機，謝雪漁將小
說女主角之出身，設定為日本侵略的終極目標都市──「南京」，透過其小說
中對南京都市情況的描寫，都市氛圍的塑造，則或多或少可以看出謝雪漁對
南京一地的了解與設想。透過文本，我們可以發現，雖然小說只有在前 6 回
的部分提及南京，卻將南京因著開港通商、外國人進駐，帶入了許多新式建
設的情況書寫出來，同時也寫出此地傳播業的發達和影響。在一片新式氣息
中，他又透過李麗君住所的銅環大門，幽微而含蓄地帶出南京仍存在的舊式
傳統與文化，說明南京雖充滿了許多現代性表徵，但其根本的傳統性仍錯落
其中，經由混雜的形象塑造，謝雪漁在〈日華英雌傳〉中描繪出一個新舊交
混，既現代又傳統的南京都市。

〔註71〕謝雪漁，〈日華英雌傳〉，《風月報》第 47 期，1937 年 9 月 2 日，頁 9。
〔註72〕謝雪漁，〈日華英雌傳〉，《風月報》第 51 期，1937 年 11 月 1 日，頁 7。
〔註73〕謝雪漁，〈日華英雌傳〉，《風月報》第 50 期，1937 年 10 月 16 日，頁 19。
〔註74〕林淑慧，〈女體與國體：論謝雪漁之〈日華‧英雌傳〉〉，《中國文學研究》第
　　　　24 期，2007 年 6 月，頁 119～152。

二、 《風月報》、《南方》、《詩報》的南京想像：以謝雪漁、武全、蘇鴻飛爲例

透過謝雪漁撰寫的小說〈日華英雌傳〉，我們已能略知 1937 年新舊錯雜的南京都市形象。接下來，將以 1939 年至 1941 年謝雪漁赴南京就聘之際其友人與謝雪漁自撰的餞別詩與贈別詩；以及，武全、蘇鴻飛爲求學或就業前往南京的餞別詩與贈別詩，探討這些作品中的南京想像。

（一）謝雪漁的南京之行

《風月報》、《南方》、《詩報》刊登與謝雪漁前往南京的相關詩作，主要分爲三個時期，一是 1939 年以送謝雪漁赴南京就聘爲主題之創作，二是 1941 年再度送別謝雪漁之作，三爲 1944 年《詩報》上登出謝雪漁於南京時之創作。

第一時期，1939 年漢詩作品：直白寫出謝雪漁此行前往南京，是爲了就聘某職，此職雖未在餞別詩與贈別詩中言明，但從眾人詩作中對此行的期待，以及運用的相關譬喻，可以猜測可能爲某種公職，但此次遠遊計畫最後因謝雪漁中暑生病而取消。

第二時期，1941 年的相關作品：謝雪漁自言「扶杖出關遲二年」〔註75〕，道破此行是承續 1939 年之行，但是不論是友人撰寫的餞別詩，或謝雪漁自撰的贈別詩，對於此次前往南京的原由都不如 1939 年相關作品般明顯直接，僅簡述謝前往南京是爲了承擔某種大局，他本人並以老驥伏櫪，志在千里，表明對此行的期許。

第三時期，1944 年《詩報》所登謝雪漁創作〈寓南京〉〔註76〕、〈游中山陵〉〔註77〕：詩名之下，皆附有「舊作」一詞之說明文字，證明了謝雪漁於 1941 年後確實曾前往南京。然而，因爲 1942 年《詩報》又刊出謝雪漁〈綠野純青兩老友過訪桃園寓廬賦似〉〔註78〕一詩，可見此時他人在臺灣桃園家中，詩中言道：「去歲申江憐病臥。黃梁幻夢一炊中」，也就是指他 1941 年時在上

〔註75〕謝汝銓，〈將遊金陵瀛社餞筵留別諸吟朋〉，《詩報》第 254 號，1941 年 8 月 21 日，頁 2。
〔註76〕謝雪漁，〈寓南京〉，《詩報》第 319 號，1944 年 9 月 5 日，頁 5。
〔註77〕謝雪漁，〈游中山陵〉，《詩報》第 319 號，1944 年 9 月 5 日，頁 5。
〔註78〕謝汝銓，〈綠野純青兩老友過訪桃園寓廬賦似〉，《詩報》第 286 號，1942 年 12 月 21 日，頁 2。

海生病。因此，筆者綜合有限的資料推測，謝雪漁可能曾在 1941 年至 1942 年居留過南京，並因病往返。關於此點，歷來研究者皆未注意，因此相關研究欠缺，未來尙需更多資料佐證。

　　接下來的段落，筆者將以上述第一時期與第二時期的餞別詩與贈別詩爲分析對象，探討詩中對於謝雪漁此行目的所運用的比喻手法，以及詩人們面對謝之行旅目的地──「南京」的描寫方式與想像內涵。至於第三時期的漢詩，屬於謝雪漁至南京後的旅行詩創作，筆者將於本節第三部分進行討論。

1. 旅行目的之比喻

　　透過謝雪漁 1939 年與 1941 年兩度表態前往南京之時，其友人書寫的餞別詩，和謝雪漁自撰用以對答或相和友人的贈別詩，可以發現一些關於此行目的的直言與曲喻。

　　在直言部分，以 1939 年書寫謝氏前往南京之目的者爲主，譬如：

　　　　南遊夙願信非虛。客次聯翩興有餘。
　　　　風雨同舟期共濟。文章華國待勤攄。
　　　　遠離桑梓隨琴劍。王氣山川作帶裾。
　　　　金粉六朝舊煙景。一開眼界縱盆魚。（謝尊五）〔註79〕

　　　　德音秩秩擅文名。受聘金陵悵別情。
　　　　久抱雄心思載筆。茲遊得意看移旌。
　　　　論詩學海推先覺。運斧騷壇啓後生。
　　　　到處洛陽聲價重。忘機鷗鷺亦光榮。（洪玉明）〔註80〕

　　　　詩成祖餞古書生。惜別騷壇牛耳盟。
　　　　冀北有心懷按劍。京南御意喜招旌。
　　　　文章瀟落追迁谷。藻思清新藉管城。
　　　　自此縱橫功已奏。婆娑杖履出東瀛。（施明德）〔註81〕

　　　　眞成仗劍出關行。擬到南京次北京。
　　　　舊國方開新國運。暮年還抱少年情。

〔註79〕謝尊五，〈偕雪漁宗兄將遊南京〉，《詩報》第 205 號，1939 年 7 月 17 日，頁 3。
〔註80〕洪玉明，〈送瀛社長謝雪漁先生就聘金陵〉，《詩報》第 206 號，1939 年 8 月 1 日，頁 18。
〔註81〕施明德，〈送瀛社長謝雪漁先生就聘金陵〉，《詩報》第 206 號，1939 年 8 月 1 日，頁 18。

祗思君子有三畏。敢説驚人欲一鳴。

宮闕五雲今日在。微官肯許夜巡更。（謝雪漁）〔註82〕

報國差欣有健兒。河山東亞固邦畿。

犬羊狼虎噬狂走。鳥雀鷹鸇搏急飛。

城郭六朝金粉覓。事功千古聖賢希。

桐琴那得如焦尾。一遇中郎理玉徽。（謝雪漁）〔註83〕

這些詩作的刊載時間，多在 1939 年 7 月至 9 月間。從筆者標注處可以發現，此年謝雪漁前往南京，基本上是因著他在臺灣騷壇上的地位，以及他自身長久以來有此意願，才受到南京方面的看重，聘請就任某個職務。

謝雪漁自言：「祗思君子有三畏。敢説驚人欲一鳴」。「君子三畏」，即孔子曰：「君子有三畏，畏天命、畏大人、畏聖人之言。」由此詩句，可以了解謝氏自身對於赴南京就任，懷抱歡欣敬慎之情，他站在儒家傳統上要求自己應有良善德行，謙稱自己不敢説能在南京有什麼一鳴驚人的作為。下一句「宮闕五雲今日在。微官肯許夜巡更」，則先以「宮闕五雲」帶出南京方面的新政府，後用「微官肯許夜巡更」的倒裝句，説明「肯許微官夜巡更」，指出新政府願意給他一個小官職。此四句詩雖句句謙沖自牧，但讀者可以讀出，南京方面的聘請極有可能屬於官方，也就是説此年謝雪漁赴南京就聘的可能是淪陷區新政權的某公職。

關於此一推測，我們還可以從謝雪漁承接林石匪所作之〈雪漁社兄既有長次兩郎在華活動不日又將携三四兩子續入金陵就職先此賦詩壯行〉一詩，觀見他對此行的看法。本詩頸聯有言：「城郭六朝金粉覓。事功千古聖賢希」，説明南京重新成為國都，但能成就事功的人才尚少。末聯言道：「桐琴那得如焦尾。一遇中郎理玉徽」，則在承接上聯，以蔡邕救琴的典故自喻，説明自己今日能赴南京任職，就如同焦尾琴遇蔡中郎而得發聲一般，有受伯樂賞識之感。

從謝雪漁之友謝尊五、洪玉明、施明德等人撰寫的餞別詩觀察，也可以發現 1939 年的唱酬中，他們多以「文章華國」、「受聘金陵」、「久抱雄心思載筆」、「移旌」、「京南御意喜招旌」等詞彙或詩句，具體鮮明地將謝雪漁此行

〔註82〕 謝雪漁，〈雪漁先生將有南京之行詩以送之〉，《風月報》第 93 期，1939 年 9 月 1 日，頁 29。

〔註83〕 謝雪漁，〈雪漁社兄既有長次兩郎在華活動不日又將携三四兩子續入金陵就職先此賦詩壯行〉，《風月報》第 93 期，1939 年 9 月 1 日，頁 30。

的目的和期望直接寫出。然而，這些明顯寫出「受聘」、「移旌」的作品，至1941 年時卻未再出現，全轉為下段欲討論的「曲喻」手法，詩友們運用中國歷史上曾任大官、有大作為者為譬，曲折點出謝雪漁前往南京的目的。

這些曲喻之作的內容，可以透過整理 1939 年與 1941 年兩次餞別創作中運用的人物典故，加以歸納和了解。相較於 1939 年的作品，1941 年餞別謝雪漁之漢詩中較常使用此法，以比擬或譬喻手法代指謝氏赴南京後可能擔任的職務。兩相比對之後，筆者發現在 1939 年與 1941 年之作品中，詩人們最常以王安石、謝安、班超、祖逖、謝朓、謝靈運、謝惠連、張騫、王濬、宗慤、米芾等人物，褒美謝雪漁。進一步歸納這些人物的生平功蹟，則可發現，主要可分為深具政治貢獻者與擁有高度藝術成就者。

從王安石、謝安、班超、祖逖、張騫、王濬、宗慤等政治貢獻者的比喻來看，可以發現他們對於謝雪漁至南京後可能有的作為、可能建立的功績，充滿了正面積極的想像。就實際運用的情況來看：以曾任北宋宰相、力圖變法的王安石為喻者，有魏清德的「微才我愧輸安石」〔註 84〕、賴子清的「東山一出懷安石」〔註 85〕；以東晉政治家，軍事家亦曾任宰相的謝安為喻者，有林石崖的「先上東山訪著徽」〔註 86〕、賴子清的「謝公墩裏扶筇日」〔註 87〕。以投筆從戎，後為東漢名將的班超為比喻者，如駱子珊的「壯志欲拋班定筆」〔註 88〕、李石鯨的「班超投筆豈徒然」〔註 89〕。以東晉北伐名將祖逖為喻者，有駱子珊的「雄心快著祖生鞭」〔註 90〕、「出關卻羨著鞭先」〔註 91〕，李悌欽的「擊楫中流欣祖逖」〔註 92〕，簡穆如的「雄心爭著祖生鞭」〔註 93〕，林清敦的「猛著雄飛祖逖鞭」〔註 94〕四首。以出使西域的漢

〔註84〕 魏潤庵，〈雪漁先生將有南京之行詩以送之〉，《風月報》第 93 期，1939 年 9 月 1 日，頁 29。

〔註85〕 賴子清，〈送謝汝銓先生之金陵〉，《詩報》第 253 號，1941 年 8 月 2 日，頁 16。

〔註86〕 林石崖，〈雪漁社兄既有長次兩郎在華活動不日又將攜三四兩子續入金陵就職先此賦詩壯行〉，《風月報》第 93 期，1939 年 9 月 1 日，頁 30。

〔註87〕 賴子清，〈送謝汝銓先生之金陵〉，《詩報》第 253 號，1941 年 8 月 2 日，頁 16。

〔註88〕 駱子珊，〈送謝汝銓先生之金陵〉，《詩報》第 253 號，1941 年 8 月 2 日，頁 17。

〔註89〕 李石鯨，〈送謝汝銓先生之金陵〉，《詩報》第 253 號，1941 年 8 月 2 日，頁 16。

〔註90〕 駱子珊，〈送謝汝銓先生之金陵〉，《詩報》第 253 號，1941 年 8 月 2 日，頁 17。

〔註91〕 駱子珊，〈送謝汝銓先生之金陵〉，《詩報》第 253 號，1941 年 8 月 2 日，頁 17。

〔註92〕 李悌欽，〈送謝汝銓先生之金陵〉，《詩報》第 253 號，1941 年 8 月 2 日，頁 17。

〔註93〕 簡穆如，〈送謝汝銓先生之金陵〉，《詩報》第 253 號，1941 年 8 月 2 日，頁 16。

〔註94〕 林清敦，〈送謝汝銓先生之金陵〉，《詩報》第 253 號，1941 年 8 月 2 日，頁 16。

代外交家張騫爲喻者，有李悌欽的「乘槎萬里憶張騫」〔註95〕，蔡子淘的「豪情端不讓張騫」〔註96〕。以西晉名將王濬爲喻者，有林夢梅的「樓船王濬想當年」〔註97〕。以幼有高志，願乘長風破萬里浪的宗慤爲喻者，則有張雨邨的「乘風破浪追宗慤」〔註98〕。

從上述喻依，可以大致體會詩人們看待謝雪漁南京之行的看法，與對其人此舉投射的期待。採用具有遠大志向的宗慤爲譬喻的張雨邨，對於謝雪漁此行的敘述，主要站在理解謝氏長久以來之志向的角度進行言說。採用王安石、謝安、班超、王濬等政治家、軍事家爲喻依之詩人們，則是在理解謝氏志向之後，進而表達對此行得以建立事功的高度期待。詩人們透過描寫謝雪漁此行如同班超般投筆從戎，帶出對於他遠赴南京後之發揮空間的想像，藉由各代宰相與名將進行比附和投射，烘托此行的恢弘氣勢。在豪情萬千的歷史人物的比喻背後，餞別者們也隱隱然將謝氏此行，視爲臺灣文人今後向中國或南京發展的一次試探。

最多人運用的「祖生鞭」、「著鞭先」、「祖逖鞭」等典故，出自《晉書·卷六十二·劉琨祖逖傳》：

> 琨少負志氣，有縱橫才，……與祖逖爲友，聞逖被用，與親故書曰：
> 「吾枕戈待旦，……嘗恐祖生，先吾著鞭。」

文中的祖生，即是祖逖。全文原意是指劉琨與祖逖交好，兩人同樣懷抱爲國收復中原失土的願望，彼此砥礪，後來祖逖先獲重用，劉琨因而在與親友往來之信中，表達羨慕好友較早得志。在此批餞別詩作中，承繼了類似的情緒，懷抱著爲友人先受賞識而能懷黃佩紫的歡喜與羨慕，鼓勵謝雪漁以「擊楫中流」的奮發心情，前進南京，努力不懈。

相較於站在政治貢獻者角度鼓勵謝雪漁前往南京的餞別詩，另外還有一批以具有高度藝術成就並好遊山玩水者，如謝朓、謝靈運、謝惠連與米芾等比擬謝雪漁的餞別創作。駱子珊的「宣城仗劍出關前」〔註99〕、「好是宣城施妙腕」〔註100〕，即以曾任安徽宣城太守、文學風格清麗雋秀的謝朓爲喻。以

〔註95〕李悌欽，〈送謝汝銓先生之金陵〉，《詩報》第253號，1941年8月2日，頁17。
〔註96〕蔡子淘，〈送謝汝銓先生之金陵〉，《詩報》第253號，1941年8月2日，頁16。
〔註97〕林夢梅，〈送謝汝銓先生之金陵〉，《詩報》第253號，1941年8月2日，頁17。
〔註98〕張雨邨，〈送謝汝銓先生之金陵〉，《詩報》第253號，1941年8月2日，頁16。
〔註99〕駱子珊，〈送謝汝銓先生之金陵〉，《詩報》第253號，1941年8月2日，頁17。
〔註100〕駱子珊，〈送謝汝銓先生之金陵〉，《詩報》第253號，1941年8月2日，頁17。

《宋書・謝靈運傳》中能應付山勢起伏的「靈運屐」爲喻者，則有簡穆如的「附尾欲追靈運屐」〔註101〕，黃景岳的「山麗合移靈運屐」〔註102〕，張一泓的「範水模山康樂屐」〔註103〕。以文才聞世的謝惠連爲喻者，有賴子清的「南晉群賢重惠連」〔註104〕。以米家書畫船優游江南的米芾爲喻者，有張雨邨的「載畫盈舟繼米顛」〔註105〕、黃景岳的「波恬恣放米家船」〔註106〕。這些類型詩作，透過史上善遊、具有南京經驗的知名文學家或書畫家作比喻，從謝雪漁在臺灣騷壇的成就切入，說明其南京之行的旅行性質和藝文之樂，與前一種側重謝雪漁之就職機遇、才幹彰顯的類型不同，在這批以名士、文人和藝術家爲喻依的餞別詩中，強調的是謝雪漁以一位在臺灣已頗有成就的「文人」之角色前進南京，思量他此行可能更加開展的文學創作，以及他所具備之文學、文化才情在南京可能有之機遇或影響。

2. 想像南京，南京想像

除了以種種歷史人物的事蹟比擬謝雪漁前往南京的目與影響外，由於謝氏此行極有可能是爲了就任某公職而前進南京，故在 1939 年與 1941 年兩度餞別詩作中，也出現許多富有時代特色的南京認知與南京想像。

觀察此段時間由謝氏自撰，用以留別或唱和友人的贈別詩和其友所書餞別詩，可以發現他們對於此時期的南京想像，基本上有以「六朝金粉」代稱南京；以南京一地固有風景名勝代稱此地；以及以「興亞概念」觀待南京潛力等三種書寫模式。

（1）以「六朝金粉」代稱南京

六朝金粉中的「六朝」，指的是三國時期的吳國，後來的東晉，以及南朝宋、齊、梁、陳共六個朝代，以女子裝飾用的鉛粉，即此處所言的「金粉」，說明六朝的靡麗與繁華；是故在此種書寫模式下所指稱的南京，比較偏向指出南京一地所乘載的豐厚歷史感，我們可從下列謝尊五、謝雪漁、林石崖、李學樵、高文淵、張雨邨等人的詩作，探知一二：

〔註101〕簡穆如，〈送謝汝銓先生之金陵〉，《詩報》第 253 號，1941 年 8 月 2 日，頁 16。
〔註102〕黃景岳，〈送謝汝銓先生之金陵〉，《詩報》第 253 號，1941 年 8 月 2 日，頁 16。
〔註103〕張一泓，〈送謝汝銓先生之金陵〉，《詩報》第 253 號，1941 年 8 月 2 日，頁 17。
〔註104〕賴子清，〈送謝汝銓先生之金陵〉，《詩報》第 253 號，1941 年 8 月 2 日，頁 16。
〔註105〕張雨邨，〈送謝汝銓先生之金陵〉，《詩報》第 253 號，1941 年 8 月 2 日，頁 16。
〔註106〕黃景岳，〈送謝汝銓先生之金陵〉，《詩報》第 253 號，1941 年 8 月 2 日，頁 16。

　　金粉六朝舊煙景。一開眼界縱盆魚。〔註107〕

　　城郭六朝金粉覓。事功千古聖賢希。〔註108〕

　　六代風騷陳迹徧。一亭忠孝頌聲希。〔註109〕

　　金粉六朝縈遠夢。珠璣百首感深情。〔註110〕

　　南朝金粉飄零散。北固山河破碎憐。〔註111〕

　　六朝不少興亡迹。取次題詩入錦篇。〔註112〕

　　一曲驪歌縈客夢。六朝金粉着君鞭。〔註113〕

這些作品中，凡運用「六朝金粉」、「六代」、「六朝」、「南朝」等詞彙的詩句，多與「遠夢」、「興亡」、「陳跡」、「舊景」等強調南京的過往繁華與興衰起落的概念連結在一起。詩人多在此類的概念下，強調謝雪漁此行前往南京後，所能開啓的眼界，可能發揮的貢獻，或是可資進行的創作。除此之外，也常在這些站在歷史變遷、動盪之中而產生的飄搖、尋覓感間，表達自身對於此地的哀憐，抑或是積極地相信自己，相信旅人能在此間「著鞭」，尋得突破的可能。

（2）以固有風景名勝指稱南京

　　除了以「六朝金粉」等詞彙形容南京所乘載的過往歷史外，這批餞別詩與贈別詩也常直接將南京固有的風景名勝寫入詩作之中，以下以李學樵、劉斌峰、簡穆如、黃景岳、魏潤菴、王自新等人的作品爲例進行討論：

　　振衣直上鳳凰臺。紫金山上千重翠。

　　玄武湖中一鑑開。〔註114〕

〔註107〕謝尊五，〈偕雪漁宗兄將遊南京〉，《詩報》第205號，1939年7月17日，頁3。
〔註108〕謝雪漁，〈雪漁社兄旣有長次兩郎在華活動不日又將携三四兩子續入金陵就職先此賦詩壯行〉，《風月報》第93期，1939年9月1日，頁30。
〔註109〕林石崖，〈雪漁社兄旣有長次兩郎在華活動不日又將携三四兩子續入金陵就職先此賦詩壯行〉，《風月報》第93期，1939年9月1日，頁30。
〔註110〕謝雪漁，〈將遊金陵觀諸子活動狀況忽中暑而病床中口占〉，《風月報》第93期，1939年9月1日，頁30。
〔註111〕李學樵，〈和雪漁先生之金陵韻〉，《南方》第135期，1941年8月1日，頁28；李天民，《詩報》第254號，1941年8月21日，頁9。
〔註112〕高文淵，〈送謝汝銓先生之金陵〉，《詩報》第253號，1941年8月2日，頁16。
〔註113〕張雨邨，〈送謝汝銓先生之金陵〉，《詩報》第253號，1941年8月2日，頁16。
〔註114〕李學樵，〈送謝雪漁先生之金陵〉，《南方》第135期，1941年8月1日，頁28；《詩報》第254號，1941年8月21日，頁9。

笙歌畫舫石城邊。欲訪秦淮年復年。

桃葉渡頭花似月。莫愁湖畔柳如煙。〔註115〕

玉樹殘歌王氣邊。景陽樓戍亦荒然。〔註116〕

紫金山上尋芳躅。朱雀橋邊放畫船。〔註117〕

絕好紫金山畔路。蕭疎柳縷拂吟鞭。〔註118〕

玄武湖光秋待賞。紫金山色夏堪憐。〔註119〕

黃浦江頭輕泛棹。紫金山上快揚鞭。〔註120〕

這批作品中，紫金山爲最常出現的景點，其次爲在紫金山畔的玄武湖，以及強調秦淮河景與風光的莫愁湖、桃葉渡、朱雀橋，還有興建於鳳凰山上的鳳凰臺，和玄武湖畔，雞鳴寺中的景陽樓。雖然對臺灣漢詩人而言，這些名勝景點不待日本人介紹，就已能於他們的腦海中產生印象，但是，將這些風景名勝與當時宣傳中支旅行的《新支那寫眞大觀》〔註121〕中的文字敘述與圖像顯現相互對照，還是可以發現，不論是臺灣漢詩人對於南京的印象，或是由日本人出版之中支旅行案內所推舉的必遊地點，兩者相符度極高。特別是紫金山與中山陵、玄武湖，甚至是周遭的雞鳴寺、鼓樓、北極閣等名勝舊跡，組成南京最具代表性的觀光勝地，在當時與中支相關的旅行案內與寫眞書中，常常以系列景點的模式出現，在中山陵方面，更以「皇軍尊敬的鄰邦偉人」〔註122〕之言指稱孫中山。在此我們或許不能將由日人出版的旅行案內，與臺灣漢詩人透過印象而於創作中所使用的紫金山、玄武湖等景色所代表的意義直接進行連結，但是，從詩人們運用景點入詩之尋常與自然，確實可見臺灣商紳與文人對於這些地點理解與認知，與第三章所討論的滿洲相比較，更加清晰與具體。

〔註115〕李學樵，〈和雪漁先生之金陵韻〉，《南方》第 135 期，1941 年 8 月 1 日，頁 28；李天民，《詩報》第 254 號，1941 年 8 月 21 日，頁 9。

〔註116〕劉斌峰，〈送謝汝銓先生之金陵〉，《詩報》第 253 號，1941 年 8 月 2 日，頁 17。

〔註117〕簡穆如，〈送謝汝銓先生之金陵〉，《詩報》第 253 號，1941 年 8 月 2 日，頁 16。

〔註118〕黃景岳，〈送謝汝銓先生之金陵〉，《詩報》第 253 號，1941 年 8 月 2 日，頁 16。

〔註119〕魏潤菴，〈送謝汝銓先生之金陵〉，《詩報》第 253 號，1941 年 8 月 2 日，頁 16。

〔註120〕王自新，〈送謝汝銓先生之金陵〉，《詩報》第 253 號，1941 年 8 月 2 日，頁 16。

〔註121〕大日本雄辯會講談社，《新支那寫眞大觀》（東京：大日本雄辯會講談社，1939 年 12 月），頁 219～233。

〔註122〕大日本雄辯會講談社，《新支那寫眞大觀》（東京：大日本雄辯會講談社，1939 年 12 月），頁 219～233。

（3）以「興亞概念」指出前進南京的意義

在運用充滿歷史感的「六朝金粉」，以及具象的南京當地風景名勝書寫對於南京的想像之外，於 1939 年與 1941 年兩度餞別與贈別謝雪漁前往南京的漢詩中，最直接帶出時代感，也最具討論空間的，便屬 1941 年作品中以「興亞概念」指出前往南京意義的情況，在此段落中所謂的「興亞概念」，舉凡詩作中書寫日華親善、東亞聯盟、翼贊、支持國策等意涵的概念，都屬於筆者指出的「興亞概念」。以下，筆者將以李學樵、謝尊五、倪希昶、高樹平、駱子珊、李悌欽、李逐初、李石鯨、魏潤菴、林清敦、謝雪漁等人之作品為例，進行相關分析：

> 興亞長期新建設。遊民弔古倍堪哀。〔註123〕
>
> 領取南朝好風景。聯盟東亞巧機緣。〔註124〕
>
> 亞洲新設資匡輔。好博功名奏凱旋。〔註125〕
>
> 畢竟留心扶翼贊。那堪無意靖烽烟。〔註126〕
>
> 內外融和頻鼓舞。日華親善藉宣傳。〔註127〕
>
> 此去日華頻握手。好將文字結因緣。〔註128〕
>
> 有價文章聯國策。多情筆墨寫詩篇。〔註129〕
>
> 欲應國家新体制。難忘翰墨舊因緣。〔註130〕
>
> 晉材楚用開新運。北雁南飛証宿緣。〔註131〕
>
> 側身去國成千里。轉瞬還都過一年。
>
> 應念蒼生兵燹苦。和平興亞共仔肩。〔註132〕

〔註123〕李學樵，〈送謝雪漁先生之金陵〉，《南方》第 135 期，1941 年 8 月 1 日，頁 28；《詩報》第 254 號，1941 年 8 月 21 日，頁 9。

〔註124〕謝尊五，〈次雪漁兄之金陵原韻〉，《南方》第 138 期，1941 年 9 月 15 日，頁 29。

〔註125〕倪希昶，〈送謝汝銓先生之金陵〉，《詩報》第 253 號，1941 年 8 月 2 日，頁 17。

〔註126〕高樹平，〈送謝汝銓先生之金陵〉，《詩報》第 253 號，1941 年 8 月 2 日，頁 17。

〔註127〕駱子珊，〈送謝汝銓先生之金陵〉，《詩報》第 253 號，1941 年 8 月 2 日，頁 17。

〔註128〕李悌欽，〈送謝汝銓先生之金陵〉，《詩報》第 253 號，1941 年 8 月 2 日，頁 17。

〔註129〕謝尊五，〈送謝汝銓先生之金陵〉，《詩報》第 253 號，1941 年 8 月 2 日，頁 16。

〔註130〕李遂初，〈送謝汝銓先生之金陵〉，《詩報》第 253 號，1941 年 8 月 2 日，頁 16。

〔註131〕李石鯨，〈送謝汝銓先生之金陵〉，《詩報》第 253 號，1941 年 8 月 2 日，頁 16。

〔註132〕魏潤菴，〈送謝汝銓先生之金陵〉，《詩報》第 253 號，1941 年 8 月 2 日，頁 16。

斯行豈爲尋常計。興亞籌謀筆有權。〔註133〕

扶杖出關遲二年。壯行蹌濟啓吟筵。

皇謨翼贊興新亞。國策助勳振弱權。

身世浮沉逢景運。兒曹得失付機緣。

休言老驥思千里。伏櫪爭槽意憫然。〔註134〕

從有關日本鼓吹「興亞運動」與「大東亞共榮圈」概念的相關先行研究〔註135〕中，可知興亞運動始於1937年中日戰爭爆發後，至1938年日本政府宣告「中日滿三國互相提攜，建立政治、經濟、文化等方面互助連環的關係」，以建立「大東亞新秩序」，再到1940年由近衛文麿發表「大東亞共榮圈」談話，「興亞運動」一步步被「東亞共榮圈」的概念所含攝並擴充，而推至高峰。

以此背景觀看這批於1941年由謝雪漁自撰之贈別詩，以及其友人撰寫餞別詩，則可以發現，此「興亞」與「東亞共榮」的概念，透過詩人們的創作，顯現了它們在當時的重要性和影響力。在引用的作品中，我們可以看見，詩人們對於謝雪漁在1941年前往南京時所運用的詞彙與1939年有所不同。如同筆者在探討「直言」手法時所說，1939年詩人們透過詩名指出「就聘」，在詩句中運用「文章華國」、「移旌」、「招旌」、「受聘金陵」等詞彙，直陳謝雪漁遠赴南京的原因，但到了1941年時這些詞彙全部被「興亞」相關詞彙，如「興亞長期新建設」、「聯盟東亞」、「亞洲新設資匡輔」、「留心扶翼贊」、「日華親善」、「日華頻握手」、「國家新體制」、「和平興亞」……所取代，以更加符合帝國論述的概念與口號。透過運用此類帝國論述之概念與口號，謝雪漁或是其他身處戰爭期的臺灣人，方能從中表述、說明自己爲追求生存與發展機會，而前往南京或其他中國淪陷區的情況。

而在謝雪漁此種赴南京任官的類型之外，其實還有爲了求學、爲了生存等目的前往南京的旅行者。以下的段落，筆者將以武全〔註136〕的求學之旅，

〔註133〕林清敦，〈送謝汝銓先生之金陵〉，《詩報》第253號，1941年8月2日，頁16。

〔註134〕謝汝銓，〈將遊金陵瀛社餞筵留別諸吟朋〉，《詩報》第254號，1941年8月21日，頁2。

〔註135〕諸如：林明德，〈大東亞共榮圈的興亡〉，《歷史月刊》第91期，1995年8月，頁74～80；李文卿，《共榮的想像：帝國・殖民地與大東亞文學圈1937～1945》（板橋：稻鄉出版社，2010年6月）……等。

〔註136〕武全，生平不詳。

和蘇鴻飛〔註137〕的生權促行為兩個重心，略述為了求學與求生存下前進南京者，在行前對於南京一地的書寫與想像。

（二）武全的求學之旅

細觀《風月報》、《南方》與《詩報》中，關於戰爭期間赴南京求學者的相關詩作並不多，其中以黃振裕、林梧桐於 1940 年 12 月所撰寫的〈送武全兒南京留學〉、〈送武全芸兄南京留學〉等詩作較具代表性：

擔凳負笈出鄉關。千里從師不畏艱。

願汝兼通和漢學。一經早就慰親顏。（黃振裕）〔註138〕

男兒有志上長安。拎紫拖青總不難。

當此日華親善際。楚材晉用正交歡。（黃振裕）〔註139〕

學績名高志更高。同窗幾載識英豪。

秖今負笈留中大。化雨春風羨我曹。（林梧桐）〔註140〕

肯教低首沒蒿萊。附驥無能志未灰。

羨汝龍門先燒尾。奪標佇看錦衣回。（林梧桐）〔註141〕

肯教低首沒蒿萊。附驥無能志未灰。

羨汝龍門先化躍。奪標佇看錦衣回。（林梧桐）〔註142〕

根據「秖今負笈留中大」一句，被餞別的「武全」前往南京就讀的是中央大學，對照南京中央大學的歷史，原中央大學早在 1937 年 11 月就西遷重慶，武全於 1940 年 12 月就讀的中央大學，應為汪精衛南京國民政府在 1940 年 4 月復校的中央大學，校址大約在今日南京大學北園的東半部分。

〔註137〕蘇鴻飛（1900～1990），原名蘇茂杞，字鴻飛，以字行於世，詩作各體俱備，多達一千多首。關於此人的相關研究，可參考：謝佳樺、鄭定國，〈蘇鴻飛傳統漢詩初探——以寫景、懷古、時令詩為例〉，《文學新鑰》第 5 期，2007 年 6 月，頁 127～148。

〔註138〕黃振裕，〈送武全兒南京留學〉，《詩報》第 237 號，1940 年 12 月 1 日，頁 2；《風月報》第 121 期，1941 年 1 月 1 日，頁 29。

〔註139〕黃振裕，〈送武全兒南京留學〉，《詩報》第 237 號，1940 年 12 月 1 日，頁 2；《風月報》第 121 期，1941 年 1 月 1 日，頁 29。

〔註140〕林梧桐，〈送武全芸兄南京留學〉，《詩報》第 237 號，1940 年 12 月 1 日，頁 2；《風月報》第 123 期，1941 年 2 月 1 日，頁 27。

〔註141〕林梧桐，〈送武全芸兄南京留學〉，《詩報》第 237 號，1940 年 12 月 1 日，頁 2。

〔註142〕林梧桐，〈送武全芸兄南京留學〉，《風月報》第 123 期，1941 年 2 月 1 日，頁 27。

從武全沒有選擇西遷重慶的中央大學，反而前往由汪精衛南京國民政府復校的中央大學的行徑觀之，可以發現他的選擇有其特殊意義。雖然由於目前對於武全的相關研究尚少，故不能就其人生平，或是他的思想、政治立場等多做推論，但從其親友的餞別詩中，還是可以窺見一些端倪。以黃振裕言道「願汝兼通和漢學」、「當此日華親善際。楚材晉用正交歡」，表現了從黃氏角度觀之，武全這趟南京求學之旅，背負了做爲日本與中國間橋樑的意涵。林梧桐所言「學績名高志更高。同窗幾載識英豪」，更是一面讚揚其志向高遠，一面稱許他前進南京的行爲有如英雄豪傑，令人欽佩。從林氏所寫的「羨汝龍門先燒尾」、「羨汝龍門先化躍」，我們也可以體會林梧桐面對武全的南京行，懷抱著藉由負笈屬於汪精衛南京國民政府的中央大學，進而能飛黃騰達，平步青雲的想像。整體而言，這些人對於武全留學於新政權之舉及其後發展，完全抱持肯定態度。

（三）蘇鴻飛的生權促行

《風月報》、《南方》、《詩報》上前往南京的作品中，具體書寫出爲生計而前往者，可以蘇鴻飛爲代表：

> 無心買掉（筆者註：應爲棹）向南京。其奈生權促我行。
> 千里還增遊子恨。一帆寧忘故人情。
> 守株自顧非長策。作客偏教又遠征。
> 料得紫金山尚綠。聯吟此去喜尋盟。
> 詩註：謝雪漁、王大俊、黃景寬諸先生現在金陵故云（蘇鴻飛）〔註143〕

蘇鴻飛〈將之金陵留別諸吟友〉一詩中，自述自己「無心買掉向南京。其奈生權促我行」，其中的「無心買掉」，應爲「無心買棹」也就是說自己對於前往南京本屬無心，只是因爲「生權」，也就是爲了生活、生計而必須前往。詩中又云：「守株自顧非長策。作客偏教又遠征」，點出詩人明白守株臺灣並非長久之計，因此選擇作客遠方，以尋求更多機會。在末聯「料得紫金山尚綠。聯吟此去喜尋盟」，以及詩註「謝雪漁、王大俊、黃景寬諸先生現在金陵故云」，可以得知蘇鴻飛此次前往南京，是希望可以「尋盟」，即重溫舊盟，也就是至南京尋友，至於尋友的目的，還是回到首聯所言的「生權」。總的來說，蘇鴻飛在〈將之金陵留別諸吟友〉一詩中所透露出的前往南京之原因與

〔註143〕蘇鴻飛，〈將之金陵留別諸吟友〉，《南方》第 136 期，1941 年 8 月 15 日，頁 31；《詩報》第 255 號，1941 年 9 月 6 日，頁 3。

目標，是他希望透過赴南京尋找在當地已有發展的臺灣友人，藉此獲得一些
發揮的機會與空間。

從餞別蘇鴻飛的詩作中，透露蘇氏此趟南京行是爲了生活，意圖透過前
往已淪陷之南京，以企獲得更多舒展抱負的機會之相關內容者，尚有恨五、
蕭嘯濤、蔡如笙、黃傳心等人之作：

> 欲從大陸展經綸。偏駐稻江會故人。
>
> 第一關心相別語。各須珍重客中身。（恨五）〔註144〕
>
> 何須催別唱陽關。兩字將離淚欲潸。
>
> 宗慤乘風今日送。佇看衣錦故鄉還。（恨五）〔註145〕
>
> 歷盡南京又北京。秋風一路壯君行。
>
> 放懷已遂宗生願。立志偏追祖逖情。
>
> 竝駕他時原有約。孤帆此日看長征。
>
> 逍遙詩酒形骸外。好向江湖締鷺盟。（蕭嘯濤）〔註146〕
>
> 吟鞭遙指古神京。驛柳依依解送行。
>
> 萬里路酬男子志。六朝夢繫美人情。
>
> 心隨碧海孤帆遠。身似青天隻雁征。
>
> 我輩斯文無畛域。憑君提唱大同盟。（蔡如笙）〔註147〕
>
> 踏遍南京復北京。浮生隨處恣遊行。
>
> 忍看碌碌勞人畫。不盡依依折柳情。
>
> 名士過江如鯽貫。秋風買棹逐鴻征。
>
> 紫金山月蓬萊水。相照寧忘兩地盟。（黃傳心）〔註148〕

透過這些作品書寫「歷盡南京又北京」、「吟鞭遙指古神京」、「踏遍南京復北
京」等句，我們首先可以瞭解，蘇鴻飛此行主要是以當時重要的淪陷都市，

〔註144〕恨五，〈別蘇鴻飛詞兄之南京〉，《南方》第 136 期，1941 年 8 月 15 日，頁 33。

〔註145〕恨五，〈別蘇鴻飛詞兄之南京〉，《南方》第 136 期，1941 年 8 月 15 日，頁 33。

〔註146〕蕭嘯濤，〈敬次鴻飛先生留別瑤韻〉，《南方》第 137 期，1941 年 9 月 1 日，
　　　　頁 30；《詩報》第 255 號，1941 年 9 月 6 日，頁 3。

〔註147〕蔡如笙，〈送蘇子鴻飛之金陵竝次留別瑤韻〉，《南方》第 140 期，1941 年 11
　　　　月 1 日，頁 41；《詩報》第 262 號，1941 年 12 月 17 日，頁 6。

〔註148〕黃傳心，〈送蘇子鴻飛之金陵竝次留別瑤韻〉，《南方》第 140 期，1941 年 11
　　　　月 1 日，頁 41。

南京、北京爲旅行目標，在恨五〈別蘇鴻飛詞兄之南京〉一詩中的第一句「欲從大陸展經綸」，可進一步明白蘇鴻飛對於此趟旅行所投射的意圖，以及恨五作爲蘇氏之友，對於蘇氏旅行企圖的掌握程度。而從同詩又言「宗慤乘風今日送。佇看衣錦故鄉還」，再度運用具有高遠志向之宗慤爲喻，更可見恨五對蘇鴻飛此趟遠行的理解，是站在明白，理解，甚至是鼓勵蘇氏長期以來的志向與願望，期盼他有功成名就，衣錦還鄉的一天。

至於蕭嘯濤、蔡如笙、黃傳心三人之作，也透過撰寫「放懷已遂宗生願。立志偏追祖逖情」、「萬里路酬男子志」、「名士過江如鯽貫。秋風買棹逐鴻征」等理解蘇鴻飛前往南京的志向的相關詩句之後，以「逍遙詩酒形骸外。好向江湖締鷺盟」、「我輩斯文無畛域。憑君提唱大同盟」、「紫金山月蓬萊水。相照寧忘兩地盟」等強調「締結盟約」的意象，指出當旅人身處異地，與同出臺灣之文友們往來的重要。雖然根據他們所書寫的「鷺盟」、「大同盟」、「兩地盟」，所指涉的心情與結交狀況，有逍遙塵外、表現臺灣、中國之間，甚至可拓展至日本，以至「大東亞」概念等差異，但更重要的是，這些指涉概念，帶出了詩人們對於詩友、文友前往南京後，可能與同在南京之臺灣人所進行之交流往來，具有一定程度的想像和認知。

透過本段落的分析，主要顯示臺灣漢詩人前往南京的目的有三種類型，一是任官，二是求學，三是謀生，隨著目的之不同，由旅人自撰的贈別詩，和其友人撰寫的餞別詩透露出的南京想像也會有些許的差異。但就總體來說，不論是任官或是求學，皆是站在日華親善、東亞同盟、興亞概念的理解下，期望並想像臺灣人能有作爲橋梁，爲連繫兩地文化、文學層面發揮貢獻的機會。而從謀生的角度觀之，則可以發現，當時藉由在當地已有所發展的同鄉朋友的交際往來和相互引薦，可能成爲一種前進南京的推力，臺灣漢詩人亦常以此種推力爲想像，一波波前進南京，盼展鴻圖。

三、《風月報》、《南方》、《詩報》的南京意象：以謝雪漁、吳萱草爲例

從前文的討論與分析中，我們已經明白，在南京於 1937 年淪陷之後，臺灣方面仍有許多懷抱理想，或受聘任官，或負笈求學，或爲求生存機會者順著時代潮流前往南京。透過這些旅人自己書寫的贈別詩，以及其友人撰寫的餞別詩，我們看見身處特殊時期的文人們對於「前進南京」充滿了日華親善、興亞和平的認知，以及在此認知背後，連帶而來，認爲此間有屬於臺灣人發

揮機會的想像。

　　然而，當旅人確實揚帆離臺，最終落腳南京，確實生活在這個空間，親身接觸那些或由書籍描述，或自新聞報導中，活生生躍然眼前的南京城市以及名勝古蹟後，進而撰寫的南京旅行詩，又會營造出哪些南京意象呢？因此，本段落將以 1941 年前往南京的謝雪漁、1938～1941 年間渡華的吳萱草所撰寫的南京旅行詩爲例，分析他們在詩作中運用的辭彙，表現的情感，以討論在他們筆下的南京意象有何特色與異同。

　　首先以謝雪漁於 1944 年在《詩報》刊出之舊作〈寓南京〉、〈游中山陵〉兩首〔註149〕爲例進行討論：

　　　六朝金粉豔京華。三百年來失帝家。
　　　牛首龍蟠双闕聳。石頭虎踞一城賒。
　　　烏衣歎早淪王謝。赤髮悲多涸豕蛇。
　　　流水秦淮憐旣濁。畫船明月響琵琶。（謝雪漁）〔註150〕

　　　英雄嶽降骨棱棱。革命功成氣燄增。
　　　復國不辭嘗苦胆。學醫曾自折奇肱。
　　　三民主義圖光亞。一代興王傍孝陵。
　　　路繞峰迴花木盛。輕車直到白雲層。（謝雪漁）〔註151〕

在〈寓南京〉一詩中，謝雪漁先透過首聯「六朝金粉豔京華。三百年來失帝家」，書寫南京歷經六朝繁華，而後又戰亂頻仍的起伏跌宕，點出南京漫長的歷史感，而後以「牛首龍蟠双闕聳。石頭虎踞一城賒」與「烏衣歎早淪王謝。赤髮悲多涸豕蛇」，將整座城市在建築上的「不變」與人事上的「變」形成強烈對比。末段「流水秦淮憐旣濁。畫船明月響琵琶」則透過轉變觀看視角，

〔註149〕這兩首詩雖然刊登於 1944 年 9 月 5 日的《詩報》第 319 號，但題目底下均附有「舊作」二字，故可知此兩首詩的創作時間應該不是 1944 年，而是在 1944 年之前。從前文討論中，我們已知謝雪漁及其友人曾於 1939 年、1941 年兩度書寫餞別與贈別謝氏赴南京的創作，只是 1939 年之行因謝雪漁患病而中止，1941 年之行則透過蘇鴻飛於 1941 年〈將之金陵留別諸吟友〉一詩的詩註：「謝雪漁、王大俊、黃景寬諸先生現在金陵故云」，以及 1942 年《詩報》刊出謝雪漁自撰的〈綠野純青兩老友過訪桃園寓廬賦似〉一詩中言道：「去歲申江憐病臥。黃梁幻夢一炊中」，也就是指他 1941 年時在上海生病，而上海又是前往南京的必經城市。故筆者根據有限的資料推測，謝雪漁可能曾在 1941 年至 1942 年居留過南京，而此兩首詩，可能就是此時的創作。
〔註150〕謝雪漁，〈寓南京　舊作〉，《詩報》第 319 號，1944 年 9 月 5 日，頁 5。
〔註151〕謝雪漁，〈游中山陵　舊作〉，《詩報》第 319 號，1944 年 9 月 5 日，頁 5。

將目光轉移至潺潺流過之秦淮河上錚錚的的琵琶聲與琵琶女，透過河水流動，和絲竹飄揚，顯現在巨大歷史變動之下，人們體會到自己的渺小與無能爲力，於是也只能尋求當下歡愉的無奈與諷刺，同時還隱含了白居易〈琵琶行〉一詩中世事滄桑之感。當我們將〈寓南京〉一詩書寫的情景和表露出之情感，和前段討論謝雪漁在出發之前，相關餞別詩與贈別詩創作中表現的雄心壯志、豪情萬千相比，則會發現兩者的情感完全不同。

在〈寓南京〉中書寫的「烏衣歎早淪王謝。赤髮悲多涸豕蛇」，其實轉化了劉禹錫的〈烏衣巷〉中「舊時王謝堂前燕，飛入尋常百姓家」的衰微感，以及太平天國最終因無治國之才而分崩離析的歷史事件作爲典故，並且在「流水秦淮憐既濁。畫船明月響琵琶」中，有如杜牧〈泊秦淮〉中書寫「商女不知亡國恨，隔江猶唱後庭花」的情景，帶出謝雪漁抵達南京後，似乎感受到了與出發前迥異的當地社會氛圍，透過詩作，流露出了衰敗沉鬱的氣息。

〈遊中山陵〉一詩中，謝雪漁則全面針對孫中山其人進行描寫，前四句「英雄嶽降骨棱棱。革命功成氣燄增。復國不辭嘗苦胆。學醫曾自折奇肱。」以明快、直接與正面的語氣，說明孫中山一生的努力與功績。第三聯「三民主義圖光亞。一代興王傍孝陵」，則是先將孫中山畢生主張的三民主義與光亞概念結合在一起，後把中山陵與明孝陵間的距離與關係拉近。末聯寫到「路繞峰迴花木盛。輕車直到白雲層」，又將語氣轉淡，專注描寫眼前所見，一面藉「花木盛」表達此地乃是有人整理經營，景緻宜人，施行設施暢便，遊客宛若來到雲端。綜觀全詩，先著力書寫孫中山生前事跡，後描寫中山陵的環境，全詩表現力最強者應屬第三聯，詩人透過將孫中山三民主義思想與「光亞」扣合，死後陵寢又與「孝陵」相鄰的情景，隱隱勾勒著日華關係，架構出孫中山之於南京淪陷區的時代意義。

而在謝雪漁之外，同樣具有南京經驗，但目的不同、作品量更多者，可以吳萱草爲代表。吳萱草〔註152〕（1889～1960），爲臺南鹽分地帶作家吳新榮

〔註152〕吳萱草（1889～1960）字牧童，號穆堂，光緒 15 年（1889）生於北門嶼。7
　　　　歲時，被臺南將軍人吳玉瓚收養，改姓吳，名宜男。8 歲入村學受陳九如啓
　　　　蒙，後受教於大儒吳溪、許景山之指導研究詩選。1912 年，吳萱草 24 歲，
　　　　創立「嶼江吟社」，爲地方詩社之始，同時也是日治時代臺南縣最早之傳統詩
　　　　社。1921 年，33 歲的吳萱草與王大俊創設一個全郡性的詩社——「白鷗吟
　　　　社」，吳萱草被推爲社長，社員包含了北門郡六街庄三十餘人，戰後更名爲「琅

之父，從他在 1938 年刊登於《臺灣日日新報》的〈渡華留別諸友〉〔註 153〕，
以及 1941 年散見於《南方》、《詩報》中與南京相關的旅遊詩作，可以推論其
前往南京時間應為 1938 年至 1941 年間；至於停留時間，若以刊出作品時間
進行推論，則可能到 1942 年左右。在這段期間，吳萱草不僅停留於南京，也
曾前往包括上海、嘉興等地，但關於南京的漢詩超過 30 首；從詩題上可知，
他遊歷了許多南京著名的景點，也曾與許多友人在此聚會來往，甚至可能在
當地結識紅粉知己。

　　吳萱草此一系列關於南京的漢詩創作，除了〈入南京〉與〈自南京乘飛
機至上海〉兩首為吳氏書寫自己出入南京的景況外，主要可分為四種主題，
包括描寫與友人相聚者、書寫南京名勝古蹟者、抒發內心雜感者，以及將離
南京前贈別南京友人者。吳萱草〈自南京乘飛機至上海〉一詩，已於本章第
一節論及臺灣與南京間之交通往來時有過分析，故接下來筆者將在討論〈入
南京〉一詩後，依上述吳萱草與友人相聚、書寫南京名勝古蹟、抒發內心雜
感，以及將離南京前贈別南京友人等四大主題為順序，依序探討這些作品中
展現的南京意象。

　　首先討論吳萱草〈入南京〉一詩：

　　　　囊書按劍入南京。歷盡山川不計程。

　　　　但藉舟車隨處便。更勞鷗鷺下關迎。

　　　　六朝勝景資吟料。十色名花助酒酣。

　　　　江北江南新劫後。漸時托足石頭城。（吳萱草〈入南京〉）〔註 154〕

詩人先以豪邁口吻，述說自己興致勃勃的「囊書按劍入南京。歷盡山川不計
程」，憑藉便利舟車，在友人迎接下他欣悅地抵達。頷聯「六朝勝景資吟料。
十色名花助酒酣」，自南京的風光明媚與娛樂消費著筆，說明此地不僅在名景
古蹟方面可供詩人發揮詩才，在風月場合也能滿足文人交際吟詩之興。末聯
寫到「江北江南新劫後。漸時托足石頭城」，則從北京、南京淪陷一事出發，

　　　　環詩社」。1950 年，吳萱草膺選臺南縣參議員，1951 年膺選第一屆臺南縣縣
　　　　議員、臺南縣「南瀛詩社」首任副社長。1960 年，逝世於佳里，葬於將軍故
　　　　里。吳萱草以風流、詩、酒聞名，被稱為萱草公，所作傳統漢詩二千多首，
　　　　輯為《無憂洞天詩集》上、下卷。
〔註 153〕吳萱草，〈渡華留別諸友〉，《臺灣日日新報》，1938 年 12 月 11 日，夕刊，第
　　　　4 版。
〔註 154〕吳萱草，〈入南京〉，《詩報》第 251 號，1941 年 7 月 4 日，頁 21。

陳述自己有鑑於此一地域戰亂剛剛結束未久，決定暫時安身秩序已恢復穩定的南京市中。

　　透過此詩可以理解吳萱草選擇進入南京的時機點應在南京淪陷之後，從他自言「囊書按劍」，可見他是有某些準備，或懷有某些期待的，但在詩中並未再多言。此外，透過詩中書寫「舟車隨處便」、「鷗鷺下關迎」，可以明白南京下關驛作為水陸交通連結點的重要性，「六朝勝景」與「十色名花」則顯現了此地的地理歷史特點與繁榮社會景貌，也開啓後面更多書寫自己在南京其他遊歷、交際活動的漢詩創作。

（一）與友人相聚

　　首先討論吳萱草至南京後，與分處不同社會階層、交情親疏有別的朋友交往應酬的情景：

> 相逢信是有因緣。酒滿金樽客滿筵。
>
> 策略匡時非易得。文章報國豈徒然。
>
> 昂頭龍虎相持地。捷足風雲際會天。
>
> 東亞即今新建設。憑君大展活民權。
>
> （吳萱草〈黃其興中將招宴席上〉）〔註155〕

> 聯翻裙屐上華筵。恰似西窗剪燭天。
>
> 顧曲欣逢人窈窕。飛觴暢飲月團圓。
>
> 烏衣巷裡勞懸榻。朱雀橋南約泛船。
>
> 一夜盤桓情不盡。更揮群樂戲茶錢。
>
> （吳萱草〈莊哲夫先生招宴賦謝〉）〔註156〕

〈黃其興中將招宴席上〉一詩，由詩題點出邀宴者是在當朝政府任職、官拜中將的黃其興。詩人僅用「相逢信是有因緣。酒滿金樽客滿筵」兩句快筆，講述兩人相識與宴會情景，其後便以「策略匡時非易得。文章報國豈徒然。昂頭龍虎相持地。捷足風雲際會天」等句，讚揚黃其興於此風雲際會的時局下，判斷時機，發揮文才，進入新政府公職。末聯「東亞即今新建設。憑君

〔註155〕吳萱草，〈黃其興中將招宴席上賦呈〉，《詩報》第 249 號，1941 年 6 月 4 日，頁 6；〈黃其興中將招宴席上〉，《南方》第 134 期，1941 年 7 月 15 日，頁 34。

〔註156〕吳萱草，〈莊哲夫先生招宴賦謝〉，《詩報》第 249 號，1941 年 6 月 4 日，頁 6；《南方》第 134 期，1941 年 7 月 15 日，頁 34。

大展活民權」，更出現符合國策的「東亞新建設」關鍵詞，期許黃其興在此時勢下爲百姓及其權益努力。

〈莊哲夫先生招宴賦謝〉一詩，則展現了不同的主題。詩人首先書寫「聯翩裙屐上華筵。恰似西窗剪燭天」，以李商隱〈夜雨寄北〉「何當共剪西窗燭」的典故，指稱兩人相會聚談的歡愉；下段詩句「顧曲欣逢人窈窕。飛觴暢飲月團圓。烏衣巷裡勞懸榻。朱雀橋南約泛船。」前半段描寫整晚宴席的熱鬧，後半段書寫吳萱草夜宿莊哲夫住所，兩人相約出遊的欣喜，末段「一夜盤桓情不盡。更揮群樂戲茶錢」，將兩人之契合之情一語道出，展現詩人與莊哲夫愉悅自在的相處情況。

將〈黃其興中將招宴席上〉與〈莊哲夫先生招宴賦謝〉兩詩進行比較，會發現詩人面對身分地位不同之朋友，所展現的親疏與自在程度是有差別的。在〈黃其興中將招宴席上〉一詩中，詩人表現的是一種公務式的，自覺面對的是一個具有政府官職的人，因此其詩書寫方向也就著重於公共交際場合的描寫，從對一位政務者的褒揚著手。在〈莊哲夫先生招宴賦謝〉一詩中，詩人流露出的則是較爲個人化的內容，主旨在記述與友人往來的輕鬆和快樂。這兩首詩表現了詩人對於世態與人際的敏銳態度；而從詩間表現的南京意象上思考，這兩首詩則剛好顯現了，南京雖然在政治層面被日本帝國與汪精衛南京國民政府打造在「東亞新建設」的口號中；但從人與人往來的民眾生活層面，所謂的「南京」卻是建立在「烏衣巷」、「朱雀橋」這種深具歷史感和實體可見的城市外觀，人們透過生活、遊憩於此，體會南京城、感受南京城，而這些體會與感受，遠比口號來的有真實感、有溫度，也更貼近人心。

（二）書寫南京名勝古蹟

從上一段的比較中已可理解身處古蹟林立，隨處皆有名勝景點的南京，人們對於其中所傳遞出的歷史感、都市感都十分深刻。而對吳萱草來說，經歷 1938 年至 1942 年的旅行，於 1941 年至 1942 年間刊出許多書寫南京當地景點名勝之作品，他到底在名勝古蹟中感知了那些南京情懷，書寫了那些南京意象，即爲本段落欲思考的問題。以下筆者將以吳氏撰寫南京城中，包括書寫寺廟、水景、亭臺樓閣，以及歷史人文相關著名景點的漢詩爲例，藉由分析詩句，考究典故，探討其中所顯現的南京意象：

1.寺廟

中國歷史上，南京素爲佛教傳播勝地，歷來朝代均在此地興建許多佛

寺，以求國泰民安。因此在吳萱草的南京旅遊詩中，也有一些關於寺廟的
作品：

> 莊嚴佛刹鳳山頭。花鳥迎人景自幽。
> 綠樹高遮知客室。白雲深護老僧樓。
> 證來香火三生願。拋卻塵緣半日遊。
> 道是法輪常轉處。大雄寶殿已千秋。
> （吳萱草〈古林寺〉）〔註157〕

> 雞鳴峯上雞鳴寺。古木蕭森接碧天。
> 一統江山經萬劫。六朝陵谷變千年。
> 臙脂井水遺成禍。香火鑪灰念復燃。
> 拾級曠觀亭上去。景陽樓與豁蒙連。
> （吳萱草〈雞鳴寺〉）〔註158〕

> 半爲探古半尋涼。有客招邀到上方。
> 難得參禪空色相。且憑證佛蒸心香。
> 六朝井畔觀遺跡。四角亭前望大荒。
> 無限江山搖落感。石頭城外澹斜陽。
> （吳萱草〈清涼寺〉）〔註159〕

這批與寺廟相關的詩作，吳萱草以曾爲南京三大名寺的古林寺，南朝梁時梁
武帝曾多次於此出家的雞鳴寺，以及南唐後主李煜常留宿的清涼寺爲描寫對
象。從歷史發展觀之，此三寺皆屢經兵燹戰火摧殘，又數度修復，多次成爲
信仰中心，因此在詩中，多以書寫寺廟之景色幽靜，古木參天，以及千秋不
衰之貌，以顯示歷時悠久。〈雞鳴寺〉一詩，詩人以「臙脂井水遺成禍」，書
寫南朝陳後主與其妃張麗華曾在隋兵攻城時躲避於此之故事，與前句「一統
江山經萬劫。六朝陵谷變千年」的歷史變動感進行對照。末句「景陽樓與豁
蒙連」，則以南朝繁盛時期興建之景陽樓，與清王朝戊戌變法失敗，逐步邁向
衰微之際，由張之洞倡建，取杜甫〈贈秘書監察院江夏李公邕〉中「憂來豁

〔註157〕吳萱草，〈古林寺〉，《詩報》第 249 號，1941 年 6 月 4 日，頁 6；《南方》第
　　　　134 期，1941 年 7 月 15 日，頁 34。
〔註158〕吳萱草，〈雞鳴寺〉，《詩報》第 250 號，1941 年 6 月 22 日，頁 21；《南方》
　　　　第 136 期，1941 年 8 月 15 日，頁 30。
〔註159〕吳萱草，〈清涼寺〉，《詩報》第 250 號，1941 年 6 月 22 日，頁 21；《南方》
　　　　第 146 期，1942 年 2 月 1 日，頁 32。

蒙蔽」，希望受到的蒙蔽終能眞相大白的豁蒙樓相連之意象，隱隱帶出此地榮
衰起伏的歷史變遷。在〈清涼寺〉一詩，更直寫「無限江山搖落感。石頭城
外澹斜陽」，透過詩人由寺中看見之斜陽傾頹，牽引出他對於此地的衰微、凋
殘之悽楚感受。

2. 水景

南京位處江南之地，與蘇州、杭州比鄰，全城也是湖光山色，水景繚繞，
是故在吳萱草的南京旅行詩中，有許多都以描寫當地與江河相鄰的水景或湖
景爲重心：

> 東南鎖鑰此咽喉。恰似銜泥塞首丘。
> 勢欲飛從遙漢去。形還倒剪大江流。
> 人都取道來京口。我獨登山看石頭。
> 極目蒼茫無限意。風帆煙火夕陽秋。
> （吳萱草〈燕子磯〉）〔註160〕

> 滄桑劫後幾春秋。綠水翻成濁水流。
> 歷代美人如幻夢。當時天子了無愁。
> 笙歌鼎沸喧花艇。脂粉飄香上酒樓。
> 利涉橋邊桃葉渡。迎來送往夜悠悠。
> （吳萱草〈秦淮〉）〔註161〕

> 群山環繞水雲鄉。中有公園闢五方。
> 楊柳柔同三月綠。芙蕖艷帶六朝香。
> 此來沽酒傾芳苑。共道尋詩過野塘。
> 更好駕舟深處去。爭搖畫槳逐鴛鴦。
> （吳萱草〈玄武湖〉）〔註162〕

> 隔江烽火尚燒空。有客登臨望不窮。
> 避暑何須逃世外。泛舟最好到湖中。
> 五洲樹葉秋前翠。萬朵蓮花劫後紅。

〔註160〕吳萱草，〈燕子磯〉，《詩報》第249號，1941年6月4日，頁6；《南方》第134期，1941年7月15日，頁34。
〔註161〕吳萱草，〈秦淮〉，《詩報》第249號，1941年6月4日，頁6；《南方》第136期，1941年8月15日，頁30。
〔註162〕吳萱草，〈玄武湖〉，《南方》第136期，1941年8月15日，頁30。

醉倚水心亭上曲。披襟消受晚涼風。

（吳萱草〈玄武湖〉）〔註163〕

五重門外水雲鄉。欲訪盧家故住方。
楊柳沿堤飛蛺蝶。荷花滿沼戲鴛鴦。
采菱歌起聲聲脆。掘藕風迴陣陣香。
爲愛勝棋樓上去。吟驢先繫鬱金堂。

（吳萱草〈莫愁湖〉）〔註164〕

此分類下的詩作，主要展現南京一地的水光瀲灩，詩人透過細膩書寫燕子磯
「勢欲飛從遙漢去。形還倒剪大江流。」，秦淮「滄桑劫後幾春秋。綠水翻成
濁水流」，玄武湖「更好駕舟深處去。爭搖畫槳逐鴛鴦」、「五洲樹葉秋前翠。
萬朵蓮花劫後紅」，以及莫愁湖的「采菱歌起聲聲脆。掘藕風迴陣陣香」，將
此地的地理、歷史、風光美景，和人文特色全盤結合。從「人都取道來京口。
我獨登山看石頭」一句，我們體會了詩人的與眾不同，在〈秦淮〉中，詩人
將歷史的輕描淡寫，與秦淮河畔的笙歌鼎沸，形成強烈的對照，於悠悠的夜
裡，如同謝雪漁〈寓南京〉中「流水秦淮憐既濁。畫船明月響琵琶」的感懷，
也在此詩中流露出來。

　　〈玄武湖〉、〈莫愁湖〉共三首作品，以書寫景點的風光明媚爲主，經由
吳萱草的描繪，我們宛如與之同遊在這些美景間，其筆下「楊柳柔同三月綠。
芙蕖艷帶六朝香」，以及「楊柳沿堤飛蛺蝶。荷花滿沼戲鴛鴦。采菱歌起聲聲
脆。掘藕風迴陣陣香」等如同唐宋之作，帶有唯美之風的詩句，更是將南京
特有，與臺灣極爲不同的水色風光傳遞給讀者，不僅顯現了詩人在詩歌創作
方面的能力，也表現了旖旎的江南景色。

　　3. 亭臺樓閣

　　亭臺樓閣，是中國傳統的建築方式，其功能多在提供遊人登高望遠，休
憩遊賞，然而，從中國文學傳統中，所謂的登高望遠，往往會與登臨懷古，
遠望當歸，或是感慨人事變遷，以及悲嘆人生苦短等情感結合，而吳萱草的
登高望遠又呈現了哪些特質，以下將以其〈金陵皷樓〉、〈雨花臺〉、〈北極閣〉、
〈掃葉樓〉等作品爲例討論：

〔註163〕吳萱草，〈玄武湖〉，《南方》第 136 期，1941 年 8 月 15 日，頁 30。
〔註164〕吳萱草，〈莫愁湖〉，《詩報》第 250 號，1941 年 6 月 22 日，頁 21；《南方》
　　　　 第 139 期，1941 年 10 月 1 日，頁 28。

百尺危梯幾度攀。無辭艱似步天艱。
登臨自覺胸懷闊。到此方知眼界開。
傑閣高凌天北極。長江遙瀉海東灣。
暢觀樓上扶筇立。萬灶人煙指顧間。
（吳萱草〈金陵鼓樓〉）〔註165〕

萬方多難此登臨。剩水殘山感不禁。
玉壘雲迷曾破碎。金陵氣鬱已消沈。
西風立馬頻回首。北嶺摩碑記剖心。
自古英雄爭此地。許多成敗至於今。
（吳萱草〈雨花臺〉）〔註166〕

層樓疊閣駕崔嵬。今竟爲無線電臺。
音信萬方天外落。陰陽二氣個中迴。
登臨俱有凌雲志。棲息都窮摘宿才。
玄武湖光如鏡照。雞鳴寺對小蓬萊。
（吳萱草〈北極閣〉）〔註167〕

滄桑浩劫且休論。策杖來吟半畝園。
作客偷些閒日月。故鄉無此好乾坤。
觀山看水同憑檻。瀹茗焚香不閉門。
安得古僧遺帚在。掃將亂葉落江村。
（吳萱草〈掃葉樓〉）〔註168〕

在這些作品中，我們可以發現，符合中國文學傳統中對於登高望遠的感發者，以〈雨花臺〉、〈掃葉樓〉兩首可爲代表。〈雨花臺〉一詩，詩人首聯便以「萬方多難此登臨。剩水殘山感不禁」，書寫自身來到此地的多舛，並且感受殘山剩水的淒楚心境，頷聯與頸聯以「玉壘雲迷曾破碎。金陵氣鬱已消沈。西風

〔註165〕吳萱草，〈金陵鼓樓〉，《詩報》第249號，1941年6月4日，頁6；《南方》第134期，1941年7月15日，頁34。

〔註166〕吳萱草，〈雨花臺〉，《詩報》第250號，1941年6月22日，頁21；《南方》第136期，1941年8月15日，頁30。

〔註167〕吳萱草，〈北極閣〉，《詩報》第250號，1941年6月22日，頁21；《南方》第139期，1941年10月1日，頁28。

〔註168〕吳萱草，〈掃葉樓〉，《詩報》第251號，1941年7月4日，頁21；《南方》第146期，1942年2月1日，頁32。

立馬頻回首。北嶺摩碑記剖心。」等句，書寫雨花臺作爲兵家必爭之地，歷經多年戰亂後的蕭然景象，末聯「自古英雄爭此地。許多成敗至於今」更是以此地自古見證各路英雄在此或成功，或敗亡的歷史感，帶出詩人對於時代變遷、戰爭頻仍、人事動盪的感觸。〈掃葉樓〉中，詩人表現上以明清之際的遺才冀賢爲書寫對象，實質書寫自身在遊歷此樓時，油然而生不如歸去的隱居感受。

在以上兩首詩之外，〈金陵敧樓〉與〈北極閣〉則顯現了另一種登高望遠的情懷。〈金陵敧樓〉一詩透過「登臨自覺胸懷闊。到此方知眼界閒。傑閣高凌天北極。長江遙瀉海東灣」，描寫詩人在登樓後看見的廣闊景觀，顯現出因登臨高樓後，感覺胸懷寬闊、眼界大開的心情。〈北極閣〉一詩中，從首聯「層樓疊閣駕崔嵬。今竟爲無線電臺。」寫出了現代性物件進入傳統建築的情況，因此當詩人登臨此閣，所感受到的也是隨著無線電臺而來的「音信萬方天外落。陰陽二氣個中迴。」這種感觸和前面所討論的〈雨花臺〉、〈掃葉樓〉所顯現之中國文學傳統的登高懷古或遠望當歸極爲不同，它所體現的是當現代的無線電臺與傳統的天文臺相會後，兩者看似扞格，一面能以中國傳統陰陽概念包覆兩者的共同性，一面也有電流正負兩極可以通電訊息的意義。

透過這些詩作，我們可以發現吳萱草的亭臺樓閣作品，展現了兩種登高望遠的情懷，一種是以〈雨花臺〉、〈掃葉樓〉爲代表，符合中國文學傳統中因登臨而有強烈歷史感觸或不如歸去之淒然的作品；另一種則是以〈金陵敧樓〉與〈北極閣〉爲例，表現因登上高樓而感到心胸開闊，以及對於新式物件進入傳統建築後，詩人將之以中國傳統概念包覆以解釋的情況。這兩種情懷展現詩人一面受到中國文學中對於「登臨」所賦予之意義的影響，另一面也帶出詩人面對新式物品著力以中國傳統概念重新詮釋的情況。

4. 歷史人文

在南京的眾多景點中，除了寺廟、水景，與亭臺樓閣相關風景外，尚有許多與歷史更迭相呼應，顯示南京一地人文景觀者。以下將列舉吳萱草撰寫有關南京之歷史人文的漢詩作品進行討論：

> 中山路過雙龍巷。一代才人故趾存。
> 碧瓦瓊枝空別墅。荒煙蔓草滿隨園。
> 宦情冷淡閒名世。詩話流傳署姓袁。

更向五臺峰上去。漫天風雨吊孤墳。

（吳萱草〈小倉山懷袁子才〉）〔註169〕

基荒蹟廢雜松楸。禾黍離離滿地秋。

四面城濠今尚在。九龍宮殿久無留。

穢肥堆裏多磚礫。蔓草叢中盡石頭。

獨立午朝門畔望。風煙萬點使人愁。

（吳萱草〈明故宮趾〉）〔註170〕

驅車十里上崎嶙。翁仲相依石獸陳。

定鼎千秋空繼漢。化龍一劍竟亡秦。

攀登隧道陰風冷。欲吊（筆者註：應爲吊）粧臺蔓草新。

猶有治隆唐宋碣。敢將興廢問來因。

（吳萱草〈謁明孝陵〉）〔註171〕

放歌來上紫金山。氣象堂皇壯大觀。

丘谷高低形虎踞。崗巒起伏勢龍蟠。

遺言劫後都遷易。謾道生前國步難。

革命功成垂萬古。歇驂來拜偉人棺。

（吳萱草〈謁中山陵〉）〔註172〕

表忠紀念築高臺。躡屐登臨徊又俳。

戎馬亡身功永在。杜鵑啼血喚難回。

傷觀碣上新名字。忍見亭前舊戰灰。

最是大和魂不泯。櫻花爭與菊花開。

（吳萱草〈菊花臺吊戰死皇軍〉）〔註173〕

〔註169〕吳萱草，〈小倉山懷袁子才先生〉，《詩報》第249號，1941年6月4日，頁6；
〈小倉山懷袁子才〉，《南方》第134期，1941年7月15日，頁34。

〔註170〕吳萱草，〈明故宮址〉，《詩報》第250號，1941年6月22日，頁21；〈明故
宮趾〉，《南方》第136期，1941年8月15日，頁30。

〔註171〕吳萱草，〈謁明孝陵〉，《詩報》第250號，1941年6月22日，頁21；《南方》
第136期，1941年8月15日，頁30。

〔註172〕吳萱草，〈謁中山陵〉，《詩報》第250號，1941年6月22日，頁21；《南方》
第139期，1941年10月1日，頁28。

〔註173〕吳萱草，〈菊花臺吊戰死皇軍〉，《詩報》第250號，1941年6月22日，頁21；
《南方》第139期，1941年10月1日，頁28。

摩空氣勢自崢嶸。憑弔登臨最愴情。

九級高超靈谷寺。千秋長對袜陵城。

樹碑人物生無愧。殉國英雄死有名。

讀盡題詞三萬字。一時不覺淚縱橫。

（吳萱草〈南京革命紀念塔〉）〔註 174〕

從此分類下的詩作所提及的朝代與關鍵字可以發現，詩人幾乎是將南京由明王朝至淪陷時期的理解串聯起來，〈明故宮趾〉與〈謁明孝陵〉中，詩人以「基荒蹟廢雜松楸。禾黍離離滿地秋。四面城濠今尚在。九龍宮殿久無留。穢肥堆裏多磚礫。蔓草叢中盡石頭」、「驅車十里上岣嶙。翁仲相依石獸陳。定鼎千秋空繼漢。化龍一劍竟亡秦。攀登隧道陰風冷。欲弔粧臺蔓草新。」超過全詩一半以上的篇幅，書寫此二景點於今的荒涼與傾頹，在這些描述中，詩人以「黍離」之感爲基調，敘述國破的荒蕪與冷落，其末句「獨立午朝門畔望。風煙萬點使人愁」與「猶有治隆唐宋碼。敢將興廢問來因」，則各自以明故宮的午門，以及明孝陵前由清康熙皇帝手書的「治隆唐宋」碑，此般過往的隆盛與前文的荒蕪進行對照，勾引出詩人之愁與詩人之畏。

〈小倉山懷袁子才〉一詩，書寫的是清代詩人、散文家的袁枚〔註 175〕，全詩首句「中山路過雙龍巷。一代才人故趾存。碧瓦瓊枝空別墅。荒煙蔓草滿隨園」，首先點名吳萱草此次探訪的是袁枚位於舊時金陵小倉山，今日南京中山路雙龍巷的隨園，可惜這個故址，也如同上面分析的明孝陵與明故宮一般蔓草叢生，荒涼淒清，無人聞問。下一段「宦情冷淡閒名世。詩話流傳署姓袁」，則是將袁枚厭倦官場生活，以著作《隨園詩話》，提倡性靈，主張只要能直抒胸臆，表現真實情感即是優秀的詩歌作品的獨特不凡，簡單且直接的表現出來，末句「更向五臺峰上去。漫天風雨弔孤墳」說明詩人爲追悼袁枚，將上袁氏五臺山之墳，弔念一世才子的哀思之情。

在〈謁中山陵〉與〈南京革命紀念塔〉兩首詩中，詩人以拜謁與參觀帶領革命的孫中山所長眠的中山陵，和做爲民國時期國殤墓園的南京革命紀念塔。在〈謁中山陵〉一詩中，詩人先以「放歌來上紫金山。氣象堂皇壯大觀。丘谷高低形虎踞。崗巒起伏勢龍蟠。」的詩句，描寫中山陵的壯闊氣象，以

〔註 174〕吳萱草，〈南京革命紀念塔〉，《詩報》第 262 號，1941 年 12 月 17 日，頁 20。

〔註 175〕袁枚（1716～1797 年），清代詩人，散文家。字子才，號簡齋，別號隨園老人，時稱隨園先生，錢塘（今浙江杭州）人，曾官江寧知縣。爲「清代駢文八大家」、「江右三大家」之一，文筆又與大學士直隸紀昀齊名，時稱「南袁北紀」。

及高聳地勢，下句「遺言劫後都遷易。讖道生前國步難。」，說明中華民國成立後歷經動盪，顯示立國之不易，末句以「革命功成垂萬古。歇驂來拜偉人棺」總結，推崇孫中山之偉大，及其畢生於革命上的功勞。而在〈南京革命紀念塔〉一詩中，詩人破題即以「摩空氣勢自崢嶸」一面書寫紀念塔之高大，也書寫埋身此地烈士們的雄偉氣魄，後以「樹碑人物生無愧。殉國英雄死有名。讀盡題詞三萬字。一時不覺淚縱橫」書寫詩人閱讀塔內所刻之黃埔軍校同學錄序，以及孫中山於黃埔軍校的開學詞，以及其前往北京前的告別辭，不禁百感交集，涕淚縱橫的景況。

在〈菊花臺吊戰死皇軍〉一首中，詩人以書寫 1939 年日軍在雨花臺西面的菊花臺所築的「表忠塔」為重心，除了以「表忠紀念築高臺。躐屐登臨徊又徘」描寫塔之高聳，和詩人抵達時的徘徊之外，面對這座為紀念日軍登陸之時傷亡慘重的建築，詩人書寫下「戎馬亡身功永在。杜鵑啼血喚難回。傷觀碣上新名字。忍見亭前舊戰灰」，表達對於戰爭之下，萬骨皆枯的惆悵。

（三）抒發內心雜感

除了描寫與友人相聚，或是書寫南京名勝古蹟等具有具體敘述對象的漢詩創作外，吳萱草還有一些抒發內心雜感，隨事吟詠，沒有特定主題的作品。然而，從這些作品中，我們仍可以看出詩人對於身處淪陷時期的南京一些特別的看法，以下將以吳萱草〈金陵雜詠〉兩首為例，進行討論：

> 逶迤陵谷勢崢嶸。錦繡江山舊有名。
> 撲地閻閭遭燬壞。連雲甲第亦頹傾。
> 歸民就業初開市。新政還都尚閉城。
> 不但哀鴻聲遍野。併將鶴唳挾風聲。
>
> 光華門與共和開。商販南方此往回。
> 隔岸帆飛揚子渡。遙峯碑矗菊花臺。
> 丙丁火洞蒸煙霧。子午針途闢草萊。
> 多少鄉村農產物。全憑驢馬背馱來。
>
> 秦淮南北尚繁華。石壩街頭夕照斜。
> 妓院今傳江令宅。酒樓昔是段侯家。
> 三山矗拱黃天蕩。二水分流白路叉。
> 看到釣魚深巷裡。蕭疏楊柳暮棲鴉。

採風問俗遍京畿。到處常聞說是非。
夫子廟前閑卉集。公婆巷角野鷄飛。
爺遭白眼何曾瘦。客有黃金自在肥。
爲政由來頻易任。三年官滿二年歸。

載將詩酒過河房。合唱江南句斷腸。
妒雨桃花開浪籍。迎風柳絮起顛狂。
嬌痴不見蔣三妹。風雅難尋李十娘。
我是逢場聊作戲。溫柔愼莫老斯鄉。
（吳萱草〈金陵雜詠〉）〔註176〕

有客江南尚未歸。遣懷沽酒醉京畿。
過牆蝴蝶尋芳去。夾道梧桐落葉飛。
秋色分來門白下。夕陽斜照巷烏衣。
停杯吊古懷王謝。不獨人非燕亦非。

有時愛聽景陽鐘。走到梅庵一杵撞。
避暑常臨九華寺。尋涼屢坐六朝松。
橫吹短笛牽牛巷。斜把長鞭望鶴峰。
儘有他鄉風月侶。不妨載酒過相從。

伊家住近古青溪。密約相尋路轉迷。
未敢問人人不語。肯因使鳥鳥回啼。
岸邊楊柳遮船影。渡畔桃花襯馬蹄。
忽憶第三樓數字。重逢果在板橋西。

再留幾日擬歸艖。醉遍秦淮舊酒家。
渡口有人皆送客。橋邊無樹不啼鴉。
借來白石仙郎句。贈與青溪姊妹花。
此別明知天樣遠。漫將哀怨託琵琶。
（吳萱草〈金陵雜詠〉）〔註177〕

〔註176〕吳萱草，〈金陵雜詠〉，《詩報》第 251 號，1941 年 7 月 4 日，頁 21；《南方》
　　　　第 151 期，1942 年 5 月 1 日，頁 30。
〔註177〕吳萱草，〈金陵雜詠〉，《詩報》第 252 號，1941 年 7 月 22 日，頁 25；《南方》
　　　　第 155 期，1942 年 7 月 1 日，頁 40。

值得注意的是，這批詩在《詩報》中刊登時，為八句一首的律詩，而在《南方》中刊載時，轉為三十二句一首的排律。但若我們可以從韻腳、內容及情意轉折進行觀察，則會發現這組詩應為七律，《南方》上的刊登狀況可能是為了排版方便，而造成詩歌結構的錯誤。

「邐迤陵谷勢崢嶸」一詩，詩人以「撲地閭閻遭燬壞。連雲甲第亦頹傾」描述南京城因戰亂遭毀損之景，後以「歸民就業初開市。新政還都尚閉城。不但哀鴻聲遍野。併將鶴唳挾風聲」，書寫汪精衛南京國民政府成立初期，百廢待興，一般百姓生活初初恢復的情景。此外，另首寫道「秦淮南北尚繁華。石壩街頭夕照斜。妓院今傳江令宅。酒樓昔是段侯家。」，主要運用江令與段侯，即南朝江總與宋朝段約之兩人曾於南京坐擁之大宅院，今日均改建為妓院與酒家的轉變，說明此地花柳業之繁盛。而「爺遭白眼何曾瘦。客有黃金自在肥。為政由來頻易任。三年官滿二年歸」一首，則是針對新政權的統治混亂，官員更換頻仍進行觀察與批判。第五首「載將詩酒過河房。合唱江南句斷腸。妒雨桃花開浪籍。迎風柳絮起顛狂。嬌痴不見蔣三妹。風雅難尋李十娘。我是逢場聊作戲。溫柔慎莫老斯鄉」，將觀察重心回到南京的風塵煙花，其中運用了漢代時任秣陵尉的蔣子文之妹蔣三妹；以及明末清初三大名妓之一的李十娘之典故，書寫南京風月女子的顧盼生姿，詩句中雖句句使用「不見」、「難尋」以及「慎莫」，甚至是「逢場聊作戲」等否定詞，以及強調自身非認真於其中的句子，但是，這些重複否定的詞彙，反而凸顯了詩人對此地的肯定與依戀。

在「有客江南尚未歸」一首中，主要流露詩人歸鄉前對南京的留連不捨與離情依依。「秋色分來門白下。夕陽斜照巷烏衣。停杯弔古懷王謝。不獨人非燕亦非。」一段中，詩人書寫自己在晚霞滿天的秋日，緩步烏衣巷，追悼舊時王謝，然而令他感嘆的是，不僅是舊人杳然，連往來飛燕也不同往時，這種雙重的非同舊日的描寫，更顯出時間快速流逝，人們無可依循的無奈。第七首至第九首「橫吹短笛牽牛巷。斜把長鞭望鶴峰。儘有他鄉風月侶。不妨載酒過相從。伊家住近古青溪。密約相尋路轉迷。未敢問人人不語。肯因使鳥鳥回嗁。岸邊楊柳遮船影。渡畔桃花襯馬蹄。忽憶第三樓數字。重逢果在板橋西。再留幾日擬歸艘。醉遍秦淮舊酒家。渡口有人皆送客。橋邊無樹不啼鴉。借來白石仙郎句。贈與青溪姊妹花。此別明知天樣遠。漫將哀怨託琵琶」，則儼然如一篇流暢的故事和圖畫。詩人在此段中自述自己面對歸鄉

時節，即將與「他鄉風月侶」離別千里，與其共赴最後的約會，詩人經過種種過去兩人曾經共同生活的景色與風光，最後於板橋西畔見到情人。於此最終之會，他們原本選擇共醉一場，然而渡口送別的場景與橋邊啼叫的烏鴉，都不斷提醒兩人迫在眼前的分別，詩人只能借用晉朝葛洪《神仙傳》中曾描寫，不愛飛昇，只願長生於世的白石仙人所言：「天上無復能樂於此間耶，但莫能使老死耳」，對情人述說自己生命最快樂的時光，莫過於與她相守的時刻。全詩在濃重的離情與對時間流逝的莫可奈何間，婉轉地將詩人於南京發生的一段情緣與由此而生的愁思傳遞出來，在此敘述間，我們不僅看見詩人豐沛的情感，也看見他筆下充滿中國感，以及處處垂楊，渡口離別的江南風光。

（四）離開南京前，留別南京友人

　　承接前段分析之詩人自剖內心雜感，描述離別傷懷的創作，本段落將要討論的，即是在詩題中直接將送別、贈別之詞點出，由吳萱草書寫給南京的紅粉知己，表述離別的不捨與祝福的詩作。

> 歌殘酒盡夜悠悠。共訴前因與後由。
> 鑿地汝當埋綺恨。掘天我欲寄閒愁。
> 懺除萬劫無煩惱。悟徹三生有盡頭。
> 記取傾心分手際。平安吉語抵封侯。
> （吳萱草〈送別席上示玉華〉）〔註178〕

> 又勞折柳淚盈盈。戀戀牽衣問去程。
> 雲雨已迷前夜夢。乾坤難貯此時情。
> 憐卿待嫁徐娘老。嗟我將追定遠行。
> 綰住同心堅後約。定知暗祝早成名。
> （吳萱草〈臨別再示玉華〉）〔註179〕

> 月滿粧臺酒滿樽。半年前事忍重論。
> 芳名已著烏衣巷。艷影翻標白下門。
> 杜牧惜春因繫夢。江郎賦別應銷魂。

〔註178〕吳萱草，〈送別席上示玉華〉，《詩報》第 264 號，1942 年 1 月 20 日，頁 22；
　　　　《南方》第 169 期，1943 年 2 月 15 日，頁 31。
〔註179〕吳萱草，〈臨別再示玉華〉，《詩報》第 264 號，1942 年 1 月 20 日，頁 22；《南方》第 169 期，1943 年 2 月 15 日，頁 31。

　　可憐一曲歌香草。又認羅巾漬淚痕。

　　（吳萱草〈贈別廖銀樓〉）〔註180〕

從內容觀之，可以發現前兩首「示玉華」之作中的「玉華」與詩人間的情感並不尋常，從「悟徹三生有盡頭」、「記取傾心分手際」、「雲雨已迷前夜夢」、「綰住同心堅後約」等句中，透露了兩人關係密切，甚至有三生、同心之約。然而兩人的情感隨著詩人將離開南京而不得不割捨，為此詩人反覆寫詩相贈，除了在再度思量兩人初相識時，也言道離別的必然和對玉華的愛憐不捨，因此兩人能給予對方的只有無盡的祝福，不論是「記取傾心分手際。平安吉語抵封侯」或是「綰住同心堅後約。定知暗祝早成名」，都表達了詩人與玉華間將愛意轉為祝禱，昇華為更堅定之情誼的情感表現。

　　而在〈贈別廖銀樓〉一詩中，從作品寫到「月滿粧臺酒滿樽。半年前事忍重論。芳名已著烏衣巷。艷影翻標白下門」，可以推論廖銀樓應為一風月女子。此番贈別，可能是詩人在送別席上重見故人，眼見當年默默無名的青樓女，今日成為豔名遠播的花魁。詩作更援用杜牧在〈惜春〉一詩中對於春光逝去的嘆息，以及江淹於〈別賦〉中書寫離別使人銷魂傷神的淒涼，描寫自己一面懷想過往時光，一面又要面對分別場景的無限感傷，由此表現詩人與廖銀樓間的情感。

　　綜觀本段落以謝雪漁、吳萱草為例，探討其二人於《風月報》、《南方》與《詩報》上刊載關於前往已淪陷之南京旅行的相關詩作中，所表現出之南京意象，可以發現有以下幾種特色：第一，兩人之作都有藉由書寫南京當地歷時悠久的名勝或景點，以其背後蘊藏之典故或歷史事件，抒發南京經歷戰亂後所呈現之衰微、凋蔽的氣息。第二，兩人透過參拜中山陵，同對發動革命的孫中山興起一代偉人之感。

　　然而，由於兩人作品量的差異，透過書寫數量較為龐大的吳萱草之作品，我們還能從中發現南京雖然在政治層面被收編在「東亞新建設」的口號下，但從吳萱草大量書寫南京舊有的名勝古蹟，包括古寺、江南水景、中國傳統亭臺樓閣，以及明故宮、明孝陵，和至小倉山緬懷清代才子袁枚等漢詩，除了可以了解他此行所見之豐富外，更可以理解他在南京的所知所感仍較偏向傳統中國。對於還都後的新政權，他所看到的是「新政還都尚閉城，不但哀

─────────

〔註180〕吳萱草，〈贈別廖銀樓〉，《詩報》第264號，1942年1月20日，頁22；《南方》第169期，1943年2月15日，頁31。

鴻聲遍野，併將鶴唳挾風聲」此類百廢待興，人民尚未恢復，政局仍混沌不明，倉惶不安的景況。

　　此外值得一提的是，除了在本章，筆者已討論的謝雪漁、武全、蘇鴻飛、吳萱草外，《風月報》、《南方》與《詩報》等雜誌中其實尚有吳乃占、王大俊、張篁川、陳道南、楊嘯天等人有赴南京前後的相關創作，然限於篇幅與筆者能力，不能一一列舉、分析與討論，尚待他日相關研究者予以開發，進行更深入、全面的論述與探討。

第三節　臺灣視野下的南京形象、想像、意象比較

　　前文部分，筆者已經整理《臺灣日日新報》中與南京相關報導，以期了解其中屬於官方藉由報紙所建構的南京形象，以及謝雪漁連載於《風月報》第 45 期（1937.7.20）至第 76 期（1938.12.1）的小說〈日華英雌傳〉中前 6 回關於南京的敘述，所呈現出屬於臺灣作家思考南京的形象。並列舉謝雪漁、武全、蘇鴻飛等人前往南京之前由其友人或詩人自撰的餞別詩與贈別詩中所顯現的南京想像，以及當旅人抵達南京，實際在當地生活與遊歷後，所撰寫的南京旅遊詩所表現的南京意象。

　　本節將從比較的角度入手，一爲將官方所塑造的南京形象與臺灣作家小說中的南京形象進行對比，從中了解官方傳遞的南京形象，與小說家塑造的南京都市形象間有何殊異。二爲將小說家塑造的南京形象，與各旅人在出發南京之前所撰寫的贈別詩，及其友人書寫的餞別詩進行對照，以求探知小說與漢詩兩種不同文類在進行同地描繪時，會有那些書寫重點的差別。三爲比較旅人們赴南京之前的餞別詩與贈別詩中的南京想像，與遊歷南京途中創作之旅行詩中的南京意象，以分析兩者間的落差情況。

一、親官方媒體與民間的南京形象對比

　　承接本章第一節第三部分所述，《臺灣日日新報》所傳遞有關南京的訊息，早在 1898 年便已開始，1925 年國民政府成立後，與此地相關的消息仍刊載不輟。1937 年 12 月南京淪陷，日本與南京間的關係日趨密切，然在《臺灣日日新報》上，卻是以一系列「中支新政權」、「中支新政府」、「中國維新政府」等強調南京當地成立新政權的報導，淡化與削弱日本帝國攻陷南京，並介入此地的行爲。

與此同時，臺灣總督府卻又在南京淪陷後，於《臺灣日日新報》大篇幅刊登為慶祝南京陷落而舉行之提燈、祝賀活動的訊息。透過系列祝賀消息的新聞，足見臺灣總督府對「南京陷落」的重視，在活動中被動員的臺灣人民，也在動員之中感受南京陷落之於整個日本帝國的重要，此種往復於統治者與受殖者間對於「南京重要性」意涵傳遞，其實就凸顯了「南京」作為日本帝國另一個延伸統治領域的特質。

觀諸〈中支那見聞記〉，以及南京相關相片的刊登等軟性報導，多從現代性、與政治層面切入，強調日本帶給南京的現代化以及「日支提攜」。這些遊記或報導都說明日本與南京間在 1937 年 12 月以後，無論在社會人員的交流層面或帝國媒體的操作下，都已經日益增加了連結。鋪天蓋地的傳遞日華親善，以及日本對南京一地之重視的訊息，與最前面討論之強調南京作為中國新政權中心所在，將此地獨立國家化的報導並陳於《臺灣日日新報》上，其實產生了消解的作用，對於閱報者而言，他們未嘗不明白汪精衛南京國民政府之於日本帝國的弱勢地位，只是一波波透過報紙宣導日華親善，日支和平的概念，使得南京作為與日本相互提攜，共同為東亞和平攜手合作的形象更為立體、強勢，而官方欲傳遞的南京形象也在此間被建立出來。

當我們將觀察焦點轉向謝雪漁在 1937 年 7 月撰寫的〈日華英雌傳〉，則會發現，在他筆下的南京是一個充斥各種新式建築、新式空間、新式物品、運用水力發電、電燈眾多，人口繁盛的城市，與《臺灣日日新報》中的軟性報導所顯現的缺乏現代性有所出入，雖然從女主角李麗君的住所仍為舊式銅環大門，可見此地的新舊交混，但是從小說中屢屢出現的播音局、公園、電燈、珈琲，以及大眾傳播業的流通可以影響一般民眾的描述，都顯示在謝雪漁小說中，對於「南京」面對「現代性」深入日常生活的接受程度與適應情況。換言之，在〈日華英雌傳〉中所建立的南京形象，其實是在新舊交雜間，擁有更多「新事物」，也就是「現代化事物」，同時也持續吸收現代文明的新興都市。

將《臺灣日日新報》所傳遞的官方形象與〈日華英雌傳〉所營造的民間形象進行對比，會發現兩者對於「南京」的關注焦點是不同的。在《臺灣日日新報》上所經營，具官方色彩的南京形象，多在宣傳「日支提攜」、追求現代化等口號的形式下出現；在〈日華英雌傳〉中，則以具體物品、具體建築、社會氛圍，和大眾傳播媒體等能與「人」互動的形式下，塑造出一個生機勃

勃的南京形象。值得一提的是，雖然《臺灣日日新報》自 1898 年起便開始報導與南京相關的資訊，但當南京淪陷之後，其所刊出的南京報導便幾乎與此地過往曾乘載之中國歷史有所切割，多將新聞重點放在日本將如何與南京合作，或是南京一地的風光如何能使行旅的日人看見自己的故鄉；然而，在謝雪漁〈日華英雌傳〉中卻不完全把南京的「過去」消除，反而在故事第 1 回首句，以「李麗君者，生於南京近郊。一小農村，在明洪武帝御陵東畔」，帶出南京舊有的歷史淵源，兼以前面提到的舊式銅環大門，在其小說中一片呼告日華親善、東亞和平的基調下，幽微地勾勒出南京具備的歷史傳統，鋪陳出南京的特殊性。

二、〈日華英雌傳〉的南京形象，與餞別詩、贈別詩的南京想像間之書寫差異

繼討論《臺灣日日新報》中所呈現的官方式南京形象，與謝雪漁所著小說〈日華英雌傳〉中表現的屬於臺灣作家所塑造的南京形象之間的殊異後，本段落企圖再將謝雪漁〈日華英雌傳〉中塑造出的南京形象，與臺灣商紳與文人赴南京前，由其本人書寫的贈別詩，及其友人撰寫的餞別詩中流露之南京想像進行對比，企圖從文體的觀點，探討小說與漢詩間，在書寫重點和營造之南京形象與南京想像間的差異。

當我們以書寫重點為思考重心，以〈日華英雌傳〉為對象進行討論，可以發現以長篇文言筆法書寫的〈日華英雌傳〉，其實融入許多現代化物件，對於南京城市的特色多以描述建築、制度、生活習慣、日常用品，資訊接收等方面進行建構，作為背景的鋪陳，藉由這些細瑣特色與故事人物間的互動或影響，將城市獨特化與立體化。然而對〈日華英雌傳〉來說，相較作者更想凸顯的「日華親善」意涵，「南京城」在小說中始終都是作為背景，為凸顯女主角李麗君為「華」之代表而存在，因此，不論城市的獨特性如何被強化，都還是容易掩蓋於作者原本就已經企圖導入的創作理念之下。

相對於此，在具漢詩寫作能力的臺灣商紳與文人所創作的餞別詩與贈別詩中，面對旅人的目的地——南京，其獨立特質往往較小說更為顯著，詩人們常會用更複雜、更具中國性的概念與典故來比擬或代稱南京，最明顯的例子，就是在本章第二節第二部分論及謝雪漁將赴南京就任公職前，由其友人和他自撰的一系列餞別詩與贈別詩。

　　如前文曾分析的，這一系列的餞別詩與贈別詩，可以從旅人前進南京目的的比喻、想像南京或在過去，或在今日可能的情景，甚至是前進南京的意義等角度進行討論，從這些分類，可以發現，因著漢詩做爲文類的特性，不僅在書寫上多運用各式典故、比喻，以借指旅人即將就任官職的機會，更常使用「六朝金粉」、南京固有名勝古蹟等從歷史與地理上有具體比喻傳統的詞彙與景點，訴說「南京」所具備特殊歷史和地理風光。以「六朝金粉」、「舊時王謝」等詞彙爲例，我們或許不能武斷地推論詩人在使用此類詞語時，是否會懷想到舊中國的繁榮，並隱隱然與新中國進行對比，但從他們使用這些帶有豐沛歷史感的詞語，就已經可以發現，當南京出現於漢詩作品中，當做一個重點描述、觀察的地點時，詩人們會聯想到，取之運用的，還是傳統中國文學中用以指稱南京的詞彙，詩人們運用這些無法武斷推論其在新舊中國間是否有褒貶之意的詞語，遊走在檢閱者的眼睛下，顯現了「漢詩」作爲文體的私密性。但從詩人們運用符合國策之概念，直述有關「興亞」、「東亞聯盟」、「日華親善」等詩句時，其實又表現了「漢詩」作爲公關應酬的工具性。

　　換言之，由小說所塑造的南京形象，與餞別詩、贈別詩中營造出的南京想像之間，兩者最大的差異在於，因著文體與述說需求的不同，南京形象通常表現在小說人物穿梭、生活的種種新式而具體的建設，以及他們的生活細節；而南京想像卻是附著在傳統中國的南京書寫，或者江南風光的印象，乃至於日本帝國呼告的「日華親善」口號間受到組構，兩者對南京的書寫重心互有差異，傳遞出的「南京」樣貌也就隨之具象與浮面，交錯影響著閱讀者對此地的理解。

三、餞別詩、贈別詩中的南京想像與旅行詩中的南京意象

　　從以上的段落，我們已經了解具官方色彩的《臺灣日日新報》中對於南京報導所塑造出的南京形象，與臺灣小說家謝雪漁在〈日華英雌傳〉中所建立的南京形象間，兩者在表現南京歷史感方面的差異。我們也理解〈日華英雌傳〉所建立的南京形象，和臺灣商紳與文人在前往南京之前，由其本人或友人撰寫的贈別詩與餞別詩中透露之南京想像，對於南京樣貌點描，表現於小說人物生活之空間建構，和附著於傳統中國的南京想像的方式，有所不同。

　　接下來的段落，筆者將比較的是，臺灣商紳與文人赴南京前其友人撰寫的餞別詩，和他們自撰的贈別詩所透露的南京想像；以及當旅人實地抵達南京，於遊歷過程中書寫的旅行詩所表現出的南京意象之間，所顯現出行前想像，和行中意象間的殊異。

　　本章第二節第二部分，筆者以謝雪漁爲主，武全、蘇鴻飛二人爲輔，分別探討前往南京任官，負笈南京求學，以及爲生計前進南京等三種原因下，由旅人自身書寫的贈別詩，其友人撰寫的餞別詩所表現出的南京想像。經過分析可以發現，這些餞別詩與贈別詩對於南京的想像，透過詩人們將「日華親善」、「興亞」、「東亞和平」、「東亞聯盟」等詞彙如口號般重複書寫在詩作中，顯示此時的南京想像時常覆蓋於這些概念之下，並由此營造出南京在東亞世界中的欣欣向榮和大有可爲；對於好友前往南京，也常以「楚材晉用」、「匡輔亞洲」、「兼通和漢」等詞語，說明臺灣人才前往南京工作，肩負協助日華兩地溝通交流的重責大任。

　　然而，在本章第二節第三部分中，我們透過謝雪漁、吳萱草的作品，觀察此時期臺灣商紳與文人實地踏足南京後所書寫的旅行詩，卻發現了不盡一致的情況。

　　首先，在謝雪漁的作品中書寫了「烏衣歡早淪王謝」，流露了舊時王謝堂前燕，飛入尋常百姓家的衰微感，以及「流水秦淮憐既濁，畫船明月響琵琶」此類儼然有商女不知亡國恨的情景，與其出發南京之際，由其友人和其自身撰寫的餞別詩與贈別詩中，所表現的正向積極與光明前途相較，全然是不同的風景。

　　從吳萱草的作品觀之，除了他與曾任汪精衛南京國民政府陸軍中將的黃其興聚會，並爲此書寫的〈黃其興中將招宴席上〉一詩中提及「東亞新建設」概念外，吳氏其他的南京旅行詩，都是以南京當地的古寺、江南水景、亭臺樓閣、歷史建築等風景名勝作爲書寫對象，從這些作品可以發現，若是書寫對象是歷時悠久的古寺、歷史建築或亭臺樓閣，全詩的布局通常是在首聯、頷聯、頸聯處書寫詩人前往這些景點的過程、目的或歷史淵源，末聯處則抒發詩人遊歷此地，眼見衰敗之景而感到悲涼、惆悵，或是時間之不可挽回的無奈感懷。在江南水景相關的作品中，詩人則常在前三聯描寫自身尋歡作樂，或遊覽水色風光的情景，在這些美好與歡樂之後，於末聯表現出與世無爭的安逸。從這些內容，可以發現，詩人對於南京的意象書寫，基本上很消極的。

在吳氏於〈黃其興中將招宴席上〉一詩表現之積極應和「東亞新建設」概念，與其他旅行詩中呈現消極抒發對歷史更迭，時光流逝之無奈、悲涼，與追求現世安逸之間，似乎有一些情緒是詩人迴避未言的。

　　將這些作品中所表現的南京意象，與本章第二節第二部分討論，有關南京的餞別詩或贈別詩作中顯現之強調「日華親善」與「東亞聯盟」等興亞概念的南京想像進行對比，則會發現吳萱草似乎將自己與這些興亞相關概念切割得很清楚，但他也明白在那些場合，這個概念又是需要言明以保障自身立場的，這種立場轉換也顯現詩人對於其所生活的時代與空間，擁有極為細膩的觀察和高度的敏銳度，以及漢詩作為公開交際的工具，以及乘載詩人個人情緒的工具之雙重性格。

　　回到本段落欲探討的重心，透過將書寫南京想像的行前餞別詩與贈別詩，和書寫南京意象的旅行詩進行對比，可以發現兩者間存在著強烈的落差。在南京想像中頻繁出現的「日華親善」、「東亞聯盟」，到了南京意象中幾乎不復見，反而多為針對當地衰敗情景的悼念，在行前餞別詩中書寫的「欲從大陸展經綸」，在旅行詩中轉換為現世安穩，及時行樂的追求。經由這種落差的對比，體現了淪陷後的南京政府與日本帝國在政治上所言之「日華提攜」、「東亞共榮」，以及籠罩在此概念下的「新南京」、「新中國」，對於懷抱理想前進，並實際落地生活者來說，似乎並沒有那麼美好，因此他們在旅行詩中或震懾於眼前的荒蕪，或轉而投向印象中江南水鄉般美麗的南京，而逃避現實混亂的南京。

　　綜觀《臺灣日日新報》中報導強調新政權中心的南京形象，以及〈日華英雌傳〉中著重描寫人物生活環境之現代化的南京形象，以及餞別詩、贈別詩中充滿「日華提攜」光輝的南京想像，和旅行詩中傾頹衰敗的南京意象，可以發現，透過這些報導、作品中的多重落差與多重迴避，詩人們對於淪陷後南京之新興政權的褒貶，以及「日華提攜」、「日華親善」概念的認同與否，已經不言而喻。在這些看似反覆不一，難以一體論定作者立場的作品中，可以窺見他們於此間的期待、壓抑、失望，轉而另求紓解的情緒轉折，以及從中努力生存的痕跡。

第五章 結 論

第一節 各章重點與發現

回顧本論文，主要探討對象為 1930～1940 年代臺灣商紳與文人創作並刊登於《風月報》、《南方》與《詩報》等雜誌，書寫關於行旅日本東京、滿洲、中國南京三地前，由其本人撰寫的贈別詩，及其友人書寫的餞別詩所透露的行前想像；以及實際踏足此三地後創作的旅行詩所營造的行中意象。兼而運用《臺灣日日新報》中對此三地之報導所傳遞出的官方形象，和臺灣商紳與文人書寫的日記、遊記與小說中形塑出的民間形象，對日本東京、滿洲、中國南京三地進行都市形象、想像與意象的參照比較。

全文除第一章序論、第五章結論之外，分為「櫻花眼界拓蓬萊：東渡『東京』」、「新京塞外冰霜冷：見聞『滿洲』」、「舊國方開新國運：前進『南京』」共三個章節。每章第一節分三個部分。第一部分，透過各都市發展相關史料之整理，陳述當章節欲討論之都市的歷史發展，作為後續論述的背景導入。第二部分，將重點轉至各都市與臺灣之間的交通往來情況，根據其交通史相關的史料與先行研究，整理 1930～1940 年代臺灣與此都市或地區的交通連結情形，並參照曾書寫與此航線相關的小說、漢詩作品，將航線與交通形式立體化、具象化。第三部分，則以《臺灣日日新報》為分析對象，探討其中對於當章節論述都市的形象塑造模式。透過本文的分析，可以發現，日本帝國透過《臺灣日日新報》所形塑的東京、滿洲與南京各有不同的特點，總和來說，在東京方面，主要強調其在東亞，甚至是全世界的重要性，並表達臺灣

與東京在求學層面的連結。在滿洲方面，其報導的高峰主要有四波，第一波在 20 世紀初期，主要關注俄國在東北地區的勢力擴張情況；第二波在 1904～1905 年日俄戰爭期間；第三波出現於 1928 年東北政治情勢與國際關係緊張時期；第四波在 1931～1933 年「滿洲國」成立階段。1937 年後由於蘆溝橋事變（中日事變、日支事變）爆發，滿洲相關報導逐漸被華北、華中、華南等地之軍政消息取代，至 1941 年珍珠港事變時，太平洋戰火已愈趨猛烈，滿洲報導則更加簡要；雖然在這些報導中，偶間有透過刊登具有中國人身分之「新國家建設首腦」的照片，以表達日本帝國與此地間的距離，但從大多數的報導進行觀察，仍可看出「滿洲爲日本帝國統領下的一部份」的概念於《臺灣日日新報》中的傳遞情況。在南京方面，當此地於 1937 年淪陷以後，與之相關的報導便多以「新政權的行政中心」之姿予以定位，同時強調日本帝國與此新政權間相互合作、提攜等「日華親善」的特質，並強調南京對於現代文明的吸收情況，以及臺灣人前往南京的頻繁與交流日增的形象。

各章第二節以民間紀錄爲論述重心，也分爲三個部分，第一部分以漢詩以外的文體爲分析對象，討論旅人們對於日本東京、滿洲、中國南京三地的觀察與形象描寫。第二章中，筆者以林獻堂於 1938～1939 年《灌園先生日記》記錄其在東京生活近一年的經驗爲例，發現其對於東京形象的描寫，主要在於表現東京交通之便利，以及其現代化程度對於殖民地知識分子的魅力。第三章中，筆者以陳逢源《新支那素描》中書寫關於滿洲相關篇章〈滿鮮一瞥〉爲例，發現其人對於滿洲，著重的是經濟發展，以及「滿洲國政權」與「帝國日本政權」間互動，並且偶將「滿洲國」與「殖民地臺灣」進行各式比較的情況。第四章中，筆者以謝雪漁《日華英雌傳》中述及南京者爲例，發現全篇小說中，雖然僅有前 6 回的部分提及南京，但卻將南京因著開港通商、外國人進駐，帶入許多新式建設的情況，完整書寫出來，同時也寫出此地大眾傳播產業的發達和影響；但在一片新式氣息中，他又透過一些細微的描述，幽微而含蓄地帶出南京仍存在的舊式傳統與文化，說明南京雖充滿了許多現代性表徵，但其根本的傳統性仍錯落其中。

各章第二節第二部份進入本論文討論重心，運用刊登於《風月報》、《南方》及《詩報》等雜誌，由臺灣商紳與文人前往三地之前書寫的餞別詩與贈別詩，透過分析其使用的詞彙、典故和主題，討論其間透露的都市想像。東京方面，筆者以林清敦爲例，觀察其前往東京之前，由瀛社、鷺洲吟社社友

們撰寫之餞別詩，與林清敦個人自撰之贈別詩，發現此間對於東京的想像主
要有純粹贈別，祈願友人旅途平安；想像東京櫻花盛開，旅人詩興勃發；想
像東京有茲借鑑，旅人廣開眼界等三種這些詩作的特色，不僅表現出詩社社
友間緊密的交誼，同時也充分表現櫻花作為東京城市之想像在當時深入人心
的程度，另外，更突顯 1930 年代臺灣商紳對於東京商業、經濟層面蓬勃發展
的想像情態。滿洲方面，由於刊登數量不多，因此筆者運用 1937 年左右張劍
山、張耀南、張瀛洲三人餞別辜家大裕茶行經理陳清輝，1941 年李海參〈赴
新京於山東丸作〉，以及同年興亞吟社創始人陳寄生等人前往滿洲之前所撰寫
之贈別詩，及其友人撰寫的餞別詩等詩作為例，討論這批詩作所透露的滿洲
想像，主要有「想像能於外地另得發展」，或「想像藉遠行逃避現實混亂情境」
兩大類，與第二章論述臺灣旅人對於東京的想像相較，滿洲想像較為抽象，
且常常遮蔽與掩蓋於種種典故之下，有時亦隱藏在符合國策之「興亞」概念
之中。南京方面，因著臺灣旅人前往此地的理由較多，透露的南京想像也較
多元，故筆者選擇 1939 年至 1941 年之際，以謝雪漁赴南京就聘，由其友人
與謝雪漁自撰的餞別詩與贈別詩為中心進行分析，兼論武全、蘇鴻飛等人為
求學與生計前往南京的相關餞別詩與贈別詩作。透過這些作品，可以發現他
們對於此時期的南京想像，基本上有以「六朝金粉」代稱南京，以南京一地
固有的風景名勝指稱此地，以及以「興亞概念」指出南京意義等三種書寫模
式，此外也表現出期望並想像臺灣人能有作為橋梁，為連繫兩地文化、文學
層面發揮貢獻的機會，更會發現當時藉由在南京已有所發展的同鄉朋友的交
際往來和相互引薦，亦能成為前往南京的推力。

　　各章第二節第三部分亦為本論文討論之重心，以《風月報》、《南方》、《詩
報》刊登之由臺灣商紳與文人實際進入三地，於行旅途中撰寫的旅行詩，同
樣透過分析其使用的詞彙、典故與主題，論述作品中表現的都市意象。東京
方面，筆者以吳子瑜〈東京雜詠〉系列旅行組詩為分析對象，主要可以歸納
出三個書寫重點，分別是：風景描繪、新式禮儀、消費文化。在風景描繪
上，又可分為名勝風光與人文地景，此分類下，吳子瑜既將東京形塑成一個
擁有優美自然環境的風景勝地，又勾勒出東京城市中濃重的歷史感和藝術感
氛圍，更經由消費文化相關的敘述，把東京之商業繁榮景況與多元飲宴習慣
一一呈現於讀者眼前，也就是說，在吳子瑜筆下的東京意象是立體而多面
的。除此之外，從詩人於詩作中書寫自己在面對殖民者的政治象徵建築時，

如何以身體操作新式禮儀，就可以討論新式禮儀所能乘載與隱藏的多種意涵，在「赤子衷心」一詞的背後，到底是意指自己是「天皇赤子」，還是說明自己在面對歷史感、藝術性兼具之建築時，懷抱著最誠摯的「衷心」，不僅是可以深思的議題，也顯現了漢詩的作家私密性與意義雙重性的特色。滿洲方面，筆者以魏清德（旅行時間爲 1935 年）、李海參（旅行時間爲 1940~1941 年左右），以及曾在《南方》發表遊大陸行前贈別詩，後於《詩報》發表中國旅行漢詩的靜園生（旅行時間爲 1941 年），挑選其中與滿洲相關的作品爲例，以旅順、大連、奉天、新京、哈爾濱爲順序進行討論、分析。綜觀這些作品，我們可以發現，會發現此五個地點在詩人的筆下，都開展出各自的特色，如旅順被描寫爲戰蹟重地；大連爲貿易重鎮；奉天多歷史建築，易觸動詩人的歷史感懷；新京爲詩人與友人相聚之地；哈爾濱則表面書寫白水黑山，實則是旅人藉此撫慰內心痛苦。而隨著旅行地點越往北方，詩人們作品中的壓抑與噤聲有逐漸放鬆的趨勢，但就整體來說，行旅滿洲對旅人來說並非放鬆、抒懷，也沒有達到實現理想的目標。南京方面，筆者列舉 1941 年前往南京的謝雪漁、1938~1941 年間渡華的吳萱草所撰寫的南京旅行詩進行討論，在他們的作品中，可以發現以下幾種特色：第一，兩人之作都有藉由書寫南京當地歷時悠久的名勝或景點，以其背後蘊藏之典故或歷史事件，抒發南京經歷戰亂後所呈現之衰微、凋蔽的氣息。第二，兩人透過參拜中山陵，同對發動革命的孫中山興起一代偉人之感。此外，吳萱草大量書寫南京舊有的名勝古蹟，包括古寺、江南水景、中國傳統亭臺樓閣，以及明故宮、明孝陵，和至小倉山緬懷清代才子袁枚等漢詩，除了可以了解他此行之見聞豐富外，更可以理解他在南京的所知所感仍較偏向傳統中國，顯現其作品的獨特風格。

每章的第三節爲綜合比較，內容上也是分爲三個層次，第一層比較《臺灣日日新報》與日記、遊記或小說間的不同；第二層比較日記、遊記或小說與漢詩敘述間的差異；第三層比較爲行前餞別詩、贈別詩中的都市想像和旅行詩中的都市意象間的殊異。順著各章的特色，偶有一些調整，譬如：第一章第三節中的第一層比較，在《臺灣日日新報》與林獻堂《灌園先生日記》的比較後，還插入了與餞別詩、贈別詩所表現的行前想像的比較；而在第三章第三節中的第二層比較中，將親官方媒體與旅滿相關創作間的承續關係與距離特別獨立出來以便說明；同章同節的第三層比較，是舉出臺灣小說中的

滿洲夢與旅滿漢詩中的行前想像與旅行意象進行對照。基本上來說，透過第一層比較，我們可以發現餞別詩、贈別詩中所呈現之對都市的想像，常是承接著《臺灣日日新報》中之都市報導的形象而來，而在日記、遊記、小說中，對於都市形象的描述與建立，會比親官方媒體來得更有特色，以及表現出作家自身觀察的個人特質。第二層比較方面，主要探討因著文體不同，具有強烈個人特質的日記、遊記或小說中所乘載的都市形象，和行旅都市之餞別詩、贈別詩與旅行詩所表現的都市想像、都市意象間會有記載細微與否、使用典故與否，以及直接描繪都市事物，和將想像、意象附著於傳統文學符號等書寫重心的差異，顯現了不同文體所表現之都市風貌和氣氛營造上的差別。在第三層比較方面，將表現行前都市想像的餞別詩、贈別詩與書寫行中都市意象的旅行詩進行對照，以了解旅行前後詩人們對於當章論述的都市，在旅行之前的美好想像，和旅行途中之感知落差間的心情轉折。

透過這些文獻、史料與文學作品的整理、分析、討論和交叉比較，可以發現，1930～1940 年代，雖然東亞地區正值戰爭期，仍有臺灣商紳與文人一波波前往日本東京、滿洲與中國南京，他們在行前透過《臺灣日日新報》等媒體得知目的地的系列訊息，以書寫餞別詩與贈別詩，表達對當地或具體，也就是能言道當地事物，或特殊名勝風光，或是國策鼓吹之口號；或浮泛，僅表現當地或可提供旅行排遣心情，但並未詳述確切內容等的正面想像。然而，隨著目的地是帝都東京，與滿洲地區，以及淪陷後的南京之不同，旅人實際抵達後的感知也差異甚大，譬如對前往帝都東京者而言，其筆下的東京多承續著現代化、商業化的正向書寫；但對於前往滿洲者來說，其旅行詩中的滿洲，就往往帶有不知從何而來的距離感，流露出一股欲言而未言的壓抑；觀察前往南京者之作品，則以書寫當地蕭條的氛圍，和以南京當地的古寺、江南水景、亭臺樓閣、歷史建築等風景名勝為內容，從時間流逝難以挽回的角度，抒發悲涼、惆悵的情緒。

對照此三地的書寫，我們可以發現，臺灣商紳與文人在戰爭期間的活躍度，和積極展現自我的能動力，雖然從他們的作品中，除了東渡東京者表現較為愉悅外，前往滿洲與南京者都隱隱傳遞出自己的失望與落寞。但是，在此政局動盪、資訊來源受到檢閱的時代下，他們能夠勇敢邁出臺灣，行旅他地以求更多學習空間與發展機會的初心，卻更加展現這批商紳與文人身處此時局，仍努力走出自己空間的生機勃勃。

第二節　研究限制與未來課題

　　須強調的是，本論文中引用、分析的漢詩作品仍有其侷限，畢竟在出版受到檢閱的年代，能留存至今，被我們看見的作品，基本上已經是能夠接受當時時局者。因此我們尚須考慮，在那個年代，可能還有不願接受，也不前往他地者；或是前往他地，但未書寫者；或是前往他地，但只寫他能接受之情景或情緒者；或是前往他地，但批判之語寫得非常隱晦者⋯⋯等等諸如此類，目前我們未知，或是難以解讀的作品。因此，本論文之解讀與看法，並不能全然代表當時所有臺灣商紳與文人的觀點與態度。然而，之所以還是要就筆者有限的能力予以討論的原因，只是想盡一己之力，將過往曾有過行旅他地經驗者，特別是可能因著種種因素，掩蓋自身具有滿洲或南京經驗者的漢詩創作進行梳理，透過他們在作品中偶爾出現的異聲與雜音，對照當時官方極力想傳輸的訊息，顯示 1930～1940 年代臺灣漢詩人不只有服膺國策的愛國漢詩創作，還有很多經由流動於東亞各地區，而深刻感受到日本帝國勢力之縫隙，並在此縫隙中尋求發聲機會的文人與作品。

　　此外，不可諱言，本論文尚有許多未盡之處，諸如在東京、滿洲、南京三地流動之漢詩人可能有其群落，此群落應也影響了詩人們前進三地的動力，但囿於筆者目前能力未能整理。在此三地外，也還有其他的旅行地諸如北京、新加坡、朝鮮等，及相關旅行詩或旅行紀錄，在此也未能全盤梳理。至於各旅行地對於旅人的拉力和驅動力，應該有與地理、歷史、社會、政治等更細微因素的影響與差異，在本文中也尚未一一釐清，以上種種，都尚待更多研究者繼續探究與分析。

　　雖然如此，本文希冀達到目標的是，開展日治時期臺灣漢詩人，因著各種因素前往他地前後，對他地之理解與書寫的相關研究與思考，從中窺見詩人們在東亞漢文化圈之因素的影響下，於日治時期的活躍情況，以及對外拓展的活力，並理解此時期漢詩人的能動性和特殊性，以對日治時期臺灣漢詩人及其創作有更多元的分析和解讀。

參考書目

一、戰前資料

（一）日治時期報紙、刊物

1. 《臺灣日日新報》：明治 31 年（1898）5 月 6 日創刊，至昭和 19 年（1944）3 月 31 日，共發行 15,836 號。

2. 《風月》、《風月報》、《南方》、《南方詩集》復刻本。臺北：南天出版社，2001 年 6 月。

3. 《詩報》復刻本。板橋：龍文出版社，2007 年 4 月。

4. 《盛京時報》，盛京時報社。

5. 《滿洲日報新聞》，滿洲日報新聞社。

6. 《康德新聞》，康德新聞社。

7. 《南京新報》，南京新報社。

8. 《南京晚報》，南京晚報社。

9. 《中央導報》，南京出版社

10. 《首都旬刊》，南京市黨部宣傳科。

11. 《現代公論》，現代公論出版社。

12. 《大亞洲主義》，大亞洲主義與東亞聯盟月刊社。

13. 《中央週刊》，中央週刊社。

（二）日治時期專書

1. 東京市（編），《東京案內》，1907 年。

2. 《東京市史蹟名勝天然紀念物寫真帖》，1922 年。

3. 長谷川宇太治，《支那貿易案內》。東京：亞細亞社，1924 年。

4. 山根倬三，《支那、滿洲、朝鮮案內亞東指要》。東京：東洋協會，1925年。

5. 臺灣總督府，《臺灣始政 40 年史》，1935 年。

6. 礒部鎮雄，《大東京關係地誌目錄》。東京：旅の趣味會，1936 年。

7. 日本航空輸送株式會社，《定期航空案內》昭和 11 年 10 月至昭和 12 年 3 月。東京：日本航空輸送株式會社，1936 年。

8. 東京朝日新聞東亞問題調查彙編，《植民地の再分割》。東京：朝日新聞，1937 年。

9. 臺灣新民報（編），《臺灣人士鑑》。東京：湘南堂書店，1937 年 9 月。

10. 布利秋，《北支案內》。東京：北支研究會，1938 年。

11. 臺灣施行案內社，《現地踏查中支案內》。臺北：臺灣施行案內社，1939年。

12. 大竹文輔，《臺灣航空發達史》。臺北：臺灣國防義會航空部，1939 年。

13. 後藤朝太郎，《支那生活案內》。東京：黃河書院，1940 年。

14. 東文雄，《朝鮮、滿洲、支那：大陸視察旅行案內》。東京：成光館，1940年。

15. 眞鍋五郎，《滿洲都市案內》。大連：亞細亞出版協會，1941 年 2 月。

16. 臺灣總督府交通局遞信部，《臺灣航空事業ノ概況》。臺北：臺灣日日新報社，1941 年 10 月。

17. 情報局（編），《大東亞共榮圈及び太平洋要圖》。東京：內閣印刷局，1941 年。

18. 中村繁（編），《滿洲と開拓》。新京：滿洲建設勤勞奉仕隊實踐本部，1942 年。

19. 大東亞文化協會（編），《大東亞文化の建設：文化の世界性》。東京：白揚社，1942 年。

20. 本多熊太郎，《支那事變から大東亞戰爭へ》。千倉書房，1943 年。

21. 井出季和太，《南進臺灣史考》。臺北：南天，1995 年。據昭和 18 年（1943）誠美書閣東京初版影印。

22. 林進發，《臺灣人物評》。臺北：成文，1999 年。據昭和 4 年（1929）刊本影印。

23. 林進發，《臺灣官紳年鑑》。臺北：成文，1999 年。據昭和 9 年（1934）刊本影印。

24. 森山康平，《図説・日中戦争》。太平洋戦争研究会，2000 年。

25. 田中正明，《南京事件の総括》。展転社，2001 年。

26. 阿羅健一,《「南京事件」日本人 48 人の証言》。東京:小学館文庫,2003年。

27. 笠原十九司,《南京事件》。東京:岩波新書,2004 年。

28. 吉開又志太(著);黃得峰(編譯),《臺灣海運史(1895～1937)》。南投:國史館臺灣文獻館,2009 年 6 月。

29. 鷹取田一郎,《臺灣列紳傳》。桃園:華夏書坊,2009 年 6 月。

30. 王學新(編譯),《日治時期籍民與國籍史料彙編》。南投:國史館臺灣文獻館,2010 年 10 月。

31. 興南新聞社(編),《臺灣人士鑑》。臺北:成文,2010 年。

二、專 書

(一)中文部分

1. 詹宏志,《城市人——城市空間的感覺、符號和解釋》。臺北:麥田出版社,1989 年 6 月。

2. 李恭蔚,《東亞近代史》。高雄:春暉出版社,1990 年 3 月。

3. 吳密察,《臺灣近代史研究》。臺北:稻鄉,1990 年。

4. 吳文星,《日據時期在臺「華僑」研究》。臺北:臺灣學生書局,1991年。

5. 林燿德,《重組的星空》。臺北:業強,1991 年。

6. 李永熾,《日本的近代化與知識份子》。臺北:水牛出版,1991 年。

7. 中央研究院近代史研究所檔案館編目室(編),《近史所檔案館藏中外地圖目錄彙編》。臺北:中央研究院近代史研究所,1991 年。

8. 李永熾,《日本近代史研究》。臺北:稻禾出版,1992 年。

9. Max Weber(馬克斯・韋伯)(著)康樂;簡惠美(譯),《非正當性的支配——城市的類型學》。臺北:遠流出版社,1993 年 10 月。

10. Mumford, Lewis(劉易士・孟福)(著);宋俊嶺、倪文彥(譯),《歷史中的城市——起源、演變與展望》。臺北:建築與文化出版社,1993 年 12 月。

11. J. Hillis Miller(著);單德興(編譯),《跨越邊界:翻譯・文學・批評》(*New starts: performative topographies in literature and criticism*)。臺北:書林,1995 年 8 月。

12. 解學詩,《偽滿州國史新編》,北京:人民,1995 年 2 月。

13. Edward W. Said(著);單德興(譯),《知識分子論》(*Representations of the intellectual: the 1993 Reith lectures*)。臺北:麥田出版,1997 年 11 月。

14. 黃福慶，《近代日本在華文化及社會事業之研究》。臺北：中央研究院近代史研究所，1997 年。

15. 林滿紅，《茶、糖、樟腦業與臺灣之社會經濟變遷：1860～1895》。臺北：聯經，1997 年。

16. 汪毅夫，《臺灣近代詩人在福建》，臺北：幼獅文化，1998 年。

17. 江寶釵，《臺灣古典詩面面觀》。臺北：巨流，1999 年。

18. 矢內原忠雄（著）；周憲文（譯），《日本帝國主義下之臺灣》。臺北：海峽學術，1999 年。

19. 陳昭瑛，《臺灣與傳統文化》。臺北：臺灣書店，1999 年。

20. 柳書琴，《殖民地經驗與臺灣文學：第一屆臺杏臺灣文學學術研討會論文集》。臺北：遠流，2000 年。

21. 高樂才，《日本“滿洲移民”研究》。北京：人民出版社，2000 年。

22. 林玉茹，《清代竹塹地區的在地商人及其活動網絡》。臺北：聯經，2000 年。

23. 施懿琳，《從沈光文到賴和》。高雄：春暉出版社，2000 年 6 月。

24. 劉紀蕙，《他者之域：文化身分與再現策略》。臺北：麥田出版，2001 年。

25. 梁華璜，《臺灣總督府的「對岸」政策研究：日據時代臺閩關係史》。板橋：稻鄉出版社，2001 年。

26. 郭怡君、楊永彬（編著），《風月、風月報、南方、南方詩集總目錄、專論、著者索引》。臺北：南天，2001 年 6 月。

27. 《臺灣歷史人物小傳：日據時期》。臺北：國家圖書館，2002 年。

28. 許雪姬，《日治時期在「滿洲」的臺灣人》。臺北：中央研究院近代史研究所，2002 年。

29. 吉林省圖書館偽滿洲国史料編委會（編），《偽滿洲国史料》。北京：全國圖書館文獻縮微複制中心，2002 年。

30. 梁華璜，《臺灣總督府南進政策導論》。板橋：稻鄉出版社，2003 年。

31. 東海大學中國文學系（編），《日治時期臺灣傳統文學論文集》。臺北：文津，2003 年 3 月。

32. 矢內原忠雄（著）；林明德（譯），《日本帝國主義下之臺灣》。臺北：吳三連臺灣史料基金會出版，2004 年 2 月。

33. 若林正丈；吳密察（主編），《跨界的臺灣史研究——與東亞史的交錯》。臺北：播種者，2004 年 4 月。

34. 松浦章（著）；卞鳳奎（譯），《日治時期臺灣海運發展史》。蘆洲：博揚文化，2004 年 7 月。

35. 許俊雅，《講座 FORMOSA：臺灣古典文學評論合集》。臺北：萬卷樓，2004 年 11 月。

36. 黃美娥，《重層現代性鏡像：日治時期臺灣傳統文人的文化視域與文學想像》。臺北：麥田，2004 年 12 月。

37. 施懿琳，《臺灣歷史辭典》。臺北：遠流出版，2004 年。

38. 楊蓮福，《臺北廳臺北茶商公會名單》。北京：九州出版社，2004 年。

39. 林明德，《近代中日關係史》。臺北：三民，2005 年。

40. Tim, Cresswell（著）；徐苔玲、王志弘（譯），《地方：記憶、認同與想像》。臺北：群學，2006 年。

41. 陳培豐，《同化的同床異夢》。臺北：麥田出版，2006 年。

42. 許世楷，《日本統治下的臺灣》。臺北：玉山社出版，2006 年。

43. 荊子馨，《成為日本人——殖民地臺灣與認同政治》。臺北：麥田，2006 年。

44. 卞鳳奎，《日治時期臺灣籍民在大陸及東南亞活動之研究（1895～1945)》。合肥：黃山書社，2006 年 5 月。

45. 卞鳳奎，《日治時期臺灣籍民在海外活動之研究（1895～1945)》。臺北：樂學書局，2006 年 7 月。

46. 張靜茹，《上海現代性·臺灣傳統文人——文化夢的追尋與幻滅》。板橋：稻鄉，2006 年 9 月。

47. 林明德，《日本近代史》。臺北：三民，2006 年 9 月。

48. 翁聖峰，《日據時期臺灣新舊文學論爭新探》。臺北：五南，2007 年 1 月。

49. 若林正丈，《臺灣抗日運動史研究》。臺北：播種者，2007 年 3 月。

50. 廖振富，《臺灣古典文學中的時代刻痕：從晚清到二二八》。臺北：國立編譯館，2007 年 7 月。

51. 中村哲（主編）；林滿紅（監譯），《近代東亞經濟的歷史結構》。臺北：中央研究院人文社會科學研究中心亞太區域研究專題中心，2007 年 12 月。

52. 許俊雅，《瀛海探珠——走向臺灣古典文學》。臺北：國立編譯館，2007 年。

53. 陳室如，《近代域外遊記研究（一八四〇～一九四五)》。臺北：文津，2008 年 1 月。

54. 吳文星，《日據時期臺灣的社會領導階層》。臺北：五南，2008 年 5 月。

55. 劉曉麗，《異態時空中的精神世界——偽滿洲國文學研究》。上海：華東師範大學出版社，2008 年 9 月。

56. 梁華璜，《梁華璜教授臺灣史論文集》。板橋：稻鄉出版社，2008 年 10 月。

57. 許賢瑤（編譯），《日治時代茶商公會業務成績報告書（1917～1944）》。新店：國史館，2008 年 12 月。

58. 余美玲，《日治時期臺灣遺民詩的多重視野》。臺北：文津，2008 年。

59. 吳密察（等），《帝國裡的「地方文化」：皇民化時期臺灣文化狀況》。臺北：新自然主義，2009 年 1 月。

60. 柳書琴，《荊棘之道：旅日青年的文學活動與文化抗爭》。臺北：聯經出版，2009 年 5 月。

61. 周婉窈，《海行分的年代——日本殖民統治末期臺灣史論集》。臺北：允晨，2009 年 7 月。

62. 謝崇耀，《百年風華新視野：日治時期臺灣漢文學及文化論集》。臺南：臺南市立圖書館，2009 年 12 月。

63. 何培齊（文字編撰）；國家圖書館特藏組（編），《日治時期的海運》。臺北：國家圖書館，2010 年 4 月。

（二）外文部分

1. 芥川龍之介，〈或旧友へ送る手記〉，《現代日本文学大系 43 芥川龍之介集現代日本文学大系 43 芥川龍之介集》。東京：筑摩書房，1968 年 8 月。

2. 櫻井正信（編），《歷史細見東京江戶案内》。東京：八坂，1979 年。

3. 日本植民地研究會編，《日本植民地研究》。東京：龍溪書舍，1988 年。

4. 淺田喬二，《日本植民地研究史論》。東京：未來社，1990 年。

5. 駒込武，《植民地帝國日本の文化統合》。東京：岩波書店，1996 年。

6. 西岡香織，《アジアの独立と「大東亜戦争」》。東京：芙蓉書房，1996 年。

7. 片山邦雄，《近代海運とアジア》，東京：御茶の水書房，1996 年。

8. 近藤正己，《總力戰と臺灣：日本植民地崩壞の研究》。東京：刀水書房，1996 年。

9. 小熊英二，《〈日本人〉の境界：沖繩、アイヌ、臺灣、朝鮮、植民地支配から復帰運動まで》。東京：新曜社，1998 年。

10. 植民地文化研究編集委員会編集，《特集「満洲国」文化と臺湾》。東京：不二出版，2002 年。

11. 石剛，《植民地支配と日本語：臺灣、満洲國、大陸占領地における言語政策》。東京：三元社，2003 年。

12. 橋谷弘，《帝國日本と植民地都市》。東京：吉川弘文館，2004 年。

13. 松浦章，《近代日本中国臺湾航路の研究》。大阪：清文堂出版，2005年。

14. Duara, Prasenjit.《Sovereignty and authenticity: Manchukuo and the East Asian modern》（Lanham: Rowman & Littlefield Publishers，2003 年）。

15. Yang, Bing-Tsuen.《Love from Manchuria》（Taipei: Yang's Workshop，2004年）。

16. edited by Mariko Asano Tamanoi.《Crossed histories: Manchuria in the age of empire》（[Ann Arbor, MI]: Association for Asian Studies; Honolulu: University of Hawai'i Press，2005 年）。

17. Di Cosmo, Nicola.《Manchu-Mongol relations on the eve of the Qing Conquest :a documentary history》（Leiden; Boston: Brill，2003 年）。

18. Matsusaka, Yoshihisa Tak.《The making of Japanese Manchuria, 1904～1932》（Cambridge, MA: Harvard University Asia Cente，2003 年）。

19. 岡部牧夫等（執筆）；日本植民地研究会（編），《日本植民地研究の現状と課題》。東京：アテネ社，2008 年。

20. 森岡ゆかり，《近代漢詩のアジアとの邂逅》。東京：勉誠出版，2008 年2 月。

三、單篇論文

（一）臺灣部分

1. 施懿琳，〈日據時期臺灣古典詩的抗議精神與比興諷喻傳統〉，《古典文學》12，1992 年，頁 243～293。

2. 張國裕，〈臺灣詩社成立時間一覽表〉，《臺北文獻》直字 122 期，1997年 12 月，頁 29。

3. 許雪姬，〈林獻堂著「環球遊記」研究〉，《臺灣文獻》49：2，1998 年，頁 1～33。

4. 施懿琳，〈臺灣古典文學的蒐集、整理與研究〉，《文學臺灣》，2001 年 10月，頁 28～45。

5. 龔鵬程，〈文人風月傳統的最後一瞥〉，《聯合文學》18：10，2002 年 8月，頁 129～135。

6. 施懿琳，〈古典文學研究的再開展〉，《文訊》205，2002 年 11 月，頁 46～48。

7. 許俊雅，〈日治時代臺灣文學史料的蒐藏與應用——以報紙、雜誌為對象〉，《文訊》214，2003 年 8 月，頁 29～36。

8. 黃美娥，〈對立與協力：日治時期臺灣新舊文學論戰中傳統文人的典律反

省及文化思維〉，《臺灣文學學報》4，2003 年 8 月，頁 37～71。

9. 林淑慧，〈日治末期「風月報」、「南方」所載女性議題小說的文化意涵〉，《臺灣文獻》55：1，2004 年 3 月，頁 205～237。

10. 施懿琳，〈日治時期臺灣左翼知識份子與漢詩書寫——以王敏川爲分析對象〉，《國文學誌》8，2004 年 6 月，頁 1～34。

11. 廖振富，〈日治時期臺灣古典詩中的劉銘傳——以櫟社徵詩（1912）作品爲主的討論〉，《東海大學文學院學報》45，2004 年 7 月，頁 179～222。

12. 陳志瑋，〈《風月報》「風流與下流」論爭再考察——兼論〈花情月意〉的社會性〉，《臺北師院語文集刊》9，2004 年 11 月，頁 55＋57～79。

13. 黃美娥，〈尋找歷史的軌跡：臺灣新、舊文學的承接與過渡（1895～1924）〉，《臺灣史研究》11：2，2004 年 12 月，頁 145～183。

14. 廖炳惠，〈打開帝國藏書：文化記憶、殖民現代、感性知識〉。《中外文學》33：7，2004 年 12 月，頁 57～75。

15. 黃美娥，〈臺灣古典文學史概說（一六五一～一九四五）〉，《臺北文獻直字》151，2005 年 3 月，頁 215～269。

16. 張惠珍，〈他者之域的文化想像與國族論述：林獻堂《環球遊記》析論〉，《臺灣文學學報》6，2005 年，頁 89～120。

17. 黃美娥，〈從詩歌到小說——日治初期臺灣文學知識新秩序的生成〉，《當代》，2006 年 1 月，頁 42～65。

18. 黃美娥，〈差異／交混、對話／對譯：日治時期臺灣傳統文人的身體經驗與新國民想像（1895～1937）〉，《中國文哲研究集刊》28，2006 年 7 月，頁 81～119。

19. 黃美娥，〈日、臺間的漢文關係——殖民地時期臺灣古典詩歌知識論的重構與衍異〉，《臺灣文學研究集刊》2，2006 年 11 月，頁 1～32。

20. 陳室如，〈日治時期臺人大陸遊記之認同困境：以連橫《大陸遊記》與吳濁流《南京雜感》爲例〉，《國立臺南大學人文研究學報》41：1，2007 年 4 月。

21. 翁聖峰，〈臺灣文學與文化的盛事——《詩報》覆刻序〉，《國文天地》22：12，2007 年 5 月，頁 74～76。

22. 林淑慧，〈女體與國體：論謝雪漁之〈日華・英雌傳〉〉，《中國文學研究》24，2007 年 6 月，頁 119～152。

23. 柳書琴，〈傳統文人及其衍生世代：臺灣漢文通俗文藝的發展與延異（1930～1941）〉，《臺灣史研究》14：2，2007 年 6 月，頁 41～88。

24. 謝佳樺、鄭定國，〈蘇鴻飛傳統漢詩初探——以寫景、懷古、節令詩爲例〉，《文學新鑰》5，2007 年 6 月，頁 127～148。

25. 余美玲，〈烏衣國、詩社與「遺民」——林爾嘉生平與文學活動探析〉，

《臺灣文學研究學報》5，2007 年 10 月，頁 79～140。

26. 陳室如，〈對鏡隱喻——日治時期臺灣遊記的重層觀照〉，《臺灣文獻》58：4，2007 年 12 月。

27. 阮淑雅，〈寫在大東亞聖戰之外——論吳漫沙連載於《風月報》之〈桃花江〉（1937～1939）〉，《中極學刊》6，2007 年 12 月，頁 1～22。

28. 黃美娥，〈奮飛在二十世紀的新世界：魏清德的現代性文化想像與文學實踐（上）、（下）〉，《國立歷史博物館館刊》17：12，2007 年 12 月，頁 18～22：18：1，2008 年 1 月，頁 48～59。

29. 蔡佩均，〈啓蒙「新女性」：《風月報》系列雜誌中的（反）摩登論述與婚戀書寫〉，《臺北文獻直字》167，2009 年 3 月，頁 55～96。

30. 游勝冠，〈同文關係中的臺灣漢學及其文化政治意涵——論日治時期漢文人對其文化資本「漢學」的挪用與嫁接〉，《臺灣文學研究學報》8，2009 年 4 月，頁 275～306。

31. 黃美娥，〈久保天隨與臺灣漢詩壇〉，《臺灣學研究》7，2009 年 6 月，頁 1～27。

32. 江寶釵，〈日治時期臺灣傳統文人對世務之肆應——以連橫的漢學傳播事業爲觀察核心〉，《成大中文學報》26，2009 年 10 月，頁 81～117。

33. 蕭李居，〈變調的國民政府：汪、日對新政權正統性的折衝〉，《國立政治大學歷史學報》32，2009 年 11 月，頁 125～168。

34. 經盛鴻，〈日僞時期南京的作家與文學創作〉，《傳記文學》96：3，2010 年 3 月，頁 50～57。

35. 黃美娥，〈「文體」與「國體」——日本文學在日治時期臺灣漢語文言小說中的跨界行旅、文化翻譯與書寫錯置〉，《漢學研究》28：2，2010 年 6 月，頁 363～396。

36. 施懿琳、陳曉怡，〈日治時期府城士紳王開運的憂世情懷及其化解之道〉，《臺灣學誌》2，2010 年 10 月，頁 49～77。

（二）大陸部分

1. 胡阿祥，〈南京歷史文化概說及其研究回顧（上）〉，《南京曉莊學院學報 2》，2008 年 3 月，頁 37～44。

2. 胡阿祥，〈南京歷史文化概說及其研究回顧（下）〉，《南京曉莊學院學報 2》，2008 年 7 月，頁 37～43。

3. 呂秀一，〈「滿洲國」的國籍問題與日本的政策〉，《東疆學刊》26：4，2009 年 10 月，頁 69～73。

（三）研討會論文

1. 河原功（著）：松尾直太（譯），〈1937 年臺灣文化、臺灣新文學狀況——

圍繞著廢止漢文欄與禁止中文創作的諸問題〉，行政院文建會主辦，成功大學臺灣文學系承辦，「臺灣文學史書寫國際研討會」，2002年11月22～24日）

2. 柳書琴，〈《風月報》中的同文論述：殖民主義附身的悲劇〉，中正大學「文學傳媒與文化視野國際學術研討會」，2003年11月。

3. 柳書琴，〈從官製到民製：自我同文主義與興亞文學（Taiwan, 1937～1945）〉，第一屆國際青年學者漢學會議：「現代文學的歷史迷魅」，2003年11月。

4. 陳室如，〈誰的風景？——《漢文臺灣日日新報》旅行書寫研究〉，「紅樓論壇：臺灣師大國文學系教師文學研究成果發表會」。2008年12月。

5. 陳室如，〈誰的風景？——《漢文臺灣日日新報》旅行書寫研究〉，《國文學報》10，頁25～48，2009年6月。

6. 陳室如，〈單一與多元——《臺灣日日新報》古典遊記研究〉，東海大學中文系主辦，「臺灣古典散文學術研討會」，2009年12月19～20日。

7. 洪致文、鄭涵娟，〈二十世紀初臺灣漢詩人洪以南之現代文明旅遊足跡〉，中華民國文化研究學會、成功大學外文系主辦，文化研究學會2010年會，「文化生意：重探符號／資本／權力的新關係」研討會，2010年1月9～10日。

四、學位論文

1. 柳書琴，〈戰爭與文壇：日據末期臺灣的文學活動（1937.7～1945.8）〉，國立臺灣大學歷史學研究所碩士論文，1994年。

2. 李哲全，〈「滿洲國」（1932～1945）的創建與中日關係〉，國立政治大學外交研究所碩士論文，1996年。

3. 郭怡君，〈「風月報」與「南方」通俗性之研究〉，靜宜大學中國文學研究所碩士論文，2000年。

4. 川路祥代，〈殖民地臺灣文化統合與臺灣傳統儒學社會（1895～1919）〉，成功大學中文研究所博士論文，2002年。

5. 徐千惠，〈日治時期臺人旅外遊記析論：以李春生、連橫、林獻堂、吳濁流遊記爲分析場域〉，國立臺灣師範大學國文研究所碩士論文，2002年。

6. 陳春美，〈決戰《南方》戰爭體制下的新舊文學論爭〉，臺北師範學院臺灣文學研究所碩士論文，2005年。

7. 蔡佩均，〈想像大眾讀者：「風月報」、「南方」中的白話小說與大眾文化建構〉，靜宜大學中國文學研究所碩士論文，2006年。

8. 歐陽瑜卿，〈準／決戰體制下的女性發聲——《風月報》女性書寫與主體

性建立的關係探討〉，南華大學文學研究所碩士論文，2006 年。

9. 張淵盛，〈林爾嘉及其文學活動探析〉，國立嘉義大學中國文學系研究所碩士論文，2006 年。

10. 高嘉謙，〈漢詩的越界與現代性：朝向一個離散詩學（1895～1945）〉，國立政治大學中國文學研究所博士論文，2007 年。

11. 曾令毅，〈日治時期臺灣航空發展之研究（1906～1945）〉，淡江大學歷史學系碩士論文，2007 年。

12. 邱雅萍，〈從日刊報紙「漢文欄廢止」探究「臺灣式白話文」的面貌〉，國立成功大學臺灣文學系碩士論文，2007 年。

13. 陳莉雯，〈「島都」與「戀愛」：《風月報》相關書寫的再現與想像〉，國立清華大學中國文學系碩士論文，2008 年。

14. 黃耀賢，〈青樓敘事與情色想像——以《三六九小報》和《風月》報系爲分析場域（1931～1944）〉，暨南國際大學中國語文學系碩士論文，2008 年。

15. 李婉甄，〈藝術潮流的衝擊與交會：日治時期魏清德的論述與收藏〉，國立臺灣大學藝術史研究所碩士論文，2008 年。

16. 鄭明珠，〈謝雪漁小說《櫻花夢》研究〉，東海大學中國文學系碩士論文，2008 年。

17. 張明權，〈同文論述下的臺灣漢詩壇（1931～1945）〉，靜宜大學中國文學系碩士論文，2008 年。

18. 王俐茹，〈臺灣文人的記者初體驗及其創作實踐——以李逸濤爲例的探討〉，國立臺灣師範大學臺灣文化及語言文學研究所碩士論文，2009 年。

19. 王偉莉，〈日治時期臺中市區的戲院經營（1902～1945）〉，暨南國際大學歷史學系碩士論文，2009 年。

20. 蔡佩玲，〈「同文」的想像與實踐：日治時期臺灣傳統文人謝雪漁的漢文書寫〉，國立政治大學中國文學研究所碩士論文，2009 年。

21. 張美雲，〈《風月報》中白話小說的女性意象研究〉，國立中正大學臺灣文學研究所碩士論文，2010 年。

五、國科會研究計畫成果

1. 柳書琴：「新東亞」共同體的歧義演繹：以戰爭期臺灣漢文文藝誌《風月報》、《南方》爲例」，計畫編號：NSC93～2411-H-007-026-，2004 年 8 月 1 日～2005 年 7 月 31 日。

2. 陳室如：「曖昧的風景——日治時期臺灣旅行文學研究——以《臺灣日日新報》、《臺灣民報》漢文作品爲分析場域」，計畫編號：NSC97～2410-H-003～129-，2008 年 1 月 1 日～2008 年 9 月 30 日。

六、電子資料庫

1. 臺灣瀛社詩學會
   http://www.tpps.org.tw/phpbb/viewtopic.php?f=1&t=1443
2. 智慧型全臺詩資料庫
   http://xdcm.nmtl.gov.tw/twp/TWPAPP/ShowAuthorInfo.aspx?AID=000647